中国古戏台建筑艺术研究

王丽娜 李丽珍 刘 平 ◎ 著

中国戏剧出版社
CHINA THEATRE PRESS

图书在版编目（CIP）数据

中国古戏台建筑艺术研究 / 王丽娜，李丽珍，刘平著. -- 北京：中国戏剧出版社，2024.12. -- ISBN 978-7-104-05527-3

Ⅰ．K928.71

中国国家版本馆CIP数据核字第2024FD5166号

中国古戏台建筑艺术研究

责任编辑：邢俊华
责任印制：冯志强

出版发行：	中国戏剧出版社
出 版 人：	樊国宾
社　　址：	北京市西城区天宁寺前街2号国家音乐产业基地L座
邮　　编：	100055
网　　址：	www.theatrebook.cn
电　　话：	010-63385980（总编室）　　010-63381560（发行部）
传　　真：	010-63381560

读者服务：010-63381560
邮购地址：北京市西城区天宁寺前街2号国家音乐产业基地L座

印　　刷：	廊坊市印艺阁数字科技有限公司
开　　本：	787mm×1092mm　1/16
印　　张：	12.25
字　　数：	220千字
版　　次：	2024年12月　北京第1版第1次印刷
书　　号：	ISBN 978-7-104-05527-3
定　　价：	72.00元

版权专有，违者必究；如有质量问题，请与出版社联系调换。

前 言

中国传统戏曲的演出没有固定的剧场，仅是以戏台为中心向周围环境开放形成观演场所，因此戏台就是中国人的剧场。戏曲的演出往往与各种民俗礼仪活动相叠合，迎神祭赛、集市贸易、宾主自娱、市井消闲……各种场合都是戏曲演出的空间。因此，中国戏台有不同的类型。从时间的先后与性质的区别来看，有乡间祭神祀祖的庙台、祠台等，可称之为神庙戏台；有市井间消闲的舞楼乐棚、勾栏瓦舍、戏庄茶园等，可称之为城市戏台；有士大夫园林自适、纵享丝竹之乐的亭台池阁，可称之为私家戏台；还有宫廷气势煊赫、富丽堂皇的大戏台，可称之为宫廷戏台。这些形态各异的戏台构成了传统戏曲色彩斑斓的演出空间，形成了中国人独特的戏剧观演场所。

由于中国古代早期只有说唱类和歌舞类的表演，随便的场地都可以表演，不需要固定的、正规的戏台。需要戏台的，正式表演性的戏剧或戏曲形成较晚，因而戏台建筑也出现较晚。从文献记载来看，中国古代的戏台或戏园，最早见于史书记载的是唐代佛寺中的"戏场"，宋代开始出现在城市商业市场中的表演建筑叫"瓦舍勾栏"（有的叫"瓦子勾栏"），这就是我们今天能看到的茶馆戏园。宋代以后这种勾栏戏场又逐渐衰落，主要的、数量最多的就是庙宇、祠堂、会馆中祭神的戏台了。

我们知道，中国传统建筑的特点是单体建筑的有机组合，进而扩展、组合、复制成一个个村镇聚落。这些聚落，是按照人们的某些观念、生活习惯及生存环境特点围聚而成的。因而，这些建筑物不单单是人们用以遮风避雨、躲避野兽的藏身之所，而成为人类社会独特的文化符号载体。这些符号的不同组合、排列呈现出不同的文化现象。我们应当注意的是，这些符号是不可以独立存在的，它们之间相互依存、相互映照才得以使自己形成独特的面貌和个性，切断了它们之间的联系，就会模糊其本来面目。戏台作为中国传统建筑的一种类型，理所当然地也具有以上特征。因而，对古戏台的研究，不能孤立地仅对戏台本身进行分析，而应置于特定生存环境之中，需要考虑其戏曲、宗教、民俗等方面。

此外，戏台是一种艺术建筑，人们看戏本来就是欣赏艺术，附带对戏台建筑也以欣赏的目光来看待。所以戏台建筑一般都建得很华丽，造型奇特，雕刻精美，彩画艳丽，美轮美奂。不论是庙宇还是祠堂、会馆，凡有戏台的，那戏台一定是这个建筑群中最华丽的。例如，安徽亳州的山陕会馆，又叫大关帝庙，因为其戏台华美人称"花戏楼"，在当地人的心中"花戏楼"的名声更盖过了山陕会馆和大关帝庙。又如四川自贡的西秦会馆戏台，建筑造型之宏伟、装饰之华丽登峰造极。传统戏台建筑形成了一种固定的样式，平面呈"凸"字形，向前突出的部分是舞台，后面是化妆间和准备空间。舞台与后台之间有木板屏风相分隔，左右各一个小门洞，供演员出入。门洞上方往往写有"出将""入相"的门额。舞台面积都不大，这是由中国古代戏剧的表演形式决定的。

本书主要对中国古戏台建筑艺术进行研究，其研究重点主要是介绍与探讨宁波、徽州、云南和湘南古戏台的建筑特色与艺术价值，以及古戏台的保护与维修工作及相关典例，为古戏台的发展提供了可参考的建议与对策。此外，本书有摘引罗德胤老师的《中国古戏台建筑》和车文明老师的《中国古戏台调查研究》，这两部著作见解独到，其理论构架自成体系，拓宽了笔者的思路，使笔者对于各个地区的古戏台建筑有了许多新的发现和新的突破。

在撰写本书的过程中，笔者得到了许多专家学者的帮助和指导，参考了大量的学术文献，在此表示真诚的感谢。由于笔者水平有限，书中难免会有疏漏之处，恳请广大读者批评指正。

王丽娜

2024 年 5 月

目 录

前　言 ··· 001

第一章　中国古戏台的历史演进 ··· 001
　　第一节　原始戏剧的山野场 ·· 002
　　第二节　早期戏剧的百戏场 ·· 014
　　第三节　戏台的形成 ·· 027
　　第四节　近现代的戏台和剧场 ··· 046

第二章　宁波古戏台建筑艺术 ·· 052
　　第一节　宁波古戏台传统图案、图形与色彩 ······································· 053
　　第二节　宁波古戏台建筑环境 ··· 055
　　第三节　宁波古戏台构筑 ··· 058
　　第四节　宁波古戏台装饰艺术 ··· 068

第三章　徽州古戏台建筑艺术 ·· 072
　　第一节　徽州古戏台的类型 ·· 073
　　第二节　徽州古戏台的建筑空间布局 ·· 078
　　第三节　徽州古戏台的建筑特色 ·· 083

第四章　云南古戏台建筑艺术 ·· 090
　　第一节　云南古戏台建筑的分类及其价值 ·· 091
　　第二节　云南古戏台建筑的文化解读 ·· 099

第五章　湘南古戏台建筑艺术············108
第一节　湘南古戏台的类型及建筑结构············109
第二节　湘南古戏台的建筑美学············124
第三节　湘南宗祠戏台的文化功能············133

第六章　中国古戏台的保护与维修············139
第一节　中国古戏台的遗留情况············140
第二节　中国古戏台保护遇到的问题及其对策············149
第三节　中国古戏台保护性修缮程序············157
第四节　中国古戏台保护与维修的典例············173

参考文献············186

第一章　中国古戏台的历史演进

本章主要讲述古戏台的历史演进，主要沿着原始戏剧的山野场、早期戏剧的百戏场、戏台的形成、近代的戏台和剧场四个方向展开阐释，从而熟悉古戏台的发展脉络。

第一节　原始戏剧的山野场

戏剧作为扮演故事的叙事行为，它的历史不应该仅仅是"有文字记载以来"的历史。在人类文明的童年时代，在语言文字产生之前，信息的传达、观念的传播、情感的交流都曾经直接诉之于形象和声音，即乐舞，其中包含戏剧性的叙事。所有地区、所有民族，即使语言不同，但是用耳闻目睹的形体表演和音乐音响来诉诸视觉、听觉是一致的，其中就存在着"原戏剧"（或被称为"泛戏剧""类戏剧""准戏剧"）的因素。

原始文明表现为以图腾为标志的自然崇拜、灵魂崇拜、祖先崇拜、天神崇拜等。反映原始崇拜观念的原始仪典，曾经是古代文明的壮举，学者们称之为"神圣的祭礼"。借助于共同的信仰和神灵的力量，祭神仪典成为增强氏族、家族、民族凝聚力的文化纽带。在世界戏剧史上，古希腊酒神狄奥尼索斯祭祀活动中的舞蹈与合唱、古埃及祀神的乐舞行列、古波斯伊斯兰教什叶派教义中巫师驱邪的激情表演，都被认为是戏剧的源头。进一步往前追溯，更有石器时代狩猎文化、游牧文化、农耕文化的形形色色的图腾仪式、面具及化妆造型。尽管这些活动早已在历史进程中消失，但是物态化的遗物、遗址和感情化的遗俗依然有迹可循，很多"原戏剧"现象依然渗透在不同民族的习俗之中。同时，还可以根据同一文化时代的现代原始民族的宗教信仰情况，通过类比推理对之作出诠释。

西方学者在研究原始戏剧和原生态戏剧时，运用了各种学术途径，他们无不注意到文明初始阶段带有浓烈宗教意味的仪俗，主要从三方面搜集资料：

其一，土著民族的习俗。尤其是与世隔绝的、文化处于相对停滞状态的原始部落的习俗。这些部落尚未完全开化，处在人类文明的童年阶段。其中存在着原始性的戏剧迹象。

其二，史前文物。如洞穴壁画、石雕、骨雕等。这是我们祖先留下的真正的文化遗迹，记录着他们的生存状态，他们的情感、思维和行为。其中同样存在着原始戏剧的迹象。

其三，世界各地存留的古老的民俗面具。面具的存在，意味着角色造型和装扮的出现。古老的面具由古至今绵延数千年，几乎存在于所有民族的历史文化之中，由此可以探索各民族原生状态的戏剧心理。

原始的图腾装扮往往表现为全身性的、模拟图腾物的假形。面部五官作为情感和意识传递的主要部位，是装饰的重点，表现为假面。因此，原始的假形和假面造型成为学者们关注的热点。

中国的假面造型在5000—7000年前的新石器时代中期已经存在，长期通行于图腾仪典、狩猎伪装、战争面具、日常装饰，以及形形色色的民俗活动之中。同时，作为表演艺术的化妆手段，通用于乐舞和戏剧。因此，原始文化中遗存的假形、假面常常成为考察原始戏剧的重点。

一、江南神灵与中原神兽假面

（一）良渚神徽

良渚，地处东南沿海的长江下游，即浙江省杭州湾北侧的余杭区良渚镇，属于农业地区。自1936年起，这里不断发现原始遗址和墓葬文物，被定名为"良渚文化"，时间大约在公元前3300年至公元前2200年，属新石器时代晚期。良渚文化主要分布在环太湖地区。良渚文化最有特色的是玉器文化。仅余杭区反山、瑶山两个遗址，就出土了几千件玉器。良渚文化的玉器在英国大英博物馆、法国罗浮宫、美国大都会艺术馆都有收藏。在与原始宗教观念和祭祀仪式相关的玉制礼器如玉琮、玉冠饰、玉牌饰上普遍存在着一种独特的兽面造型。它们用精细的装饰性的线条绘刻而成，有两只对称的、正圆形的眼睛，宽大的兽鼻和巨口，有的还带有尖利的獠牙。整个造型带有慑人的威力，学界认为它是当地原始部族共同崇拜的天神，具有图腾性质，称之为"良渚神兽""良渚神灵"或"良渚神徽"。

如果说良渚神兽的线刻造型不足以说明它是面具的话，那么，1986年6月、1987年5月，在浙江省余杭区的反山、瑶山良渚文化遗址出土的玉琮和玉冠饰上，发现了一种与良渚神兽同类的、构思更为巧妙的人兽合体图案，明显具有假面特征（见图1-1）。

图 1-1　良渚神巫

图案的上部是一张倒梯形的人面，头戴羽冠（或光冠）。下部是那种普遍可见的"良渚神兽"——圆目、宽鼻、巨口、獠牙。整个图案呈现为头戴羽冠（或光冠）的神人抬臂弯肘、手抱圆形物（璧或琮）、屈膝蹲腿的姿态，又似乎是神人骑着一头神兽。因此，学界认为这是良褚神巫的舞蹈造型，象征巫者驾驭神兽，可以通天入地。

尤其值得注意的是"神巫"的面部。这张脸方而不圆，呈现为"倒梯形"。与其说是人面，不如说是面具。其五官并非写实的人的五官，那正圆形的双目、蒜头形的宽鼻、龇牙的巨口，与良渚神兽相同。因此，我们有理由认为：神徽上的神巫是戴面具的，面具的造型正是良渚文化中通行的那种神兽型面具。作为"天神"的良渚神兽，其同心圆的双目以及"神巫"的光冠是太阳的象征。要注意一点，这个神巫的造型与南美洲秘鲁土著民族的神坛遗址——"太阳门"上的神巫十分相似。它们的头部同样是扁方形，同心圆的双目，头部四周光芒四射，似戴羽冠。秘鲁的原始神巫代表太阳，良渚神巫也代表太阳。

良渚神兽作为原始农业部落所崇拜的天神的象征，其造型符号可以上溯到当地的河姆渡文化（约公元前5000年—公元前3000年）。作为农耕社会的天神，在数千年的历史岁月里，中华大地始终存在着太阳崇拜的迹象。

河姆渡是一个村落，与良渚镇同属浙江省余杭区。良渚在杭州湾的北岸，河姆渡在杭州湾的南岸。1973—1974年，河姆渡发现了距今约7000年前的原始文化遗址。河姆渡文化比良渚文化早2000年，是良渚文化的前身。在河姆渡的墓葬骨器上，雕刻有一种"双鸟载日"的图案（见图1-2）。

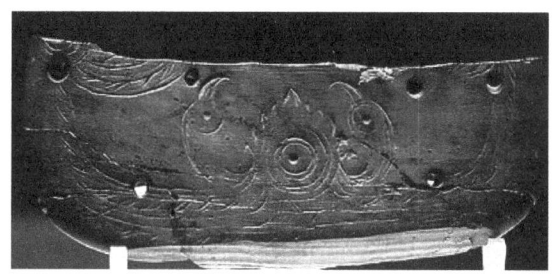

图 1-2　河姆渡"双鸟载日"

河姆渡文化和良渚文化中有一种符号值得重视，那就是层层展开的同心圆。在河姆渡文化的"双鸟载日"图纹中，太阳是用同心圆来表示的，这种同心圆在良渚文化中依然存在，用在兽面神灵的两只眼睛上。以同心圆作为太阳的象征性符号不难理解。按直接的视觉感受，太阳的光波向周边展射，类似水中的涟漪。在中国古代的象形文字中，代表太阳的"日"字便是正圆形和中心点，相当于简化的涟漪。

用飞鸟来比附太阳也不是没有道理。原始先民认为太阳是有灵魂的，他们认为太阳在天空中运行，好像鸟儿在天空中飞翔。因此，鸟儿往往成为太阳的载体和化身。在中国的古典文献中，多有"日鸟"的记载，认为"日中有鸟"，把太阳比作"三足乌"。原始神话传说中众所周知的"十日并行，羿射九日"故事，便体现着这样的观念。"日鸟"（太阳鸟）显然联系着原始思维中的太阳崇拜和鸟崇拜。由此，我们可以发现太阳和鸟之间的联系。

河姆渡先民曾经倾向于温和的飞鸟崇拜，两千年后，良渚先民更倾向于对狮虎之类食肉猛兽的崇拜，这是对神力的强调。我们很难指认良渚神兽是哪一种动物，只能说它是幻想出来的神兽。在它的身上，有太阳、飞鸟和狮虎之类食肉猛兽的影子，它是在原始文明发展过程中逐渐形成的复合型的图腾物。

在良渚神兽的造型上所体现的对神力的崇拜，是原始之力、自然之力，是在蛮荒的大自然中为生存而竞争、而搏斗的生命之力。那种雄劲的、弱肉强食的无情的力量令人敬畏，令人慑服，可以约束个体的行为，同时也是规范和制约部落群体的精神纽带。

同样的造型符号影响到北部相邻地区，即属于黄河下游的龙山文化。

（二）龙山神灵

龙山文化，1928 年首次发现于山东省章丘县龙山镇的城子崖，因而定名。龙山文化以陶器为主,山东沿海地区的龙山文化又称黑陶文化,分布在黄河中下游,延及中原的河南。河南的龙山文化约存在于公元前2800年至公元前2300年,与良渚文化同属新石器晚期,是父系氏族公社时期。

在龙山文化的神灵面具上,不难发现良渚神兽的造型符号——同心圆的双目,猛兽的巨口、利牙,甚至包括头部两侧的飞鸟,整体造型倾向于人面——带有兽形的人面(见图1-3)。

图1-3　龙山文化中的鬼神面

(三)商周饕餮

龙山文化跨及中原,其神兽型或神巫型的面具造型对殷商(公元前16世纪至公元前8世纪)以来的饕餮型面具产生了直接的影响。现存文物中有一件殷代后期的双面玉饰,这件玉饰的一面倾向于人面,另一面带有饕餮型面具,可视为神巫,可以说明当时的神巫在装扮神灵时是佩戴饕餮型面具的(见图1-4)。

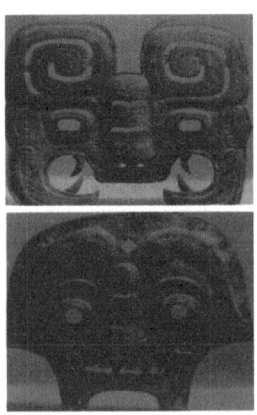

图1-4　两个出自商周时期的饕餮型面具

饕餮在殷商时期的青铜礼器上大量呈现,具有天神的地位。到西周王朝,"周公制礼,礼秩百神,而定其祀典"①,鬼神有序,"古之巫风稍杀"②。各种原始部族及其图腾神灵都被规范在人间帝王的脚下,饕餮作为国兽依然受到重视,具有驱鬼、辟邪的震慑作用。当时,人间帝王的权力正在加强。在商周钟鼎文里,出现了"皇"字(见图1-5)。

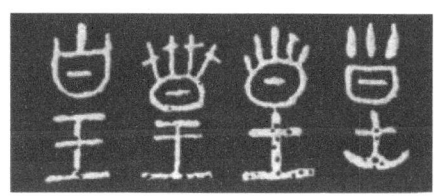

图1-5 商周钟鼎文中的"皇"字

其上部是带有光芒的"日"字,即太阳放光的象形;下部则是代表大地的"土"或"王"字。正所谓"天子","皇"字代表着人间大地上至高无上的帝王。"普天之下,莫非王土"③,凡是太阳照得到的地方,都是人间帝王专制统治的领域。饕餮那双圆瞪的"太阳目"依然注视着人们的行为,正所谓神目如电,疏而不漏,使人们有所禁忌,以维护社会秩序。但是,它毕竟已沦落为权势者的工具,大多被装饰在礼器上,成为一种象征性的符号,同时在驱鬼逐疫的"傩"仪中用作"方相氏"佩戴的面具。春秋战国以后,饕餮普遍沦为民俗的符号,被装饰在大门上、在墓穴中、在日常佩饰和器皿上,甚至因为其凶猛的相貌而被异化为"贪得无厌"的恶兽,这是后话。

饕餮面具中除沿用良渚文化和龙山文化中同心圆的双目和宽鼻、巨口、利牙外,还增添了牛羊的尖利的双角。所不同的是,飞鸟符号已经失去。这种复合性的造型不涉及天空中的飞翔,但是在大地上更具攻击和防御的威力,与中原大地的生存环境更为契合,也更为实际。

二、岩刻上的太阳神

(一)人面岩画

中国西北部的内蒙古、甘肃、青海和新疆地区,是狩猎民族和游牧民族生活

---

① 王国维:《宋元戏曲史》,中国书籍出版社2020年版,第1页。
② 王国维:《宋元戏曲史》,中国书籍出版社2020年版,第1页。
③ 刘枫主编:《战国策》,阳光出版社2016年版,第14页。

的地方,山崖上存留有大量岩画。它们是"刻在石头上的历史"。

内蒙古阴山西段,在狼山地区桌子山西麓的各个山口,有大量怪异的人面岩画。有的人面岩画磨刻的沟槽深达3厘米,每当旭日东升或夕阳西下之时,在阳光侧射下,一些平日看不见的图像便会奇迹般地显现出来,在这一地区的人面岩画上,显现有太阳崇拜以及生殖崇拜的人文内涵。

(二)草禾人面

东部沿海的江苏省连云港,属于农业地区,当地1979年11月曾发现新石器时期的遗址多处。据推断,连云港市郊锦屏山马耳峰南麓的将军崖岩画亦属新石器时期。

岩画共三组:东边最高处的一组密布点、坑、同心圆及少量人面像。南边一组类似,人面像略多。西边的一组最引人注目,集中刻绘了11个人面像,与若干星体和植物图案组合在一起,线条深约1厘米。在三组岩画的中间部位,有三块巨石,呈圆凹形排列在岩画前,与三组岩画距离相等。其中主要的一块长4.2米,宽2.6米,其余两块分别为长2.2米、宽1.8米和为长2.2米、宽1.4米。学界认为,这三块巨石可视为原始的祭坛。

将军崖岩画中的假面造型有它的独特之处,即人面与草禾的结合。这些假面造型虽然大小不等,但是都用一根线条支撑,下方是呈半放射状的禾苗形。假面明显高于"禾苗",那根支撑假面的线条一直通到鼻、额,在面部呈发散状,又有颗粒状符号,象征农作物成熟时的分叉、结籽(见图1-6)。

图1-6 连云港岩画中的草禾人面

自然界的植物是没有生命的,假面赋予它们两只同心圆的眼睛。似乎赋予了它们灵魂和生命。这对同心圆的眼睛,既可以理解为灵魂的符号,又可以理解为太阳的符号。草禾的生长和成熟离不开太阳,它们是太阳的子孙。

三、彩陶人面

甘肃、青海的马家窑文化表现为彩陶文化,时间在公元前3000年—公元前2000年,属于新石器晚期。

马家窑彩陶的人面造型主要表现在壶形器皿的头部,红陶底,黑色纹。其共同特征是:在倾向于写实的面部,以涂绘方式添加了各种纹理或符号。我们很难解释这些纹理符号的原始含义,但可发现:由于纹饰符号不同,这些面目具有形态各异的个性化特征。这种个性化的人面略可区别于作为部落共同神灵的假面(见图1-7)。

图 1-7 马家窑彩陶的人面造型

据考古学者考证,马家窑文化中已经出现了氏族的公共墓地,还有随葬物分配多寡和夫妇同穴同棺、妻子殉葬等现象。这反映了从母系氏族社会到父系氏族社会乃至早期阶级社会的长达千年以上的过渡。在宗教范畴,则表现为从图腾崇拜到祖先崇拜的过渡。在这个漫长的历史阶段中,人们越来越重视氏族的血缘关系,对图腾物的崇拜渐渐削弱,主要用于镇邪巫术的灵物象征、氏族或个人的标志,或者只是因为艺术造型而流传。

在古代中国，以浓重的墨色在脸上刺刻和涂绘纹饰的做法称作"涅面"（或"绣面"）。古代在隶卒脸上刺字做记号称"涅面"，文献记载有某些民族曾流传这种习俗。如：

《淮南子·原道训》："九疑之南，陆事寡而水事众，于是人民断发文身，以象鳞虫。"高诱注："文身，刻画其体，内默其中，为蛟龙之状，以入水，蛟龙不害也。"①

《隋书·东夷传》："妇人以墨黥手，为虫蛇之文。"②

据此，涅面、文身或有模仿野兽、蛟龙以避害的巫术作用，或以不同符号作为区分贵贱等身份的标志。前者可视为氏族共同的图腾标记，后者可视为个体图腾的标记。那么，我们有理由认为：在马家窑文化中，那些彩绘各种符号的人面造型，是原始民族涅面文身的图腾习俗的反映。

马家窑文化半山类型的彩陶人面中，有一个比较典型：其头部两侧塑有兽形的双角；头顶中央塑一龙蛇，蛇身一直拖到脑后。面部则以黑色涂绘类似于雨滴和水流的图纹。同样的造型有多例出土，可见带有某种共同性。由此推测，这个人面造型或许与古代甘肃、青海地区的龙蛇崇拜和雨泽崇拜有较为密切的联系。

四、拟兽戏剧及百戏中的戏兽

有学者认为，原始戏剧往往表现为"拟兽戏剧"。戏剧史学者王胜华在考察了大量云南地区的少数民族戏剧以后认为，所谓拟兽戏剧，是一种由人装扮成动物来进行表演的艺术活动，它与人类初年的自然崇拜、图腾崇拜等有着密切的关系。被模仿的动物或是与本氏族有血缘关系的图腾，或是本部落所崇拜的神兽，或是与生活、生产关系密切的畜类。还有的时候，这种动物曾经是部落传说的主角、功臣、英雄，等等。这种戏剧与人类早期的原始信仰有千丝万缕的联系，在戏剧学、人类学、民俗学、民族学诸领域的研究中具有重要的而且是不可替代的价值。由上可知，原始民族所拟之"兽"，虽然有现实野兽的影子，但是更多地表现为与自然崇拜、图腾崇拜等有着密切关系的神兽、异兽，也就是原始部落的神灵。需要进一步说明的是，随着历史文明的进步，无所不能的自然神灵渐渐让位于人间的"神灵"，包括被赋予神灵光环的帝王、英雄。但是在民俗活动中，依然存在着它们的文化遗踪，例如文献记载的"百兽率舞"以及"百戏"中的异

---

① 杨正权编：《西南民族龙文化研究》，云南民族出版社1999年版，第33页。
② 吕思勉：《白话本国史》，中国友谊出版公司2009年版，第63页。

禽怪兽装扮和表演。人所共知的"鱼龙曼延"和"舞龙耍狮"之类便是如此，神兽崇拜的辟邪观念已被淡化，令人敬畏的狰狞的神兽已经转化为给人们带来喜庆和吉祥的瑞兽，扮演它们的不再是巫师。这种拟兽表演已变成群众性的广场游戏了。

五、原始戏剧的演出场所——山野剧场

古代先民的部落族群依山居穴、傍水筑巢，居住条件十分简陋。游牧民族更是居无定所。他们对自然物的崇拜呈现为年复一年的周期性的节律。几千年来，举行原始仪典的场所消失殆尽，可以从以下迹象中辨识：

（1）原始先民生活区周边的山野之场，有相应的平地或人工建造的痕迹，可用作仪式空间。

（2）有明显的自然物标志，如山崖、巨石、神树等，以便集合部落群体。

（3）有祭祀文化的痕迹，如岩画、神秘的文字符号、祭石（相当于祭坛）等。

古希腊最早的剧场，便与祭祀酒神的仪典有关。尽管当时的希腊已属奴隶主民主社会，形成了一个个城邦，财力丰盈，公民有相当的闲暇从事文化活动，但是祭祀酒神的仪典依然是原始旧俗的遗留。希腊是个多山的国家，祭坛常常设在山麓。戏剧竞赛以及古希腊戏剧所必不可少的合唱队设在酒神祭坛的旁边，观众站在山坡上观看。公元前6世纪（相当于我国春秋战国时期）出现的古希腊剧场，就呈现为依山坡修筑的一层层看台。看台前的一小片平地则是表演区。埃及无山，古埃及先民的祀典表现为僧侣们的祈祷行列。这是一种队列行进的方式，队列中有乐舞表演者，或作戏剧性的装扮。不排除停留的表演。这种有"行"有"停"的流动的表演队伍和表演方式，类似我国传统的民间社火和花会，傩戏、目连戏中亦有存在。在普遍使用假面的化装游行中，又有使用火炬、火堆、清水为标志的，意在驱逐鬼魅，例如火把节、泼水节，火与水既是先民们的生活必需品，又是崇拜的对象。

我国的原始祭坛及表演场地略举数例。

（1）良渚文化祭坛。浙江杭州余杭区的瑶山，1987年5月在清理这里的11座良渚文化墓葬时，发现了一座用作宗教祭祀活动的祭坛，属于新石器时代晚期。

祭坛遗址的平面略呈方形，由里外三层构成：最里面是一座红土台，六七米见方，在遗址偏东，未见夯筑痕迹，显然是自然土台。红土台四周，是65—85厘米深的围沟，沟内疏松地填有灰色斑土，与红土台不同，显然是人工挖成的围沟的西、北、南三面，是用黄褐色斑土人工修筑的土台，东面则是自然山土。东、

西、北土台的台面上，散见有较多的砾石，推测台面原本用砾石铺设。东部台基目前仅余大约20厘米高的土坎。

围沟的西部和北部边缘，各发现一道用砾石整齐地叠砌而成的石砌墙，呈斜坡状，高约90厘米，长约10米开外，内有夹砂陶片和鱼鳍形的鼎足残物。整个祭坛外围边长约20米，面积约400平方米。

（2）游牧民族祭坛。内蒙古包头市东郊大青山边的莎木佳村，留存有新石器时代的村落遗址。遗址在村北的台地上，称"大房子"，留有石砌的墙基。"大房子"西南隅，是一道南北向的岗梁，上面有一组形制独特的建筑物遗址。这组遗址由三座圆形的土丘构成，作南北中轴排列。由北而南，彼此间隔1米左右，依次渐小，顶部均平铺一层石块。

最北的土丘高约1.2米，绕土丘的基部和腰部各砌一个方形的石圈，基部石圈7.4米见方，腰部石圈3.3米见方。中间位置的土丘高0.8米，基部砌有一个长方形的石圈，东西3.8米，南北3米，四角呈弧形。在这座土丘的顶部，发现有两件磨制的石斧。南边的土丘略高出地面，土丘基部亦砌有一个石圈，圆形，直径1.5米。

这组建筑的遗址，形制和结构与当时人们的物质生活没有直接关系，学者推断当与宗教祭祀有关，是一座原始祭坛。

（3）将军崖祭坛。将军崖位于江苏省连云港市西南郊锦屏山马耳峰南麓，临近海边。上述"草禾人面"即出自这里的岩画，与原始祭坛相联系。

岩画刻在海拔20米的一块平整光亮的黑色岩石上，长22米、宽15米。共分三组，包括人面、农作物、鸟兽、星云等图纹。在与三组岩画略呈等距离的地方，有三块大石，非常突出，呈平台状，而且有人为的痕迹：A石长4.2米，宽2.6米；B石长2.2米，宽1.8米；C石长2.2米，宽1.4米。三块大石的石面上分布有对称的圆窝形图案，圆窝的直径在3厘米到5厘米之间。据说，1957年，三块大石中有一块被人推落崖下，两块尚存原处。

有研究者认为，它们是新石器时代原始民族留下的宗教文化迹象，可能是当时东夷民族用大石为神的土地崇拜遗迹，又有学者说，把三组岩画和其间的三块有圆窝状图案的大石作为一个整体来看，可能是原始社会晚期某一个氏族部落的一个宗教圣地，或者是以祭"社神"和祖先神为中心的统祭天地、日月星辰、动植物等自然百神的"社"，或者是施行繁殖巫术和守卫巫术的场所，也可能二者兼而有之，即祈求与控制相结合。

六、原始祭仪及祭坛的遗迹

原始的文化艺术处于混沌状态，无诗歌、音乐、美术、舞蹈、戏剧之分。巫师或表演者采取切可利用的手段来叙事、抒情、达意，动作和语调呈现为乐舞及诗歌。乐舞表演中的叙事不排斥戏剧性装扮，但是不强调特定的时空环境，因此不需要设定具体的戏剧场景。

作为神灵代言人的巫师被学界称作人类文明中最早的演员。巫师常常就是部落的首领。他们具有超凡脱俗的才能，能歌善舞，能够用神秘的动作和语言传达神灵的意志，呼风唤雨，驱邪降福，无所不能。同时，还善于运用智慧调解部落内部的各种纠纷。

巫师的表演在民间的巫俗中尚有遗存，其重技艺、重表演的特征与混沌的民间原生态戏剧亦有相似之处，可以适应各种表演场所。商周时期，多部落的原始文明被规范化为统一有序的礼乐，成为年节性、祭祀性、宗族家庭式的民俗，其中始终包含有戏剧性的扮演。至今犹有留存的社火戏剧、傩戏、目连戏等习俗，或由巫者主持，或由乡民装扮。演出场所因地制宜，或为自然形态的山野之场，或为街巷之间的空阔之场，或为宅第内的院落、厅堂。例如，被当代学者称作戏剧"活化石"的傩文化、傩戏，其演出场所即呈现为自然形态的场、院、坛、台。

由于功能、目的及文化内涵的不同，巫者的神坛布置增添了诸多复杂的宗教文化色彩，有的几乎可视为宗教的"舞台"环境。巫师的表演则由于受到宗教的制约，相对弱化了。现存东巴教巫师举行"祭风"仪式的神坛可作参照：东巴教限于云南纳西族的丽江地区，自有象形文字。宋代以来，东巴教虽然受到过中原道教和藏传佛教的影响，但古风犹存。其巫师的祭风仪式包括准备神器与木偶、设置神堂与鬼寨、请神除秽、祭鬼献牲、诵经跳神、送鬼驱鬼等一系列复杂的过程，规模的大小由主家财力而定，一般用6—8个东巴举办3天半的祭祀活动。其间，需要在主家设神堂、安鬼寨、立神树，相当于设置神坛。当地的殉情女子较多，祭坛的布置多与殉情鬼魂有关。

神堂需要设置神座，一般在西房或北房的中间堂屋之中。神堂正中的主位摆一个铁犁铧，铧尖朝上，象征神山。两边分别用竹箩插上相应的物件，象征护法战神和山神龙王，前面放置供品。神堂的两边挂神像画，放高桌和坐凳，东巴们在此演奏乐器。祭祖堂则在另外的屋子或走廊上。

鬼寨在天井院落中，用黄土设置。在离地三尺的平台上，各种木偶、面偶、纸扎、木牌画摆设成"鬼寨"。鬼寨与正房堂屋的神坛相对，意思是神在上，鬼在下，神能镇鬼。东巴则在神鬼之间，既能通神，又能送鬼。鬼寨的头一排，左为阳神（卢神），右为阴神（沈神），各有神石，插木牌画。阴阳神之间插18根守卫奇神。又有排列成半圆形的各种鬼怪木牌画，包括飞鬼、煞鬼、风神、毒鬼、争鬼、恶鬼、饿鬼、各类吊死鬼、殉情鬼，等等。鬼寨圈的中心放特定的风神，叫阿萨命姑娘。其后有夜明灯，又有插松木制成的"飞鬼树"。编扎的恶鬼黑鹿也放在这里。圈外右侧，另外立素食鬼的木偶；左侧是杉枝搭成的殉情者房，有麻布包好的松枝木偶放在房中，摆设酒茶和瓜果甜食等供品。

祭风树一般在天井里的"鬼寨"背后，是祭风仪式特设的祭物标志，祭风树需要立两棵，高2丈多，相隔1丈，一棵为松树，一棵为白杨，均带尖枝。树尖上分别拴两面大型的三角旗，下面拴上或钉上两张木牌画，代表天界，意思是天上的神界有日月七星，住有护法神鹏、龙、狮。下边是殉情者的理想乐园，分别用五色彩线绕成菱形蛛网，四角钉木条，木条上拴彩色纸花和纸旗，有三层，意为"三台"。第三台的左右两角各挂一个钟形的"祭风笼"，三台下方，祭风树上各钉两根短木，放长明油灯。两棵树之间拉一根细麻绳，挂12张意味着上吊的木牌画，还要挂殉情者生前喜欢用的物品，如口弦、直笛、梳篦、圆镜、香袋、烟锅以及各种色彩的纸衣纸裤，以祭奠殉情鬼。

以娱乐为宗旨的戏场区别于以宗教为宗旨的神坛，两者的功能和目的大相径庭，但是，以表演为中心的"戏场"可以因地制宜，随处设置，这一点与宗教领域的"坛场"异曲而同工。随着神的世界渐渐变成人间天地，传统戏剧以乐舞百戏为新起点，渐渐摆脱宗教桎梏而成为独立的艺术品种。"戏"的表演技艺也越来越成熟，表演手段越来越丰富，文化艺术内涵越来越深入，由此，造就了"写意"的时空表现手法以及一系列虚拟的、程式化的艺术语言。演"戏"的场所也随之走向专业化。

第二节　早期戏剧的百戏场

传统的中国戏曲自有其民族文化的个性，它是由几种源远流长的文化凝聚而成的：

（1）礼乐文化。礼乐文化包括礼仪和乐舞。商周以礼乐治国，乐舞是礼乐的一部分，称"雅乐"；民间无拘无束的乐舞称"俗乐""散乐""戏乐"。古老的中国是"东方礼仪之邦",自商周以来,以礼乐治国的观念及体制延及秦汉隋唐,贯穿中华文明数千年。作为礼仪一部分的乐舞,有张有弛。生动活泼的民间俗乐及散乐不断为历代雅乐所吸收,在"文以载道"观念的影响下,雅乐有序,规范和制约着俗乐的无序。这样一种全民族的历史性的乐舞文明(或者说礼乐文明),渗透在上层建筑的各个领域,包括文艺范畴。雅乐与俗乐互动,互相影响、互相渗透,成为戏曲文化的重要组成部分。

(2)诗词文化。诗词文化与中国的语言文字相联系,与语音相联系。汉语的每个字是一个音节,两个字形成一个节奏;加上声母、韵母和具有平仄关系的四声音调,拉长语音便接近旋律,使汉语本身带有节奏感和音乐元素。自古以来,汉语领域的三字经、诗、词、散曲,甚至儿歌、打油诗等都长于吟诵,使汉文化呈现为诗歌韵语的海洋。诗词与乐舞都强调音乐性和抒情性,《诗大序》云:"情动于中而形于言,言之不足,故嗟叹之;嗟叹之不足,则永歌之;永歌之不足,不知手之舞之,足之蹈之也。"它说出了诗歌乐舞传情达意的规律,同样也是戏曲表演的艺术规律。诗词文化遍及朝野、老少咸宜,使传统戏剧的形态呈现为"戏曲"。

(3)游戏文化。游戏文化包括娱乐、竞技、表演,古来称之为"俗戏"。正因为其"俗",所以大家都可以参与,是全民性、公众性的活动。游戏涉及人性,即人类放纵、娱乐的天性,尽管它更多地侧重于感官愉悦,但是也可以在精神文化层面得到提升,两千多年前的秦汉"百戏"就是这样一些有情趣的民俗活动。在游戏中,存在着原生态的戏剧现象,所以学界普遍认为:滥觞于秦汉时期的民间百戏,是中国戏剧和戏曲的摇篮。

近年来,有学者认为,中国的传统戏剧有两种性质的观演体制,一种是仪式性戏剧(包括祭祀戏剧),一种是观赏性戏剧。

仪式性戏剧可以追溯到前一节中所论述的原始习俗。商周时期,多部落的无序的原始文化被规范化为统一有序的礼乐,渐渐成为年节性、祭祀性、宗族家庭式的民俗,其中包含有戏剧性的扮演。至今犹有留存的社火戏剧、傩戏、目连戏,还有宴乐、宴戏、堂会等都存在有仪式性戏剧的影子。这类包含"仪式戏剧""祭祀戏剧"礼乐习俗多半在节日庆典的时间段举行,不但是国家行为,而且常常是集团行为、家族行为、家庭行为,并且表现为公众的社会行为。在这种场合,参与者(观众)是不用买票的。

至于"观赏性戏剧",指的是商业化的戏剧。戏剧商业化以后,以它的文化价值和艺术价值来满足人们"耳目视听"的娱乐享受和精神需求,成为一种文化商品、文化产品。从业者渐渐走向职业化和专业化。

当然,在美学层面上,带有仪式特征的戏剧不可能没有观赏性,不过它的主要目的和功能在于某种仪式的需要。在娱乐观赏的基本点上,仪式戏剧和观赏戏剧难以截然分开。中国戏曲在宋元时期成熟,确实与商业化、专业化有很大的关系,主要功能转化为满足人们"观赏"的精神文化需求,但是作为文化传统,"仪式"的功能依然存在。以"雅"文化的昆曲和"俗"文化的民间赛社为例,昆曲是纯戏曲艺术,在江南富贵之家的厅堂里生成;赛社是公众性的娱乐狂欢,属于亚艺术、准艺术,二者均保留有"仪式"的痕迹。昆曲的"堂会"常常是主人接待宾客的仪式,在北方赛社活动中造就的梆子剧种则活跃在年节乡民的"娱戏"习俗中,经常在公众的神庙戏台上演出。二者的艺术含量都是不可低估的。

一、"戏"字源始

"戏"字在距今约4000年的商周甲骨文和钟鼎文里已经存在。这个字原本是虎、鼓、戈三个甲骨象形图符的合体,相当于繁体的"戲"字。其本义是:伴随有强烈的鼓声节奏的、戴有神兽假头(扮为神兽)的、手持兵器的舞蹈,即上述论及的"拟兽戏剧",它是一种原始性的仪式。

许慎《说文解字》是我国最早对汉字进行"释义"的字书。它解释的"戲"字是篆体,其中,"鼓"的图符已转化为"豆"。这种转化不是没有道理:首先,"鼓"的象形与"豆"的象形十分相近;其次,"豆"是祭祀用的器皿,"戲"原本就与宗教祭祀仪式有关。

《说文解字》对"戏"的解释是:"戏,三军之偏也,一曰兵也。"

"戲"怎么与军队发生关系了呢?使得人们有点摸不着头脑。其实,"三军之偏"相当于仪仗队。"戲"那种耀武扬威的仪式性表演被用于操练军队、炫耀武力,也就是三军仪仗队,就有了"三军之偏也"的解释。由此,还引申出"兵仗""麾""呼"等含义。

《辞源》《辞海》《中华大字典》对"戏"字的解释有以下几种:(1)游戏。(2)调笑、嘲弄。(3)歌舞杂技表演。(4)姓。(5)通"伏羲"的"羲",读如"羲"。(6)通"麾下"的"麾",读如"麾"。(7)通"呼喊"的"呼",读如"呼",成为一种虚词。如果我们理解甲骨文中那个原始的、拟兽的、仪式表演的本义,这些字义都可以迎刃而解。

但是，"戏"字始终没有失去它原本就存在的游戏、娱乐、表演的内在含义。事到如今，"三军之偏也""兵也"渐渐不被人们理解，但是游戏、娱乐、表演的内涵却得到了拓展，成为中国人所理解的"戏"即"游戏"和"百戏"的本义，后来包含戏剧。

"戏剧"是近现代受西方文化影响后才通行的词语，指"演员扮演故事"的表演艺术。其形态包括话剧、歌剧、舞剧等，也包括戏曲。

"剧"字在甲骨文里没有发现。《说文解字》称："剧，尤甚也。从刀，未详。"这个字在古代有"强烈"的意思，主要用作形容词，与"尤""甚""疾"的意思相近。至于"戏""剧"二字连用的情形，唐代后期出现过，意思是"玩耍""开玩笑""戏弄"，同样用作形容词，与今天的"戏剧"不是同一个概念。

"戏曲"一词则是宋元以后才渐渐通行的概念。至于"戏曲"成为中国传统戏剧形态的总称，则是清末以后的事，到现在也才110年左右。清末及民国时期学者王国维（1877—1927年），游学过日本，有维新思想。从1909年到1912年，他撰写了一系列论证中国古代戏剧的文章，统称之"戏曲"，而且给戏曲下了个定义，称："戏曲者，谓以歌舞演故事也。"① 王国维在文坛上有相当的学术影响，以"戏曲"为中国传统戏剧的提法渐渐被学界认可，而且为社会所普遍接受。按照这样一种"中国传统戏剧形态"的观念，戏曲成熟于宋元时期，到现在有800多年的历史。

以"戏"字为端倪，传统戏剧在历史上有各种称呼。秦汉隋唐时期的早期戏剧融汇在"散乐""百戏"里。宋元时期走向成熟的戏曲叫"杂剧"，明清时期的戏曲称"传奇"。民间则因为地方性方言、腔调和表演的不同，分别称之为"腔""调""曲""戏"，例如"昆曲""秦腔""梆子（腔）""皮黄（调）""秧歌戏""高甲戏""花灯戏""花鼓戏"等。东北有一种"二人转"，两个演员连说带唱、带耍、带舞，其中不乏扮演角色的小品式的戏剧，但是称之为"转"。由此，带来了地方性"剧种"的区分。

对于戏曲剧种的命名，有的以方言、声腔命名，有的以行政区域命名，汉民族以外的少数民族则以民族命名。戏曲界统称的京剧、评剧、川剧、越剧、晋剧、豫剧、黄梅戏，等等，也都是50年代以后命名的。至于话剧、歌剧、舞剧，则属于西方的戏剧体系，不属于戏曲。

上百个戏曲剧种主要区别在于地域、方言、声腔的差异，在剧本体制、舞台

---

① 汪丽娅：《溯源戏曲》，中国戏剧出版社2013年版，第257页。

表演、乐器配置、服饰化妆等方面,这些剧种基本一致,可以归纳为同样的表演体系,学界称之为神形兼备的、"写意"的戏曲表演体系。

其中,"意"为"心"上之"音"也。这种"心上之音"的"意"念,是中国传统美学观念的高度凝练。古典音乐、古典诗词、古典美术亦同样强调"意境""意趣"。在戏曲舞台上,"意"的表现可雅可俗,文人固然赞赏,妇孺亦可明晓。戏曲观众看戏赏艺,演员与观众之间存在着情感交流和艺术观赏的默契。运用通"情"达"意"的诗歌唱腔和虚拟的乐舞表演,在空无一物的戏曲舞台上,时间和空间灵活无限,有戏则长,无戏则短,剧情时间可以浓缩、可以停滞、可以延缓;戏剧空间可以瞬息多变。因此,艺术家在相当程度上可以随"心"所欲,"可上九天揽月,可下五洋捉鳖",从而演出上下数千年、纵横天地间的无数戏剧故事。观众明晓舞台上的表演是"假戏",但情感的表达以及表演必须"真做",所谓天地大戏场,舞台小天地,在写意的舞台空间里,"假作真时真亦假,无为有处有还无",社会人生、天地鬼神、主观情绪、艺术审美尽在其中。

源于"戏"的传统戏剧观和戏曲观绵延千百年,演"戏"之"场"始终被看作是具有浓重技艺色彩的表演之"场"。这种以表演为中心的写意的戏剧观,与西方戏剧中写实、模拟、仿真的戏剧观有所不同,同时也带来了舞台和剧场形态的差异。

二、雅乐厅堂与散乐戏场

周秦时代,"乐"和"戏"有雅俗之分。乐趋雅,戏趋俗。雅乐即"宴乐",用于贵族的宴会,俗戏用于群众性的广场娱乐。

"宴"有"安逸""闲适"的意思,同音引申为"燕""讌",即饮食享乐。古代贵族在闲适的时候经常举行"宴饮",讲究一点便以"宴乐"佐餐。宴集和宴会主要在厅堂内举行,当然要有美食、美饮,但除了吃喝聊天之外,还要"赏心悦目",强调包含视觉和听觉在内的全身心的感官享受。孔子说:"食不厌精,脍不厌细。"[①]他看了周代的韶乐之后"三月不知肉味",连声赞叹"尽善尽美"。声色歌舞、赏心悦目、尽善尽美是厅堂里宴乐的美学追求。《诗经》"风、雅、颂","雅"指贵族宴会上的乐歌("颂"也有一部分是宴乐),"雅"的美学概念就是这么来的。

---

① 桑楚主编:《中华典故》,北京联合出版公司2013年版,第282页。

至于民间山野之场的"戏",则称"散乐",被归为俗乐。由于它的形式丰富繁杂,后世称"散乐百戏"。

《周礼·春官宗伯》称:"旄人掌教舞散乐,舞夷乐,凡四方之以舞仕者属焉。凡祭祀、宾客,舞其燕乐。"

可见,"散乐"的概念西周就有,是相对"雅乐"而言的。它的内涵是民间乐舞,与四方民族的"夷乐"相提并论。散乐和夷乐由"旄人"掌管,旄人是一种职官,民间和四方少数民族中擅长乐舞者可以因此而致仕。旄人掌管的民间散乐和夷乐可以在祭祀和招待宾客时使用,在这种场合使用的散乐和夷乐于是成为宴乐的一部分。这说明,宴乐中的乐舞选自散乐和夷乐,是民间乐舞的雅化。

隋唐时期,宫廷宴乐很讲排场,称"燕乐"或"讌乐"。当时的燕乐规模宏大,宫调和乐器丰富,乐舞节目众多,甚至专门设有教坊。隋高祖时期的七部乐、隋炀帝时期的九部乐、唐代的九部乐(后为十部乐)都属于燕乐,其中包括传统的清乐(清商乐)、胡乐、俗乐。尤其以琵琶为枢纽确定的所谓"俗乐二十八调",演化成宫调体系理论(宋元以后减为"九宫")。在音乐史、乐舞史和戏曲史上,宫调理论意义深远。

唐代宴乐和散乐有坐部伎、立部伎之分。坐部伎主要从事厅堂上的宴乐表演,立部伎主要从事院落里的散乐百戏表演。唐白居易《立部伎-刺雅乐之替也》诗写道:"立部伎,鼓笛喧。舞双剑,跳七丸。袅巨索,掉长竿。太常部伎有等级,堂上者坐堂下立。堂上坐部笙歌清,堂下立部鼓笛鸣。笙歌一声众侧耳,鼓笛万曲无人听。立部贱,坐部贵,坐部退为立部伎,击鼓吹笙和杂戏。立部又退何所任,始就乐悬操雅音。雅音替坏一至此,长令尔辈调宫徵,圆丘后土郊祀时,言将此乐感神祇。欲望凤来百兽舞,何异北辕将适楚。工师愚贱安足云,太常三卿尔何人。"

坐部伎与立部伎有堂上、堂下的分工,有贵贱之别,它同时也是抒情乐舞与杂戏、百戏的贵贱之别。毕竟立部伎的音乐技艺相对简单,不如坐部伎来得抒情细腻,所以坐部伎不行就退入立部伎。如果从事立部伎的鼓和笛还不行,就只能到郊祀机构"太常寺"去敲打钟磬之类"乐悬"了。

白居易在诗中认为,尽管太常寺的规格比较高,钟磬之类"乐悬"属于"雅音",但这种简单的"雅音"无法招凤引兽,连耍狮舞龙之类的百戏都没法用。堂上堂下"坐部伎"和"立部伎",看起来是表演环境不同所带来的艺术表演形态的不同。

厅堂上的"雅乐"显贵，厅堂下的院落里的散乐百戏显贱。换句话说，堂上的乐舞走向细腻的抒情的"笙歌"，堂下的散乐百戏偏重于热闹的"技艺"，这同时也是"乐"和"戏"的区别。不过，在正统文坛上，雅乐与散乐毕竟都属于"乐"的范畴。倘若抛弃封建时代的雅俗偏见，那么山野之场上混沌一体的原始乐舞有了室内乐舞和室外百戏的区分，毕竟是一种艺术的进步。

根据文献记载，从周秦到汉唐，在礼乐体制的规范下，戏剧元素始终融合在乐舞、百戏之中。其时，通俗小说尚未普遍兴起，无论乐或戏，只有颂词和诗歌相伴，没有故事的深度介入。那么，无论厅堂还是院落，乐和戏的表演都只需要一方场地，人们重在关注厅堂、院落的布置以及演员服饰，无须故事化的戏剧情境的强调，因此也不需要戏剧场景的模拟。

三、戏场及"乐屋""百戏楼""乐舞台"

早期戏剧融合在乐舞百戏之中，或者说，戏剧尚处于萌芽或胚胎状态。戏剧突破"乐"的体制而成为"戏曲"，成为纯粹的、专门的表演艺术品种，关键在于"故事"化的情节表演。它主要是从散乐的俳优百戏中脱胎出来的，而且始终以技艺表演为中心。其演出场所的关键则在于"场"。

"场"不过是一方空地而已。随着各种文化活动的展开，"场"才被赋予各种相应的文化概念，如会场、战场、斗场、教场、祭场、坛场、道场等。有时，为了某种需要，特别是公众性的需要，场上建"台"。台通常是方形，圆形之台常称作"坛"，更方便于四面围观。刘熙《释名》称："台者，持也。言筑土坚高，能自胜持也。"那么，"台"的建造在相当程度上是为了"持"，能够在高出地面的台上"胜持"。因此，"台"有天台、祭台、王台、将台、讲台、舞台等各种称呼，包括戏台。

秦汉之"戏"不过是仪仗和游戏，"场"是必要的，但不必有高人一头之"台"。长期以来，"戏"是低俗之举，文献只载有"百戏场"和"戏场"，没有"戏台"之说。与之相对应的，倒有祭台和礼乐台。娱神的礼乐之台可以在众人之上，神灵之下，纯粹娱人的乐台和舞台则往往不高出主人。

近年来，战国和汉代墓葬里有"乐屋"和"戏楼"模型的发现。所谓"乐屋"，是放置在墓室壁龛里的青铜小屋模型。1981年11月浙江绍兴坡塘狮子山306号战国墓出土的伎乐铜屋（见图1-8），通高17厘米，面宽13厘米，进深11.5厘米，屋子平面呈长方形，三开间，一面敞开，立圆形柱2根，屋顶为四角攒尖顶，屋内6个铜人赤身跪坐,分前后两排,前排右面一人面向一鼓,右手执槌。后排一人吹笙,两人弹四弦琴。6人均未着衣物,其中2人胸有乳突,并束发于顶;4人无乳突,均结发于脑后,此为铜人性别的特征。由此看在伎乐铜屋进行奏乐的既有男性也有女性。

图1-8 伎乐铜屋

当地古戏台研究专家谢涌涛在进行了深入的调查考证之后认为,此伎乐铜屋是一个专一性的乐舞演奏场所。它与今天所见到的宋、元戏台形制,具有十分明显的传承性。我们对现遗存的古戏台考察之后,也发现此伎乐铜屋的形制和风格,与现遗存的许多宋、金、元、明各朝代所修建的戏台,的确具有传承性和渊源关系,或者说,宋、元以后有许多古戏台建筑形制、风格,与伎乐铜屋极为相似。

东汉时期,陶制的"戏楼"模型在河南、山西、安徽等地都有发现。或名之为"百戏楼",或称之为"舞台模型"。此类用于陪葬的陶楼模型有各种形态,有的是望楼,有的是宅院,有的是楼阁,在相当程度上能反映墓主的生活状态和生活理想。之所以有称"百戏楼"或"舞台模型"者,是因为这类陶楼的外墙装饰和楼阁内的厅堂里有乐舞百戏艺伎的造型——有的倒立、有的舞蹈、有的歌唱、有的吹奏或弹拨乐器。其实,它们在形制上与其他陶楼没有什么差异。

1976年5月,安徽省阜阳地区涡阳县大王店焦窑1号东汉末年墓葬里出土了一座同类的绿釉陶楼(见图1-9),其二层楼阁的厅堂内有墙,区分前后室。前室有艺伎表演,还有观者或侍者。墙之左右各设一门,于是,有人称其为"设上下场门"的"舞楼",认为早在汉代,我国的乐舞百戏已经成为一种"舞台艺术",

在固定的专用舞台上进行演出了。又据此推断出早在1700余年前,我国已经有了建筑规模宏伟、装饰华美的舞台出现。

图 1-9 绿釉陶楼

这种舞楼耸立在贵族庄园或庙宇内,每逢节庆佳日和祭祀活动时,便有百戏艺人在上面献艺。模型的二层楼阁一面开口,开口处有卧棂栏杆,于是又认为这是"镜框式舞台",从观众的四面观到三面观直至一面观这种舞台艺术的衍变,至迟于东汉末年(约220年)已经完成了。深圳大学建筑研究中心主任覃力讲得更明确:"如若仔细地研究一下各地出土的汉代陶楼的话,我们便会发现,这种被指认为乐楼的陶楼,陶楼内置伎乐俑,除了是为了表现自娱自乐的享受生活之外……也明显地表现出舞台建筑特征,说明它是一种专为演出而兴建的建筑。其二层伎乐俑的地方,就是舞台,后面是后台,可能还兼有化妆室的功用,连接舞台与后台的,正是上、下场门。在这里,舞台设施最基本的要素都已具备。而且,这类陶楼的屋脊上,还多饰有凤鸟,顶层的望楼内,甚至还置有建鼓,可见绝非一般用于居住的楼阁。"①

其实,汉代墓葬中的乐舞百戏俑并不乏见,包括伎乐俑、舞蹈俑、魔术俑、说唱俑等。演员可以在殿堂内表演,也可以在露天场地(如院落、野外、街头)表演,但并非严格意义上的舞台。文献记载,即使观看广场百戏,帝王贵族也往往在"观"和"阁"(阁楼)上,居高临下。东汉张衡《西京赋》描述汉帝到平

---

① 吴开英:《耕耘集:吴开英艺术文选》,中国戏剧出版社2009年版,第5—6页。

乐观观赏百戏的情景，称："大驾幸乎平乐（即平乐观，洛阳城西存遗址），张甲乙而袭翠被""临迥望之广场，程角抵之妙戏"。此次在平乐观下所表演的角抵戏（百戏），包括"扛鼎""寻橦（爬杆）""冲狭""燕跃""胸突铦锋""跳丸剑""走索""戏豹""吞刀吐火""易貌分形""女娥坐而长歌""洪涯立而指麾"，等等，还包括学者们认为带故事表演的早期戏剧"东海黄公"。如此丰富多彩的百戏，包括杂技、魔术等，观演方式主要是俯观广场式演出。当时的帝王贵族自恃身份，是不会为他人专建舞台、与民同乐的。

三国时，魏废帝曹芳在广望观上让小优作"辽东妖妇"表演。"辽东妖妇"属于散乐，男扮女装，带有色情成分，因为"嬉亵过度"，所以"道路行人掩目"。于是，大臣司马师等奏本，认为这种东西帝王不该观看。无论"辽东妖妇"是在广望观上的厅阁中表演，还是在广望观下的广场上表演，既言"嬉亵过度，道路行人掩目"，那么，它原本属于广场上的民间散乐百戏，宫中小优学着表演，曹芳可能是在广望观上往下观看的。

隋炀帝大业二年（606年），宫中自夸盛世，在东都洛阳"总追四方散乐"，举办大型的乐舞百戏盛会，此后成为惯例。每年正月初五到正月十五，"端午门内，建国门外，绵亘八里列为戏场。百官起棚夹路，从昏至旦以纵观，至晦而罢"。隋代薛道衡给许善心写的《和许给事善心戏场转韵诗》也说："万方皆集会，百戏尽来前。临衢车不绝，夹道阁相连。……佳丽俨成行，相携入戏场。"可见，京城里这种四方散乐的大展示，"戏场"绵亘八里，十分开阔，是一种广场式的民间艺术表演。官员贵族们看戏要专门沿路搭"棚"，或建"阁"。除了看起来清晰以外，还要表示特殊身份。

由此看来，演"戏"是在"场"上。这里的"戏场"只是为了看戏而安排的场地，只要有场地、有需求，艺人们召之即来。正月十五以后，广场还是广场，道路还是道路，并非专门为"戏"而设置的。

只要演"戏"，就可以称作"戏场"，那么，奏乐、唱歌、跳舞就可以叫"乐场""歌场""舞场"。顾名思义，用于音乐、唱歌、跳舞的"台"便是"乐台""歌台""舞台"。就"场"和"台"而言，都只是一方空场，没有专业场地与非专业场地的区别。这种情形，同样适用于祭场、坛场、经变场、道场以及祭台、讲台、乐台、舞台，等等。

这样的"场"和"戏场"的观念在唐代依然适用。唐代段安节《乐府杂录·鼓架部》中称："乐有笛、拍板、答鼓，即腰鼓也，两杖鼓。戏有《代面》……《钵头》……《苏中郎》……《羊头浑脱》《九头狮子》《弄白马益钱》，以至寻橦、跳丸、吐火、吞刀、旋槃（通'盘'）、觔（通'筋'）斗，悉属此部。"可知，唐代的《代面》《钵头》《苏中郎》都属于"戏"，归属于"鼓架部"，用笛、拍板、答鼓伴奏，是"立部"的散乐一类。其中的《代面》特别注明始自乐舞《兰陵王入阵曲》，《苏中郎》则注称："后周士人苏葩，嗜酒落魄，自号'中郎'，每有歌场，辄入独舞。今为戏者，著绯，戴帽，面正赤，盖状其醉也。即有《踏摇娘》。"

这里有"歌场""独舞"字样。唐代崔令钦《教坊记》载《踏摇娘》梗概，大致相仿，但以踏摇娘为主称："丈夫著妇人衣，徐行入场""且步且歌，故谓之'踏谣'"。所谓"徐行入场"，当然入的是表演场。可见，《踏摇娘》是有歌、有舞、有情节性的模拟表演。

《教坊记》还记载："及其夫至，则作殴斗之状，以为笑乐。今则妇人为之，遂不呼'郎中'，但云'阿叔子'。调弄又加典库，全失旧旨。或呼为'谈容娘'，又非。"因为《踏摇娘》有歌、有舞、有情节，符合"以歌舞演故事"的要求，而且它还存在着"独人舞—二人打闹—三人纠葛"的情节化过程，恰恰符合戏曲"俳优单人表演—二小戏—三小戏"的发展规律，因此有的学者以其为"戏曲"形成的标志。实际上，如上所说，当时还没有"戏曲"的说法，也没有形成"戏曲"的艺术品种。包括《代面》《钵头》等在内，只是"散乐"中的一类节目，是早期戏剧的一种类型，或称"歌舞戏"。

唐代乐舞百戏极为繁盛。宫廷乐舞机构继承秦汉机制，以太常寺为掌管礼乐的最高行政机构，下有太乐署、鼓吹署负责祭祀、宴飨。其中，太乐署所掌乐舞多用于宴飨，在隋代九部乐的基础上扩大为十部乐，包括胡乐、俗乐，又有"坐部""立部"的区分；鼓吹署即军乐、卤簿的官署，专门管理仪仗中的鼓吹音乐和一部分宫廷礼仪活动。

唐代设有专门的伎乐机构"教坊"，教习和排练"非正声"的散乐百戏，即胡乐、俗乐。唐玄宗还创设"梨园"，专门精选坐部伎的乐工子弟300人，集中于禁苑梨园，与太常寺脱离，号称"皇帝梨园弟子"。于是，"梨园"成为教坊中相对独立的乐舞机构。

教坊最盛时，人员多达万人以上。地方上的州府、藩镇游宴时往往雇请教坊优伶，或专门配设教坊、乐营、乐籍，为"官伎""营伎"。私家则往往蓄养"家伎"。商业贸易活跃的都市内还设有供娱乐消费的青楼"妓馆"。

宫廷内的乐舞百戏分别演出于殿阁厅堂或楼外广场，这是与"坐部伎""立部伎"不同的技艺表演相适应的。

唐代长安禁苑内，大明宫太液池西侧高地，有麟德殿，建于唐高宗麟德年间（664—665年），故名。麟德殿是大明宫的内殿，除用于朝会、藩臣觐见、命妇朝参等典礼外，多用于宴飨和乐舞表演。在内殿举行的宴飨称作"内宴"。

据中国科学院考古所在西安对麟德殿遗址进行的考察研究，麟德殿是一组前后殿阁相连的建筑群。台基为砖砌，高达7米。正面为麟德殿，是整个建筑群的前殿，或曰"正殿"。正殿后方有中殿、后殿，故麟德殿又称"三殿"。中殿为景云阁，两层，上层楼阁有弧形飞桥分别连接前殿及左右两亭。后殿为障日阁，两侧有两座配楼，分别称郁仪楼、结邻楼。麟德殿前设有大型场，包括球场，是宫廷饮宴游乐之所。《旧唐书》载："宴群臣于麟德殿，设九部乐，内出舞马，上赋诗一章，群臣属和""上御麟德殿，宴文武百僚，初奏《破阵乐》，遍奏《九部乐》，及宫中歌舞妓十数人列于庭。先是，上制《中和乐舞曲》，是日奏之，日晏方罢""御麟德殿，宴群臣，大合乐，凡三日而罢""上观杂伎乐于麟德殿，欢甚""击鞠于麟德殿"。在麟德殿内宴飨观赏乐舞百戏时，御座在中央，朝臣列坐两边。唐代已出现椅、凳等高腿坐具，基本上是一人一座一凳的一席制。按使用面积，殿阁内可容纳数百人，殿阁外则不计其数。唐代诗人张籍在《寒食内宴二首》中写麟德殿宴会的情景云："朝光瑞气满宫楼，彩纛鱼龙四周稠。廊下御厨分冷食，殿前香骑逐飞球。千官尽醉犹教坐，百戏皆呈未放休。……瑞烟深处开三殿，春雨微时引百官。宝树楼前分绣幕，彩花廊下映华栏。宫筵戏乐年年别，已得三回对御看。"

在殿内殿外宏大的乐舞百戏场面中，往往少不了蹴鞠、马球，这是唐代颇具影响的体育竞技活动，是百戏中的重要项目。皇城禁苑的麟德殿、中和殿、飞龙院、观风殿、梨园等处均设有球场。麟德殿前的广场便设有球场，皇上往往通过飞桥，驾临景云阁边7米高台上的东亭观看。东亭内，设有御座屏风。殿前廊下，则熙熙攘攘，可容千人之众。皇上兴之所至，还与群臣同场竞技。唐代诗人杜牧《郡斋独酌》诗称："功成赐宴麟德殿，猿超鹘掠广球场。三千宫女侧头看，相排踏碎双明珰。"

长安禁苑内又有兴庆宫，原系唐玄宗的藩邸，位于长安城东门春明门内。唐玄宗开元十四年（726年）至二十年（732年），在这里取春明门外永嘉坊、胜业坊之半，扩建勤政楼、花萼楼，楼下均带广场。其中，勤政楼位于兴庆宫南，为玄宗"修政事"之处，包括颁发诏令、会见使节、讲议经旨等。楼前之广场，东西宽469.4米，南北长256.83米。与勤政楼相邻者为花萼楼，是一座高大的三层楼阁，用于诸王饮宴。花萼楼两侧，有东西宽191米、南北长500米的广场。开元二十四年（736年），勤政楼的城墙外加了一道复城，又拆除花萼楼西侧花园的亭台回廊，修建为大型的"日"字形长廊。长廊的地基较高，东西宽63米、南北长92米。东西两廊各宽10米。在勤政楼的城墙上，还修建了一道高7米、宽5米左右的长廊。于是，围绕勤政楼、花萼楼，形成一个"看楼"区，楼阁下的长廊、广场可以举行大规模的宴饮和乐舞百戏表演，是理想的观演场所。

开元十七年（729年），玄宗寿辰，宴百官于花萼楼，决定每年农历八月初五为"千秋节"，布于天下，咸令宴乐。《旧唐书·音乐志》载：玄宗"若宴设酺会，即御勤政楼……太常卿引雅乐，每色数十人，自南鱼贯而进，列于楼下。鼓笛鸡娄，充庭考击。太常乐立部伎、坐部伎依点鼓舞，间以胡夷之伎"。玄宗在《游兴宫诗序》中自己也说："登勤政务本及花萼相辉之楼，所以观风俗而动人，崇友于而敦睦。"

此外，唐代长安城外东南隅的曲江池，原为自然沟渠。玄宗开元时期，凿池引水，占地200亩，又称"南苑"，可以说是长安最大的公共园林。开元、天宝时期，皇亲国戚、文武官员、士庶乡绅等皆可携妻妾、儿女、家伎、优伶前来游玩饮宴，上巳节曲江游宴尤其成为习俗。每当曲江大会，这里自然成为优伶表演乐舞百戏的场所。

在唐代，歌舞场或戏场中已经有了比较专门的表演"台"。以实例为证，如日本神庙中原属"唐乐"系统的"舞乐"中，留存有传统的假面文物《兰陵王》《钵头》和"状其醉"的各种《醉胡》，同时，在古老的神庙里，还留有用于相应的表演的舞台，如日本京都清水寺戏台，该台创建于平安初期（平安时代为794—1185年），相当于我国唐代宪宗年间（806—820年），可与上述麒德殿相比照。

我国唐代敦煌有一系列"西方净土变"佛教壁画，壁画中，在巨大的神殿下方，绘有为娱乐神灵而设的露天的乐舞台。台上表演的是唐代乐舞，舞者脚下铺有花毯，两侧有坐部伎奏乐。舞台周边则绘有栏杆（勾栏）。

第三节 戏台的形成

一、戏台的渊源

一个时代有一个时代的戏剧；一种戏剧有一种演出方式；一种方式有一种演出的剧场。就建筑形式而言，以汉代的广场、唐代的戏场、宋代的勾栏（亦作勾阑或构栏）、元代的戏台和明清两代的戏楼、戏园为其主流。

中国戏曲的演出场所历经了一个从无到有，由大到小，从粗放到精致，从露天到室内的过程。戏曲艺术从大众到小众，从主流到偏师，从表演到文本，既是规律使然，亦是悲剧所在。

在上古时期，戏剧还不是在戏台演出，而是在具有实在功能的空间里演出。如劳作戏剧，常常在田间地头上演；狩猎戏剧常常在狩猎场所上演；逐除戏剧常常在宫室或墓圹演出；祭祀祖先的戏剧就在宗庙里演出。可以说，在戏剧刚刚产生的时候，戏台还远未出现。最早的演出场所应当是广场和露台。这在汉代的史料中有明确的记载。这种在广场演出的戏剧常常成为皇室炫耀威仪的一个组成部分，并在其中产生了我国古代最早的戏曲剧目《东海黄公》。当时，天下散乐荟萃京都，形成"百戏杂陈""总会仙倡"的繁荣局面。《隋书·柳彧传》记载，元宵节时"鸣鼓聒天，燎炬照地""倡优杂技，诡状异型""高棚跨路，广幕陵云，袨服靓妆，车马填噎"。薛道恒也在《和许给事善心戏场转韵诗》中描写了当时元宵节的盛况："万方皆集会，百戏尽来前，临衢车不绝，夹道阁相连""佳丽俨成行，相携入戏场"①。

至唐宋时期，城市中出现大量的演出场所：戏场、勾栏和瓦舍。唐代的戏场又有"乐棚""歌台"等称谓，多设在寺庙旁，宋代的勾栏多在闹市区。职业化、营业性的戏曲演出崭露头角。唐代参军戏、歌舞戏等本出自宫廷，后流入民间，得到更为迅速的发展。参军戏出现了商业化、职业化的配乐"陆参军"以及女子表演的"参军桩"。唐代的歌舞戏极其兴盛，《兰陵王入阵曲》（也叫《大面》《代面》）还传到了日本。唐代由于统治阶层的爱好，还出现了职业化的演员养成机构——梨园和教坊。唐明皇本人也被后世尊称为"老郎神"。这些都有赖于以商

---

① 黎国韬：《古剧续考》，中山大学出版社2014年版，第152页。

业为重心的城市经济的发展和市民阶层的壮大。物质基础是职业戏剧不可缺少的条件,特别是有了固定的观众,使戏剧有了最重要的市场。

宋金是中国戏曲走向成熟的时期。出现了戏剧文学和职业演出团体——行院。金代出自行院的戏剧称为"院本杂剧",剧场又称"舞亭"或"舞厅",可惜今已无存。宋代剧场较之金更为盛。据吴自牧《梦粱录》记载,杭州城演戏之瓦舍有"十七处"之多。宋代的庙会演戏也非常兴旺,诗人刘克庄在诗中写道:"空巷无人尽出嬉,烛光过似放灯时。"(《闻祥应庙优戏甚盛二首》)城市经济的发展,一是壮大了市民阶层,二是兴起了饮食与观剧的结合。宋代的演出场所除勾栏、瓦舍外,还有大量的茶园戏场,戏曲表演与饮食结合,是中国城市经济的一大发明。茶园戏剧的繁荣对于中国戏曲来说,无疑是一个绝好的市场化机会。

元朝是中国戏曲的成熟期。忽必烈统一北方后,大兴土木,修建城池宫殿。他还于至元二年(1265年)下令,从外地迁徙各色工匠到燕京落户,为数甚众。这批人即为元代户籍法中的"匠户"。元朝统一中国之后,定都大都。元代的城市经济和手工业进一步发展,元朝还在全国发行钞币,商税成为国库的重要来源。大都很快发展为"人烟百万"的经济文化中心。在此基础上,商业化戏剧成为大潮,涌现出许多著名的戏剧艺术家和演员。乃至戏剧成为代表一个时代的艺术样式,为我们留下一笔宝贵的文化遗产。有了市场就必然会有收益,在当时从事戏曲行业的人为数不少并且收入可观。元代几十年没有开科取士,失去保障的文人纷纷侧身勾栏,为艺人打本子,既满足了艺人们对剧本的需求,又得到"温饱养家钱"。

而元时的农村尚未与商业戏剧发生多少关联。元人杜仁杰的套曲《般涉调·耍孩儿·庄家不识勾栏》为我们提供了形象的资料。从中可以看出两个方面的事实:首先,勾栏是营业性演出场所,在那里有戏台(无后台),候场的演员坐在台边的条凳上,一是等候上场,二是展示班社阵容。其次,是剧场中有形成坡度的观众席。再次,是整个戏场是围死的,还有防雨防晒的顶棚。套曲中那个进城购买供品的庄户人想看个稀罕,结果"要了二百钱放过咱",进去可以欣赏《调风月》和《刘耍和》两出戏剧;勾栏进口还有招贴(海报),有人在大声地招徕看客。由于乡下人对城里的勾栏不甚了了,随意猜测,闹了不少笑话。这说明,当时营业性的勾栏只在城市中有,农村仍然处在"负鼓盲翁正作场"(《小舟游进村》)的说唱阶段。只有在迎神赛会时,农民才能看到戏曲演出。当时的农民观剧还有一条途径:城里的班社"送戏下乡"。这种送戏下乡的活动,当时叫作"钻乡"或"跑外帘",是把戏曲传播到广大农村的主要途径。

元末在南方兴起的南戏又称"温州杂剧"。宋元时,温州设市舶司管理航运事业,成为一个经济发达的口岸。南戏兴盛于元明时期的温州等沿海地区,或许与经济的繁荣相关联吧。这种杂剧,到了明代就发展成为一个代表性的艺术——传奇。一个简单的事实是,戏曲作为一种文化商品,离不开消费者,而消费群体则往往集中在城市之中。因此,在彼时的戏曲演出中,嘲弄乡下人成为一种风气。这就是始于宋代杂剧中的"艳段"。

明清时期的城市经济和文化更为发达,中国的民族工商业和资本主义萌芽就产生在这一段历史之中。明代,由于豪强地主对土地的兼并,大量失去土地的农民进入城市谋生,使市民人口剧增,为矿业、盐业、运输业、手工业、商业等提供了新的生力军。特别是明中期张居正的"一条鞭法"颁行之后,城市居民完全不存在人头税和差役的约束。于是,城市更进一步成为人心所向的乐土。尤其是明中叶以后出现了资本主义萌芽,出现了新的工场手工业形式,使市民队伍更加壮大。尽管封建统治者历来都采取"重农抑商"的政策,但总体趋势已不可逆转。当时对外贸易相当发达,况且统治者日益增长的消费也有赖于工商业的发展。更兼之明中期纲纪松弛,人性的束缚相对减少,市民的自主意识得到加强。这显然对戏剧艺术的发展是有莫大好处的。张扬人性的《牡丹亭》,愤世嫉俗的《四声猿》,打破"红颜祸水"偏见的《浣纱记》都出在这一时期是有其内在因素的。

到了清代,中国戏曲的"花雅之争"进入了决战时期。亦即地方戏曲与昆曲的斗争进入白热化阶段。在乾隆八十寿诞前后,随着"四大徽班"进京,终于分出了雌雄:称之为"乱弹"或"花部"的地方戏曲获得了全面胜利,高雅的昆曲不得不让出剧坛盟主的地位。这一变化的直接结果表现为全国范围内的戏台建筑高潮和地方戏演出高潮。从现存的古戏台来看,云南省的古戏台,修建于道光、咸丰、同治、光绪年间的居多。同时,在京城与苏杭二地,一批最高建筑水平的古戏台也如雨后春笋般冒出,成为一时的盛大景观。如故宫的畅音阁、漱芳斋的风雅存以及遍布全国的古戏台等。

二、多种形式的戏台及演出场所

(一)广场型

此类演出场所多属公众性的庙会,有若干种模式。其中最典型的是露台。由露台发展而成的舞亭、乐楼、戏楼等皆属同类。此外，又有临时搭设的"山棚"（又称"草台"），亦属广场型演出。

露台，顾名思义，即露天之台。露台古已有之，涉及多种形制，如祭台、仙台、将台等。露台是多功能的，往往以一台多用，戏曲一旦形成，从随意性的"场"进入到专门搭建的"台"，是公众观演的需要，可视为一种进步。

演戏的露台有两种：临时的和永久的。临时性露台适应民俗节令之类活动的娱乐需要，搭设于街头、广场，有的还在台上增设乐棚。

永久性的露台在秦汉隋唐时已经存在，用于礼仪乐舞，亦可用于散乐百戏。宋元以来，尤多见于庙宇之中或庙宇周围。河南登封市中岳庙金承安五年（1200年）《大金承安重修中岳庙图》，碑显示，神殿前有一方台，带台阶，注有"路台"二字，当即露台。更早一些，山西万荣县庙前村后土庙有《蒲州荣河县创立承天效法厚德光大后土皇地祇庙祇像图石》碑，刊原刻于金天会十五年（1137年），明代依原图重刻。此图的神殿前有一铁栅围起的方台，应是为神灵贡献物品的"献台"，另有一个更大的、带台阶的方台，应是可以贡献乐舞的"露台"。

露台的建制原本比较简陋。山西芮城县岱岳庙金泰和三年（1203年）《新修露台记》碑刻载：岱岳（东岳泰山，在山东境内），是"首载于国家祀典"的。芮城岱岳庙即东岳庙，祀泰山神东岳大帝。这座庙"基址宏敞，殿宇廊庑制度完备""唯有露台一所，累土为之"[①]。年深月久，露台"风颓雨圮，屡修屡坏，终不称于庙貌"[②]。作为神庙的露台，现在又卑小又狭窄。于是，有乡绅与乡众联谊，创用砖石，增大其台。露台新修用了两年时间，"台崇七尺五寸，方广二十四步"[③]，用了一万六千块砖，边角用了一百五十块条石。

可见，这座东岳庙的露台原本只是"累土为之"的土台，用于演奏祭祀的礼乐。金代初期的这次重新创修，建成为高约2.5米，周边约40米上下（旧营造尺以5尺为一步）的高台、大台，与东岳庙相称了。

北宋《东京梦华录》载：宫中庆赏元宵，在宣德楼下"用枋木垒成露台一所，彩结栏槛。两边皆禁卫排列。……面此乐棚。教坊钧容直、露台弟子更互杂剧"。像芮城东岳庙新修的如此大的露台，上面当然可以"彩结栏槛"，搭设乐棚，当然也可以演杂剧。宋代搭设彩棚的技艺已经很高，《清明上河图》中便有彩搭之

---

① 景李虎:《宋金杂剧概论》，广东高等教育出版社1996年版，第65页。
② 景李虎:《宋金杂剧概论》，广东高等教育出版社1996年版，第65页。
③ 景李虎:《宋金杂剧概论》，广东高等教育出版社1996年版，第65页。

花楼。乐棚若搭为亭阁式的彩楼，便是"舞亭""乐楼"。

在山西宋金元时期的庙宇中，祀神活动频繁，为了娱神和娱人的需要，便在楼台上建设永久性的舞亭、乐楼。如山西万荣县后土庙北宋天禧四年（1020年）碑有"修舞亭"的记载。金元庙碑又分别称此类建筑物为"乐厅""乐楼""舞楼"，且有多所金元实物留存。

在古代建筑中，亭、厅、楼各有建制。三者大小有别，但都有一片活动的空地。"亭者，停也，所以停憩游行也。"[1] 亭是一种开放的，供游人停息、眺望、观赏风景和休息的建筑物。"厅"比较宽敞，可用于会客、行宴、议事。"楼"一般是两层以上的建筑物，但古代建筑的上层部分有美观复杂结构的也称"楼"，如门楼。宋金时代的戏曲小型多样，有相当的乐舞成分，而且与"礼乐"交错。这种小规模的表演可以在"亭"中，也可以在"厅"中，因此称"舞亭""舞厅"都有道理。至于称"乐楼"，则表示有复杂美观的楼阁式屋顶。元明以后，神庙中以戏祀神成为普遍的习俗，"乐楼"的装饰也越来越美观，添加了用于戏曲的功能，民间遂称之为"戏楼"。

元代舞楼的台面较金代的"舞亭"宽敞，顶部有钟鼓楼式的亭盖型，有庑殿型，台口有三面敞开临观众型，一面敞开临观众的所谓"镜框"型，中间两根台柱、两侧可用于乐队伴奏的"三开间"型。有人认为，从露台、舞亭的四面观到乐楼的三面观，到镜框式的一面观，体现着观众的观赏效果越来越重要，是剧场性舞台的一种进步，有一定道理。那么，这种进步在元代已经完成了。元代"舞楼"所体现的这几种形制是并行的，因不同的条件和不同的需求而设置，日后依然都还存在。但是有一点，除了观众以外，演员的后台还没有引起普遍的重视。

在山西洪洞县明应王殿内，存有一幅元泰定元年（1324年）的戏曲壁画——《大行散乐忠都秀在此作场》，生动地绘制了晋南平阳地区忠都秀戏班在神庙戏台上作祀神演出的场面（见图1-10）。依然是"五花爨弄"的五个主要角色，只是男扮女装的忠都秀属于"装孤"，位列前排正中。滑稽的"副净"与"副末"一正一谐，在"装孤"的忠都秀两侧。后排则是乐队人员，或可临时串个次要人物。整个戏班称"大行散乐"，标榜为大戏班。其服饰行头确实比较豪华，乐队的阵容也可观，已经是元代后期杂剧的气派了。值得注意的是：前台后部挂有整幅装饰性的布帘，帘前又挂两幅绘有道士举剑降龙求雨的神帐，与壁画所在的水神殿吻合，显然是祀神演出。布帘下方，有杂役童子掀起一角，探头观看前台，说明

---

[1] 贾洪波：《中国古代建筑》，南开大学出版社2010年版，第127页。

帘后是"后台"位置。也就是说，这个舞台是以布帘区隔前后台的，它本身并没有设置后台。

图 1-10 《大行散乐忠都秀在此作场》壁画

这种情形也可以从临汾魏村牛王庙戏台（见图 1-11）上得到印证。戏台建于元至元二十年（1283 年），呈平面正方形，三面临观众，左右各有小半截墙与后墙相连，左右木梁上有相应的铁钩用于挂布帘，从而隔出狭窄的一小条后台。

图 1-11 临汾魏村牛王庙戏台

庙中设台，是神庙建筑的通例。露台、舞亭、乐楼的位置起先在庙宇中面对神殿，带有娱神目的。在漫长历史中我国一直处于小农经济的发展阶段，民间的庙宇不仅是信众敬奉神明的场所，也是当地农民精神寄托和社交互动的文化枢纽。

在古代，庙宇承担着钟鼓楼的报时功能、考生投宿的驿站的功能、老年人活动中心的功能以及救济贫困的慈善机构的功能，甚至在某些时候还要安放棺材。各种节日庆典的民俗活动也常常在庙宇附近举办，名义上是"娱神"，实际上也是"娱人"。庙会是一种民间的宗教节日，通常在神明的诞辰或纪念日举行，吸引了大量的信徒和游客。庙会不仅是祭祀神灵，也是交流商品和文化的场所，形成了"庙市"的现象。庙会上，除了祭拜神明，还有各种娱乐活动和戏曲表演。这些娱乐活动和戏曲表演逐渐与祭祀活动分离，成为民众的节日欢乐。明清时期，"迎神赛社"的民俗社火活动更是达到了鼎盛，参与者众多，场地不够，而且娱乐活动的喧嚣也被认为是对神灵的不敬，所以，戏台就从庙内搬到了庙外，有的与山门相连，有的在山门外另建，有的依山势而建，有的靠水而建。民间有一种"唱对台戏"的习俗，就是指多个戏台同时表演的情况，这也说明了当时戏曲表演的繁荣。

明清时期，神庙戏台的形制多种多样：

（1）露台——露天搭台，或设勾栏。

（2）路台——舞台设于路中，或为山门。日常通行人，演戏时架板为台。

（3）舞亭、乐亭——露台上架设顶盖。

（4）舞楼、乐楼、戏楼——舞台上架设庑殿顶或歇山顶，高及两层，形似楼阁。

（5）山门兼戏楼——路台的变异。有的在山门处扩大台面，立柱上设榫、槽，演戏时临时搭台；有的增高山门之台基，台基上开设门洞，供香客通行，门楼于是转化为戏楼。

（6）对台——两座戏台建于同一场地，台口隔场相对。

（7）二连台、三连台、四连台——两座、三座、四座戏台建于同一台基，或为一字形排列；或以两座台背对背地排列（又称"鸳鸯台"）；或以三座台作"品"字形排列（称"品字台"）；或为同一台基上的四座台四面排列，中心部分用作共同的后台。这一切体现着戏台在建筑设计上的智慧。

此外，又有按自然地理环境设庙架台的坡台、水台（以江南一带尤其是绍兴地区为最），以及临时搭设的形形色色的草台、山棚，等等。

金元时期的"乐亭""舞楼"，通常台基并不太高，与神殿的台基相对应。随着戏台"娱人"功能的加强，明清时期中原地区的神庙戏台多处在人群簇拥、人声鼎沸的环境，形式多为 2 米左右的高台，演出过程中，台下人可以随意穿行，十分热闹。普通人可以在戏台旁边观看,官绅、女眷等身份不便的人则可以搭建临时的"看棚"以便安心看戏。

小说《水浒传》第七十四回"燕青智扑擎天柱",写到一场相扑(摔跤)比赛。比赛在山东泰安州东岳庙的"献台"上进行,"偌大一个东岳庙,一涌便满了。屋脊梁上都是看的人。朝着嘉宁殿,扎缚起山棚,棚上都是金银器皿、锦绣段匹""殿门外月台上,本州太守坐在那里弹压"[①]。胎、献台、露台,均应来自祭台。"胎"与神殿毗连,或称"乐台",用于祭祀之礼乐;"献台"摆放贡献和祭品;"露台"表演乐舞百戏。有时,它们互相发挥"台"的多功能性,互相取代或通用。《水浒传》此节的描写,便是献台与露台混用的情形,至于月台,则已用作太守坐镇之台。

引文中提到了"山棚","山棚"是一种临时建造的高棚,它是高台的一种。这里提到的山棚是专门用于展示相扑比赛的奖品而搭建的,用来展示奖品,但是山棚也可以作为戏台和看台的用途。明清以来,庙会及城镇乡野之间临时搭设草台之风甚浓,常由专门的"棚匠"承担。

(二) 厅堂型

所谓路岐人,即江湖上歧路漂泊的流浪艺人。他们原都是贫困的农民,冬春农闲季节,便利用表演技艺进城谋生。他们常常沿门乞讨,或者为室主驱鬼消灾,谓之"沿门逐疫",同时表演一些简单的曲艺、杂戏。

路岐人原处于半农半艺状态。宋金时期,随着城市娱乐需求的增加和消费能力的增强,他们中的一部分在城市里留驻下来,渐渐成为专业艺人。路岐人是早期杂剧艺人的基本队伍,他们活跃在城市和乡间,除了在神庙戏台上为越来越频繁的迎神赛社活动作娱神兼娱人的演出之外,在城市里便为婚丧嫁娶和接待宾客提供礼仪性和娱乐性表演。城市里的文化水准和艺术要求比较高,艺人阶层走向商业化,相对提高了路岐人的专业水准。宋元间,贵族士绅们的"宴乐"的习俗走向"宴戏",演出依然在厅堂,故称"堂会"。

元代夏庭芝所著的《青楼集》中对当时的几个较大城市中的百余名艺伎的情况进行了记录,其中包括京都、金陵、松江等城市以及江浙湖湘等地域。这些艺伎们所擅长的均有不同,她们大多是贵族府宅雇佣的。文中有很多与当时表演、歌唱技术和演出组织相关的词语,如"唱社""行酒"等。这些记载表明当时的宴乐中较为流行的是杂剧和散曲,而且出现了很多技艺精湛的名角。

---

① 罗贯中:《水浒传·下》,华文出版社2022年版,第88页。

《录鬼簿》是元代钟嗣成的一部著作，里面介绍了金代末年到元朝中期的152位散曲和杂剧作家。他把其中31位已经去世的散曲作家称为"名公有乐府行于世者"，意思是他们的歌曲流传很广，比如董解元、商政叔、杜善夫、贯酸斋等。他还另外列出了一些杂剧作家，他们"有所编传奇行于世者"，比如关汉卿、马致远等。这些杂剧作家不仅能写好戏好词，还是散曲创作的高手。

　　文人绅士的厅堂和民众的剧场是两种不同的空间。私宅是个人和家庭的隐秘场所，剧场是群众的公开场所。私宅虽然可以招待客人，能为主人提供与社会沟通的场所和集会，但范围很小，只限于与主人有利益关系、志趣相同的小群体。宗祠、会所具有一定的公共性，有的甚至专门建有戏台，不过这种戏台在明末清初以后才开始大量出现。

　　欣赏厅堂上的"堂会"表演时，与会的主人、宾客以及表演者或者相对而坐，或者三面成列围坐。观赏表演的同时，主人会提供酒肴茶点，以供宾客边看边吃。主人和宾客一边吃喝一边欣赏品评表演，谈笑间不加拘束，能够尽情享受宴席和表演。

　　厅堂中所呈现的表演和宴席表现出了士绅阶层对生活享受的追求，甚至在很多细节的地方都表现出了主人的某些个性特征，如食不厌精，脍不厌细。除饮食、居住、使用器具之外，厅堂上的生活享受还包括视觉和听觉方面的美好感受，因而这种审美是与大众审美有很大区别的。士绅厅堂中的美学观念也可以称作"厅堂美学"。受到这种独特的美学观念的影响，戏曲也开始追求精致和唯美的"雅"，这种"雅"不仅表现在音乐和文辞方面，也在服饰、行头和表演者的造型上有所体现，强调形式感，带有装饰性的美学倾向。正因为它精美雅致，所以才能以高层次的姿态占领剧坛，受到士绅、贵族的青睐，甚至进入宫廷。厅堂上的戏曲演出，依然是一方场地，类同于戏场之"场"。"场"上并不讲究情节故事发生的时间和环境，只强调演员入"场"出"场"的来路和去路。剧情所要求的时间、空间、情景和人物情感都在演员的嘴上（唱念）和脸上、身上（手眼身法步）。这种情形与舞台上的表演也是一致的。

　　屏风在厅堂里是一个很常见的东西。屏风可以挡住风和视线，也可以把空间分成不同的部分，让厅堂能够适用于各种场合，就像现代的"多功能厅"一样。比如说，厅堂要举办宴会或者演出的时候，屏风就可以把舞台和后台分开。很多文物中都能找到相关的记录，例如敦煌安西榆林窟里的宋代壁画"宴乐图"中就有相关画面，南宋朱玉画的《灯戏图》（见图1-12）中也有关于屏风使用的细节。

前面一个是婚礼上的乐舞表演,后面一个是元宵节的假头"队舞"游行。它们都用屏风来划分表演区和其他区域,让表演变得更加专业。按照传统的说法,左边是"上",右边是"下",所以,屏风的左右两边就像戏曲舞台上的"上场门"和"下场门"一样,有着特殊的意义。

图 1-12　朱玉《灯戏图》

杂剧是宋元时期的一种流行戏曲,它能够走进百姓的家庭,为他们提供堂会的娱乐。在山西和河南,有些平民为了死后也能欣赏杂剧,就在墓里放了砖雕的戏俑,有的摆在廊道里,有的放在亭阁之间,都是模仿堂会的场景。到了明清时期,堂会的形式变了,主人和客人坐在上席,演员像仆人一样从堂下进出,这也进一步表现出了封建时代的等级制度观念。

宴乐与堂会也可以在庭院和庭院里的亭、阁、廊、榭里举办,观演距离都比较近。这类演出场所不同于嘈杂的广场高台,有着不同的观赏氛围。由于士绅厅堂观演环境的制约,以厅堂生活为题材的文人戏曲多为表现才子佳人,表演也随之走向抒情,细腻丰富。

古来王公贵族和官绅常蓄养"家乐",用于宴乐,为乐舞伎。明清时期,除宫廷有专门的演戏机构以外,王府、官绅、商绅、大族也常常蓄养家庭戏班,用于礼仪和宴戏。比较有名的如明末官绅兼剧作家阮大铖。清代命名书斋为"吟风阁"并创作"吟风阁杂剧"数十种的杨潮观。清初著名传奇作家"江南二李"——李玉年轻时在明末申相国家的戏班里当过家童;李渔自组商业化的家班,自己写剧本、排戏,游走南北,到士绅厅堂里演出,他甚至还在北京为官僚宅第设计和建造园林,其中带适宜于演戏的厅堂,后来改成了戏园。

被誉为古典戏曲压卷之作的"南洪北孔"的《长生殿》和《桃花扇》,创作于清康熙年间,都曾经盛演于士绅厅堂。洪昇的《长生殿》完成后,"诸王府及各部大臣凡有宴集，必演此剧"（清代王东澈《柳南随笔》）；孔尚任的《桃花扇》完成后，左都御史李枬"买优扮演"，"一时翰部台垣，群公咸集"（孔尚任《桃花扇本末》）。明清时期，私家园林如初春雨笋般在大江南北兴起，堂会宴戏蔚然成风。庭园和宅第内，不但厅堂，有一方场地的亭、台、楼、阁均可用于戏曲的观演，有条件的还专门建有庭院戏台。私家园林是家庭、友人休闲娱乐的场所，受众为文人士绅，从而促进了文人传奇和表演艺术的精化。

园林式的庭院建筑丰富多彩，厅、亭、廊、庑、楼、堂均可发挥多功能的作用，成为演乐和演戏之所。这也是某些园林的厅、堂、馆、所衍为会馆和戏园的基本条件和原因。

清末北京"那家花园"，原是光绪年间外务大臣那桐的住宅，带有漂亮的花园。宅第为典型的北京四合院建筑，因那桐主管外交，总理各国事务，赴日本担任过专使，因此宅第设施做了相应的改造，有中西合璧的味道。主厅是北房五楹，前后带廊，挂有匾额，称"乐真堂"，同时用作客厅。厅内，与东耳房相接处建有室内戏台，高1.3米，约7米见方。戏台四角有柱，围以勾栏。台顶天花板下，三面围有下垂的半截勾栏。台之东南角另有一座小方台，亦围以勾栏，是乐队（"文武场面"）座席。戏台后部连接东耳房，用作后台。台前是宾客（观众）位置。西耳房面对戏台，改为主人和贵宾的看戏阁，这里也是主、宾的休息处。此"花园"及宅第现已全部拆除，与它相类似的，现存"恭王府花园"，是咸丰、同治年间慈禧太后当政时期恭亲王奕䜣（六王爷，主管洋务）的宅第，名"萃锦园"。萃锦园内专门建有戏厅，称"恭王府戏台"（见图1-13）。

图1-13 恭王府戏台

戏厅东西向，砖木结构，庑殿式，屋顶为三卷棚，内部为主厅和南北耳房。折内，与南耳房相连处设室内戏台，台高0.5米，通后台，即南耳房。台下厅内摆放宾客桌椅。台对面的北耳房为看戏阁，与戏台等高，看戏更为完美，名"怡神所"。

清末和民国时期，苏州有一种"堂名担"，是雇佣式的商业演出。艺人们组成班子，有"堂"名，专门挑着戏担到大户人家的厅堂里去搭设音乐阁子，为婚庆、做寿等红白喜事吹吹打打，也唱昆曲和其他戏曲。这种在厅堂里临时搭设的阁子，与厅堂里的装饰相协调，制为硬木装饰件，可拆卸拼装，富丽堂皇。阁内放置长条桌，演奏及演唱人员围桌而坐，吹拉弹唱。透过阁窗，可听可观，形成观演交流。苏州"宝和堂"的堂名担（见图1-14），用黄杨木、紫檀木镂雕。整个阁子由179块构建拼装而成，四周镶玉缀宝，可拆卸挑担，流动演出。因顶部悬挂玻璃的莲花彩灯，适应厅堂照明，因此又称"灯担堂名"。

图1-14 堂名担

皇家宫廷，可视为皇族之"家"。朝廷两侧跨院及后宫设为生活区，包括"御花园"。又在郊外或外地设"离宫"，亦包括生活、休闲区。皇家接待宾客及排宴专门设置乐舞机构，后渐有戏曲机构，如明代教坊司、钟鼓司便兼管杂剧演出。明初朱元璋在南京教坊附近建有"御勾栏"，隶属于教坊司。教坊司房屋盛丽，"连街接弄，几无隙地。长桥烟水，清沚湾环，碧杨红药，参差映带，最为歌舞胜处"（顾起元《客座赘语》）。明末万历臧懋循编集之《元曲选》"序"称：

予家藏杂剧多秘本。顷过黄，从刘彦伯借得二百种，云录之御戏监，与今坊本不同。因为参伍校订，摘其佳者若干，以甲乙厘成十集，藏之名山而传之通邑大都。

《元曲选》当有相当部分是以宫中"御戏监"的演出本来"参伍校订"的。又，万历年间宫中习礼太监刘若愚《酌中志》载：明神宗万历皇帝在玉熙宫（今北海西侧北京图书馆）设数百名侍员，在负责礼乐和乐舞承应的钟鼓司和教坊司之外，专门"习宫戏、外戏"。所谓"宫戏"，包括院本、小曲、过锦戏、水嬉之戏等（清康熙年间高士奇《金鳌退食笔记》）；所谓"外戏"，包括弋阳腔、海盐腔、昆山腔等（明万历年间沈德符《万历野获编·补遗》）。

清代260余年（1644—1911年），宫廷及苑囿内建有大、中、小型的各种戏楼、戏殿、戏厅、戏台。只要需要，宫中还可以有"随便演戏之所"，殿庑间常常搭设临时戏台。由于有专门的演剧机构和队伍庞大的演剧人员，清代宫廷戏楼在古戏楼的发展史上可谓登峰造极。

现存宫廷戏楼主要建于公元18世纪中叶的清乾隆时期。19世纪后半叶的慈禧、光绪朝又形成一个高峰。乾隆当政时正逢盛世，国力充盈。戏曲既是文化娱乐的最佳方式，又是潜移默化进行道德规范的理想手段。于是，宫廷及苑囿内大建戏楼、戏台，戏厅、戏园，供皇族官员和后妃们娱乐消遣。

其中，最为豪华的是高达三层的楼阁式大戏楼，共有五处：紫禁城内的"寿安宫大戏楼""宁寿宫大戏楼"，圆明园内的"同乐园大戏楼"，承德避暑山庄内的"清音阁大戏楼"，颐和园内的"德和园大戏楼"。这五座戏楼都是同样的建制，出自清宫著名建筑世家"样式雷"之手。留存至今的只有故宫宁寿宫畅音阁大戏楼和颐和园内德和园大戏楼，其他三座均已不在。

故宫畅音阁大戏楼气势宏伟，主要用于朝廷大典。整体建筑为三层楼阁，分别称"福""禄""寿"三台。三层台之间有"天井"相通。加上一层的寿台上另设"仙楼"，台面之下又有"地井"，实为五层。它主要用于乾隆时期宫廷文人编撰的、连日累月演出的、长达240出的历史性大戏和神话大戏，如《劝善金科》（目连救母故事）、《升平宝筏》（西游记故事）、《鼎峙春秋》（三国故事）、《忠义璇图》（水浒故事）、《昭代箫韶》（杨家将故事）等。北京中央美术学院收藏有一幅清末的大型工笔重彩画《庆寿图》。图中所绘，可能为光绪年间颐和园德和园大戏楼的宫廷祝寿场面。大戏楼院内，搭设起巨大的透光彩棚。下层"寿台"上，是戏装的文武官员拜寿场面，显然由演员饰演。寿台的"仙楼"上，饰王母娘娘及仙童、仙女。中层"禄台"，是"天官赐福"。上层"福台"，饰福、禄、寿三星。院内摆一系列方桌，是清朝的贵戚、重臣就座之处。左廊为男宾，右廊为女宾。面对看戏殿，设有供桌，前有帝王跪拜。联系颐和园为慈禧太后在光绪年间所造，此当系慈禧皇太后祝寿场面。它同时说明：皇宫内是可以搭设彩棚演戏的。现故宫博物院尚存有故宫长春殿院内搭设彩棚的模型烫样，长春殿也是常用于演戏的。

需要说明的是，故宫畅音阁大戏楼的恢宏，固然是宫廷建筑师的设计创造，但真正的能工巧匠来自民间。明显的例证如山西晋中市介休市现存的明代正德十四年（1519年）建造的后土庙戏楼和晋中市榆次区现存的明弘治十年（1497年）修建的城隍庙玄鉴楼。介休后土庙包括后土庙、三清观两大部分，庙群中心的献楼为三清观正殿及其楼阁与后土庙戏台的连体建筑，楼顶由三清楼、三重檐、十字歇山顶和戏楼重檐、歇山顶巧妙衔接，构建精致，被誉为古建筑联体结构的代表性杰作。介休、榆次两座古戏楼均为全国重点文物保护单位。

对于戏曲来说，二层戏楼的专业性和实用性更强。二层戏楼的下层为演出台，上面天花板的中央设有"天井"，可通向二楼楼阁。楼阁基本上是封闭的，平时置放砌末、行头等舞台用品，通过天井吊上吊下。阁楼上方正对天井的梁上设有固定的铁滑轮。一层演出台的地板中央，又设有"地井"，可通向台下的地下室，那里同样可以存放舞台用品。总体上，天井、地井有"后台"的功能。特殊演出时，还可以利用"天井""地井"，做"上天入地"之类的表演安排。现存升平署戏楼是皇家演剧机构专业戏楼，便是这样的两层楼阁式。二层楼阁戏楼在故宫漱芳斋、中南海纯一斋、圆明园恒春堂、颐和园听鹂馆等处都有类似的建筑。

值得专门提一下的是颐和园听鹂馆戏台。它原建于乾隆时期，光绪十四年至光绪十九年（1888—1893年）重修。此次重修颠倒了格局，原本的门殿改为"扮戏殿"，与戏台和楼阁相连，相当于后台，而且十分宽敞。戏台与楼阁面北，朝向五楹看戏殿。于是，原本背山面水的听鹂馆成为专为看戏而改造的面山背水的戏楼了。原有一层顶部天花板上的"天井"保留，但已经封死，因为"扮戏殿"十分宽敞，大可置放行头、砌末等戏箱，而且有楼梯通往阁楼。尤其值得注意的是，二层之"阁"同样三面敞开，后墙设上下场门，而且增建一室，为戏曲演出必需之"后台"。这样一来，上下两层均可演戏，尤其在对面山坡上的亭阁内观赏二层楼阁上的歌舞戏曲，但见昆明湖为天然背景，水天一色，笙歌乐舞，真是"恍若仙境"了。宫廷演戏，大量行头、道具由专门的内务部保存，戏班演员则可以随意调遣。一般情况下，一层的殿、台都可以用来演戏，未必都需要十分专业的后台。一层的殿、台、亭、轩如故宫的长春宫，中南海的颐年殿、丰泽园、春藕斋，北海的晴栏花韵，承德避暑山庄的烟波致爽殿、福寿园、如意洲，等等，都有演戏的记载。为了演戏需要，有时还在厅殿内专门搭设小戏台，如故宫漱芳斋内的风雅存戏台、宁寿宫花园的倦勤斋戏台、景祺阁戏台、储秀宫戏台等。有的庭院专门设置有一层的戏台，有的甚至在殿堂内和庭室内专门搭建室内戏台。当然，这只是为了满足帝王后妃的个人爱好，同样是私宅性质，不过更为奢侈而已。

北京中南海纯一斋、承德避暑山庄如意洲，有水边戏台，春夏季节，水池内遍植荷花，芳香扑鼻，凉爽宜人，称"水座"。北京倦勤斋内，有火炕"暖阁"，冬日在殿内看戏，温暖如春，此皆特例。乾隆朝前后清代宫廷的这些戏楼、戏台、戏殿、戏园，几乎可与同时期法国的凡尔赛宫比拟。其间，呈现着东西方宫廷演剧的不同气派和景象。

（三）剧场型

戏曲作为大众性、民族性的戏剧形态，在宋代的瓦肆勾栏里走向成熟和专业化。瓦肆勾栏可以说是戏曲形成时期最早的"剧场"。

勾栏，顾名思义，原意是"勾连的栏杆"。宋代"勾栏"常与"瓦肆""瓦市""瓦舍""瓦子"并称。

"肆"即市肆。宋代随着工商业的发展和市场的繁荣，城市里店肆密布，前店后坊，多建为瓦屋。市肆里的瓦房区别于王府、士绅之家的殿庑、庭院，是平民、手工业者、商贩集居之处。因此，"瓦肆""瓦市""瓦舍""瓦子"被用来称呼平民商业区。"瓦肆"里的"勾栏"也渐渐成为专用名词，专指"瓦肆"内外的娱乐场所。这种场所，可以是棚子、屋子、园子。

北宋《东京梦华录》卷二述汴梁（今开封）"东南角街巷"称："街南桑家瓦子，近北则中瓦，次里瓦。其中，大小勾栏五十余座，内中瓦子莲花棚、牡丹棚，里瓦子夜叉棚、象棚甚大，可容数千人。……瓦中多有货药、卖卦、喝故衣、探搏、饮食、剃剪、纸画、令曲之类。终日居此，不觉抵暮。"

南宋《武林旧事》列数临安（今杭州）瓦子，有23个。以其中"北瓦"为例：如"北瓦"羊棚楼等，谓之"邀棚"，"外又有勾栏甚多，北瓦内勾栏十三座最盛。或有路岐，不入勾栏，只在耍闹宽阔之处做场者，谓之'打野呵'，此又艺之次者"。一个"瓦子"的内外有十余座到几十座勾栏，那么，北宋东京汴梁和南宋临安的十几个、几十个瓦子当有数以百计的勾栏。

勾栏的表演技艺很杂，按不同的演出需要，有小型、中型、大型之分。以《东京梦华录》"京瓦伎艺"所列的表演技艺为例，像小唱、嘌唱、杖头、傀儡、影戏、商谜、说诨话、讲史之类，空室一间便能表演，属于小型勾栏，如南宋临安北瓦的十三座勾栏，"常是两座勾栏专说史书"，又有"小张四郎，一世只在北瓦，占一座勾栏说话，不曾去别瓦作场"（《西湖老人繁盛录》）。至于散乐、舞旋、杂剧之类，还有用于看皮影戏的小影戏棚子，则需要较大的场地或厅馆，属于中型勾栏。此外，上索、球杖、踢弄、相扑、掉刀、蛮牌之类，相当于杂技、体育，场地更为宽阔，属于大型勾栏。那么，像《东京梦华录》所说的"可容数千人"的莲花棚、牡丹棚、夜叉棚、象棚，自然是大勾栏了，这些大勾栏甚至还有自己的棚名。

宋代的瓦肆勾栏可以说是中国戏曲的孵化器，是伴随都市娱乐表演的商业化需要、民间伎艺、人的专业化进程应运而生的。宋代耐得翁《都城纪胜》称："瓦者，野合易散之意也。"尽管当时进入瓦肆勾栏的主要是"野合易散"的民间艺人，但是，市井中的瓦肆勾栏毕竟是固定的演艺场所，中国戏曲正是在这种固定的、公众化的演艺场所中走向成熟，并一步步发展的。

倘若说广场上的社火百戏是仪式性的、免费观赏的，那么观看勾栏里的表演技艺是需要花钱的。如果说路岐人"撂地为场"，靠有限的技艺"一招鲜，吃遍天"，到处寻找观众"讨个赏钱"，那么，勾栏技艺已走向比较完善的商业化运作。在固定的勾栏里，观众是相对稳定的城市平民。面对相对稳定的观众群，艺人们不得不经常更换节目内容或形式，以保持观众的新鲜感。于是，无形中带来了艺术竞争。《武林旧事》称"路岐不入勾栏"，认为路岐人是"艺之次者"，其中便体现着商业性的艺术竞争。

中国戏曲艺术是艺人和文人共同创造的。在宋金时代的勾栏里，杂剧已经占有一席之地。正是在勾栏的商业化的艺术竞争中，加上下层文人的参与，它渐渐成熟，而且脱颖而出，成为唱、念、做、打技艺全备，剧目不断更新的成熟的主流艺术形态——戏曲。

勾栏作为相对固定的营业性演艺场所，是戏园子的前身。在世界戏剧发展史上，从露天广场的流动卖艺，到市场周围的营业性演出，再到室内剧场的正式建立，是带有规律性的历史进程。它意味着观众由随意性的广场围观走向专业化的艺术欣赏，也意味着戏剧由浅薄的娱乐表演迈向更深、更高、更精的层次。固定剧场的出现，是戏剧成熟的标志，具有里程碑式的意义，勾栏在中国戏曲史上同样举足轻重。然而，民间的勾栏建筑比较简陋，难以存留。又因其属于"俗"文化，形象性资料如凤毛麟角。我们在进行这一项目研究的过程中，一直希望能够在文献资料的整理和发掘方面有所突破。

据元杂剧《蓝采和》记载，观众席包括"腰棚"，即二层之看楼。《武林旧事》提到临安"北瓦"有一座著名勾栏叫"羊棚楼"，谓之"游棚"。又据宋元南戏《张协状元》，当时的表演区已设有"戏房"，即后台。

清乾隆元年（1736年），有五位宫廷画家亦绘制了一幅《清明上河图》长卷，十分精美，有乾隆御题。图中有多处路岐人在街头卖艺的状态，包括杂剧、摔跤、木偶、说唱、卖卦等。在一座二层小楼上，有一座艺场，看客们正在静听讲唱。郊外，则有一座正在演戏的草台，乡人们熙熙攘攘，正赶往台边看戏。尽管它未必是清代生活真实的写照，但至少表现了明清的风俗民情。尤其如江湖艺人的表演状态，依然留有宋代路岐人和勾栏形制的迹象。尽管作为平民戏场或剧场的"勾栏"在宋代已基本成型，但是由于中国长期处于封建的小农经济社会，勾栏戏园在很长的历史时期内都只是原地踏步，没有得到长足的发展。元明清时期，戏曲演员长期处于个体、小团体卖艺的状态，社会地位始终较低。作为公众的专业化的演艺场所，勾栏始终只由艺人或小业主经营，物质条件很难有大的改善。相反，由于"宴乐""宴戏"习俗根深蒂固，所以只有在神庙、宫廷及贵族士绅的庭院中，才留下了精美辉煌的戏楼、戏厅、戏阁。

宗祠，即宗庙、祠堂，相当于家庙、族庙，由神祠演化而来。祠堂主要用于祭祖，宗族的祠堂是族人祭祖的场所，缘起于商周，经南宋朱熹提倡，明清尤盛。除了宗族祠堂外，又有先贤名人的祠堂，可供瞻仰和纪念。宗族祠堂是族人的活动场所，同时也有举办本族婚丧礼仪和议事堂的功能。有时，又是族内外人士社会交往的中心。于是，有的宗祠设有戏台。由于宗祠主要是祭祀活动场所，有庙宇特性，因此，建造在祠堂外围的戏台类同于神庙戏台。又因为它有族内外人士议事的功能，因此室内戏台仿照贵族宅院，设置接待宴宾的礼堂和客厅。宗祠演戏主要从社会上雇请乐班或戏班，宴乐、宴戏有一定的礼仪约束，所选戏目在内容上强调忠孝节义的道德规范，或者是史诗式的英雄传奇，总之尽量强化教化功能。宗祠戏台和神庙戏台均带有一定程度的公益性质。

会馆是另一种带有公益性质的机构和场所。清末民国时期徐珂《清稗类钞》称："各省人士流寓京都，设馆舍以为联络乡谊之地，谓之会馆。或省设一所，或府设一所，或县设一所，大都视各地京官之多寡贫富而建设之，大小凡四百余所""商业中人醵资建屋，以为岁时集合及议事之处，谓之公所。大小各业均有之，亦有不称公所而称会馆者"。

会馆的缘起，盖与汉唐的"乡驿"、宋代的"乡会"有所关联。不过，汉唐的乡驿是朝廷联络四方的驿站，主要功能是传递信息。宋代的乡会倒是京城里同乡结社的组织，如《梦粱录》卷二十"妓乐"称："官府公筵及三学斋会、缙绅同年会、乡会，皆官差诸库角妓祇直。"可见，当时京城里已有同年会、同乡会，而且在举办宴会时是可以招官妓的。在宋代，有各种各样的结社联谊，那么，同年会、同学会、同乡会、同行会顺理成章，其集会场所便是会馆、会所。按《清稗类钞》的说法，清末京城里的会馆多达四百余个，其中有大有小，有贵有贱，有富有贫，兼用于"公车岁贡"和"流寓中土"人士的临时寓居之所，它又类似现在各地的驻京办事处、宾馆。鉴于明清时期宴乐、宴戏已是普遍的社会联谊方式，因此凡有条件的会馆，多以建造厅堂、设置戏台、组织戏曲演出为联络乡谊的重要事务。

会馆不仅建于京城，也在乡人有所建树的外省、外地设立。神祠、神庙是同乡人共同信奉的精神文化标志，于是会馆中往往建神祠神庙，供奉神位。以行业结社的会馆则供奉行业神。按照祀神娱人的惯例，神祠、神庙建有戏台、戏楼。即使只有简陋的神灵牌位，也要在神诞日延请戏班，在临时搭设的草台上作供奉演出。例如，江西会馆又称"灵佑宫"，供奉许旌阳真人。

现存北京各会馆的创建或重修碑刻，几乎无不提到它的"祀神娱人"功能，如：

正乙祠，始建于康熙六年（1667年），为浙江银号会馆。碑载：浙江乡人背井离乡，原在正阳广门左右"列肆而居"，"未尝有集会之所，饮食燕（宴）乐之地"[①]，于是购地建此祠，供奉正一玄坛元帅，即道家财神。历年增修，不断扩建。现神殿已废，唯正乙祠戏楼尚在。该戏楼是室内厅堂式的建制，清代后期在北京颇有名声。昆曲和京剧大师常假此举办堂会式的演出，如谭鑫培、梅巧玲等。正乙祠"戏楼"之名遂日渐通行而"祠堂""会馆"之名日渐淡化。会馆演变为戏馆由此可见。

浮山会馆，现存嘉庆二年（1797年）《重修会馆碑》等，碑称：该会馆创建于雍正七年（1729年），同邑"长者之游于都城，士与商也。安治演乐祀神之所者，皆同心也"。又称会馆所在的"正阳门外偶（隅）鹞儿胡同，原有五圣神祠聚会之所"（五圣，为关圣帝君、玄坛财神、火神、酒仙、炉王，各有神殿），"唯舞台以前之罩棚三间"业已破败，于是重修，而且神殿以前之院地新起为罩棚三间。此次重修只用了"月余"时间，在舞台前面的院落（观众区）重修和加盖罩棚。

---

① 李华编：《明清以来北京工商会馆碑刻选编》，文物出版社1980年版，第10页。

可见，露天的庙宇广场式观剧已加盖防风雨的棚顶，向封闭的厅堂观剧过渡。

在剧场形制的变革方面，更为典型的是现存北京珠市口外小江胡同的平阳会馆（也称"阳平会馆"）戏台。

该戏楼的戏台上原挂有明代书法家王铎（1592—1652年）所题的"醒世铎"匾额。王铎，河南孟津人，明末天启年间进士，官至礼部尚书，在京为官8年，后降清，逝于顺治九年。会馆由山西平阳府及周边二十余县商人联合改建，故称"平阳会馆"。其始建于明末，历史悠久。戏楼内现存清嘉庆七年（1802年）重修碑志，戏楼形制有所变化。

这是北京现存时间最早、规模最大的会馆戏楼。砖木结构，面积约1000平方米，较一般会馆戏楼的面积大2倍多。戏台西向，较一般会馆戏台的面积宽出将近2米，适宜于文武兼备的历史性大戏表演。其观众区除了台前的池座以外，东、南、北原是三座各自独立的看戏楼，后来在院子上加罩棚，遂成为封闭的庭堂。看戏楼的二层，改建为带有精致的挑檐的看戏阁，相当于贵宾席的包厢。此外还有三层，设为采光窗。如上所说，从随意性的广场看戏，到封闭式的厅堂赏戏和品戏，体现着剧场发展的历史性轨迹，平阳会馆戏楼的变化是一个重要的历史性例证。在清代戏台建筑中，城市会馆中的戏台建筑尤为引人注目，其主要原因一是清代新建会馆数量较多，二是建筑质量普遍较好，三是有相当数量建有戏台的会馆保存完好。

早在20世纪80年代，有人就认为，在中国剧场发展史上，清代会馆中的公共剧场作为古代剧场发展的最高阶段而占据应有的地位。会馆戏台演剧场所，是中国民间戏曲演剧场所由具有酬神娱人双重作用向只为娱人而建的现代意义的剧场形式发展演变过程中的一种过渡形式，会馆戏台这种承上启下的作用，在古剧场发展史上，我们应予客观恰当的评估。

北京石刻艺术馆还存有一方清末光绪四年（1878年）的《中州乡祠重修并建嵩云草堂记》碑志。中州乡祠是河南人的乡祠，建于清康熙年间。光绪四年加建的"嵩云草堂"有规范的"嵩云草堂条规"，其中称："同乡团拜在此演剧"由"值年经理"负责安排和管理。"宴乐""宴戏"有着巨大的民俗力量。尽管宋代业已出现的勾栏剧场在数百年间变化不大，但是到明清时期，与祠堂、会馆中的"宴戏"习俗相适应而产生的戏台戏楼，在一定程度上已渐渐向公众开放，成为实际意义上的公众剧场，这些剧场其形制实际上是神庙戏楼和宫廷贵族戏厅的翻版。

如果说祠堂会馆的戏楼戏厅是半公开的，那么纯粹商业化的戏曲营业场所便是酒楼、茶园、戏馆了。朱元璋曾专门设有"御勾栏"，以供皇族看戏；还建造了16座"官营酒楼"，以供官员看戏。清代京城里平民看戏则附着于会馆、茶楼、酒园、饭庄，而且附庸风雅，署名为"楼""堂""馆""轩""庄""园"。

对于中国戏曲来说，戏庄、戏园、茶园、戏馆，以及一部分会馆，是城市里更为纯正的商业化剧场，与乡村庙会的娱乐方式有所区别。根据清嘉庆、道光年间的文献记载，清代北京的戏园形制有如下特点：

（1）楼下厅堂为"散座"，观众多属市井平民，二楼环廊为"官座"，即包厢，内设短榻。

（2）"散座"设有茶桌。茶桌边之座位加"茶壶钱"，即小费。有仆佣或旦角在旁伺候。

（3）戏台两侧之散座称"钓鱼台"，以下场门一侧为贵，旦角掀帘而入后台时，常"掷心卖眼"，作媚客之态。

（4）"散座"之外侧设高凳，称"兔儿爷摊"，是最便宜的位置。

（5）无茶票者称"听栏杆戏"。

（6）楼上的官座，以下场门一侧之第二座为最贵，旦角下场前，常向此处"掷心卖眼"。

这样的戏园尚有遗存，如：北京的平阳会馆戏楼（始建于明代，清乾隆年间改建）、正乙祠戏楼（康熙二十七年，1688年）、湖广会馆戏楼（道光十年，1830年）、安徽会馆戏楼（同治十年，1871年）以及天津的广东会馆戏楼（光绪三十三年，1907年）等。以上几座戏楼（戏园）涉明清两代，它们与宋元勾栏剧场的模式颇有相近之处，是中国城市里民间剧场或者说传统戏曲"剧场"的重要标志。

第四节　近现代的戏台和剧场

1840年，西方文化开始进入中国。近现代以来，传统戏台和戏园子一步步受到西方剧场的影响，功能与形态均发生了巨大变化。现代城市中广泛使用带布景吊杆、带灯光音响设备、带升降台的多功能剧场，与传统戏台已经不可同日而语了。

一、戏曲俗与雅相融

民族性文化艺术的传承和发展,不是简单的"以后代前"关系,其中体现有前辈天才们的创造和积淀。在中国戏曲史上,"戏"始终存在,"戏剧"的产生也不晚,"戏曲"从宋元时期走向成熟,至今已有800多年。这一切至今皆可以在幅员辽阔的中华大地上找到影子。当城市里现代剧场蜂拥而起,广播影视作为新的音像媒体和载体进入亿万百姓的家庭时,乡村广场的戏台上依然存在着闹社火、唱大戏的习俗。戏曲不仅在我国城市的现代化舞台上展示它的艺术魅力,而且始终保持"堂会"和"庙会"的演艺方式,有数以万计的戏班和戏曲艺人游走乡村,吸引着一代代中国人。

在历史上,戏曲文化的雅与俗不断交融,能够适应不同阶层的观赏情趣。"勾栏"原本大量用于贵族庭院,从简单的"勾连栏杆"转化为精致的"勾花栏杆"。无论建筑形制还是文化氛围,平民"瓦肆"里的"勾栏"都有意无意地在向贵族庭院里的雅文化靠拢。"勾栏"里所表演的"曲",原是形形色色生动活泼的"里巷之曲"和"胡夷之曲"的组合,在发展的过程中,同样既表现出俗曲的雅化倾向(如曲子词、鼓子词、赚曲、诸宫调),也表现出贵族"宴乐"的简化和平民化倾向(如大曲、法曲、摘遍、转踏)。雅俗互动、雅俗交融,提升了戏曲的艺术档次,使它真正成为民族性文化艺术。传统戏曲无论在何种演出场所,都体现出如下特征:

(1)一方空台(或空场),三面(或四面)围观:它通过唱词、念白和虚拟的舞蹈来表现剧情和描绘环境。

(2)上下场门(或上下场口):它没有严格的分幕、分场,不像西方戏剧那样呈现出情节的跳跃,而是通过演员走马灯似的上场下场,流水般地叙述剧情。有的学者称之为"叙事体"。

(3)道具简单,随身上下:服饰、化妆、道具强调装饰趣味,重寓意、象征,不强调写实。

(4)乐队伴奏:作为戏曲表演的一部分,乐队常在舞台上展示,称作"场面"。

(5)观众席:受"宴乐"传统的影响,观众席设茶点桌,可以边吃边喝、边评赏边谈论,获得"综合"的感官享受。

作为全社会的文化艺术,戏曲往往因地制宜、入乡随俗。北宋吴处厚《青箱杂记》卷五称:"今世乐艺,亦有两般格调:若朝庙供应,则忌粗野嘲哳;至于村歌社舞，则又喜焉。""朝庙"是严肃的厅堂，观众神情专注，乐舞趋于优雅；"村社"属于广场、野外，纵情欢愉，无拘无束，乐舞趋于热烈、欢腾。

这两种倾向体现有雅俗文艺的某些规律。例如，宋元杂剧原以节奏明快的"锣鼓板笛"为伴奏，随处作场。进入厅堂和勾栏后，渐渐配以室内乐器"丝竹管弦"，称"弦索官腔"。同时，形成了宫调、格律和文坛艺坛的若干规范。昆曲，也称昆剧，原是元末江苏昆山地区的村坊野曲，后经元末明初戏曲家顾坚进行加工，制为"昆山腔"。明代中叶，昆山镇越来越繁荣，当地曲师魏良辅和一些乐师对原有的昆山腔在音乐上进一步改革，吸收北曲"弦索官腔"的音乐元素，"度为新声"，称"水磨调"或"水磨腔"，形成一种以"管笛笙琵"为伴奏的室内清唱。这种新声"清柔而婉折"，被称作"雅音"。昆曲至此基本成型。明代中叶以后，昆曲流行于江浙一带，后逐渐流播到全国各地，并进入宫廷，遂为戏曲中的"雅部"。清中叶以后，随着通俗文艺的发展和普及，昆曲因文辞艰涩、曲高和寡，在"花雅之争"中渐渐失去了市民观众，而成长于广场高台，被称作"花部乱弹"的民间戏曲（主要指秦腔、梆子、徽调等），则因为"其词直质，虽妇孺亦能解；其音慷慨，血气为之动荡"，大受民众的青睐，渐渐盛行于都市剧场。

二、广场高台的出现

民间戏曲在民俗活动中始终十分活跃，当今戏曲剧种大部分来自民间。民间戏曲的演出场所基本上有三类：一是戏场——空旷的场地；二是草台——临时搭设的戏台；三是戏楼——庙宇中亭阁式的戏台。概括而言，是"广场高台"，即开阔的广场和高逾人头的舞台。"广场高台"的演出环境，在艺术方面除造就戏曲的时空假定性、虚拟的乐舞手段以及相应的表现技巧以外，在以下方面尤其突出。

（1）色彩明丽的装饰性的舞台空间。台子高，场子大，戏楼和草台的灯光照明设施简陋，演员的表演主要在台口附近。舞台内侧或两侧安排乐桌、乐床（古代戏曲有演员"坐排场"的习俗）。于是，舞台呈现为装饰性的空间，色彩明丽而跳跃，与生活化的"灰调子"拉开距离。由此形成了平面装饰的美学观念，呈现为在明丽、跳跃中达成东方式的色彩和谐，以及相应的装饰造型。

（2）动作夸张的表演。台子高，观众距离远，语言台词听不清，只能"以动作助表情"。无论是乐舞还是亮相，举手投足的动作幅度都较大，而且比较夸张。

（3）类型化、脸谱式的化妆。台子高，从台下望去，演员的脚被挡住，于是，关键角色往往将靴底垫高，出现戏曲中特有的高底靴，并借以适当调整演员的身高。胡须短，看不清，便把胡须加长若干倍，分成明确的黑色、白色、灰色，甚至黄色、红色、紫色。髯口依其形状、长短、疏密等可分为三绺髯、满髯、虬髯、扎髯、一字髯、二涛髯、吊搭髯、四喜髯、五嘴髯等。在舞台角色的化妆方面，生旦浓妆艳抹，为标准化的"俊扮"；净丑粉墨涂面，眉目极度夸张，并饰以象征性图案，俗称"远看颜色近看花"，为"脸谱"式化妆。这样，有利于远近观众区分人物及其性格特征。

（4）强烈的音乐节奏，较高的声腔。广场高台，以及人声嘈杂的环境，使舞台角色的言行举止全都在"节奏"之内，使用节奏明确响亮的击节乐器，如锣鼓、枣木梆等击节；胡琴、梆笛的音色尖亮；各行角色的嗓音高吊；语言强调抑扬顿挫的"韵白"。

（5）浓郁的技艺特征。唱念做打、四功五法，以及武术、杂技、变脸、打出手等特技在感官上出类拔萃，令人惊叹，保留有浓郁的技艺特征。

中国戏曲的形成和发展，整体上基于广场高台的演出环境，而且从未完全脱离过这一环境。因此，以上特征体现在大部分戏曲剧种里（还有传统美学方面的因素）。当戏曲由广场进入厅堂及室内剧场后，艺术特征势必发生若干变化，表现为以下几方面。

①文学水平的提高。元明以来，有"场上戏曲"和"案头戏曲"的说法，又有文学史上"本色派"和"文采派"之争。表面上看来，这是场上演出形态和剧本文学形态的区别，实际上，反映着受众对象和受众环境的问题。"场上之曲"和"本色派"要求让一般观众都看得懂，"案头之曲"和"文采派"的受众则侧重于文人学士的文学和美学品位。换言之，后者多文戏，多演出于厅堂和秩序井然的剧场。在这样的演剧环境里，势必使戏曲的文学性得到提高。像四大古典名剧《西厢记》《牡丹亭》《长生殿》《桃花扇》，都是在这样的受众环境中产生的。其音乐唱腔委婉动听，抒情色彩增强，表演细腻。在戏曲史上，上述在厅堂和勾栏中形成的弦索官腔和雅部昆曲，都代表着戏曲艺术的高峰。虽然它们后来走向衰落，但它们的艺术因子滋养和提升了民间戏曲的档次，至今昆曲的艺术成分依然活跃在京剧和其他大剧种中。所以，有人在艺术上称昆曲为"百戏之祖"。

②舞台美术丰富。据文献记载，明代宫廷戏曲的剧本附有"穿关"，即具有艺术个性化倾向的砌末道具，其中仅假头、面具便不下数百种。清代宫廷演剧机构升平署的"衣、盔、杂、把"四类戏箱更有包括布景在内的砌末道具数以万计。大戏台演戏，甚至包括特殊的舞台美术设施，如刀山、云兜、布景拔地而起，神

兵天将从天而降。尽管它们没有脱离传统戏曲舞美的总体特征，但是体现了舞美发展的个性化倾向。当然，这其中有宫廷经济实力的支撑。从规律上说，社会上固定剧场的出现，必然会丰富和改善舞美手段，在近现代剧场，五彩布景和机关布景等舞美手段的广泛运用，可以说明这个问题。

固定的剧场和流动的戏班，是一个问题的两个方面。"勾栏"剧场是千方百计引观众来；流动戏班是游村走乡找观众去。"勾栏"剧场是相对稳定的观众来选择戏剧；流动戏班是带着有限的剧目去寻找观众。如果说"勾栏"剧场中的艺术竞争意味着戏曲的提高，那么流动戏班送戏上门意味着戏曲的普及。对于社会化的戏剧来说，这两个方面是互补的。唯其如此，中国戏曲才遍及城乡的各个角落，才渗透到各个阶层，成为上达宫廷、下及黎民，妇孺皆识的整个中国社会的"戏曲文化"。

正因为如此，我国的古戏台、传统戏楼负载有多种历史文化信息。不同地区、不同观众、不同用途的戏台往往各具个性特点，不仅可以从戏剧戏曲的功能和观演关系方面加以阐释，还可以从建筑学、艺术学、文化学、民俗学，甚至物理学、光学、声学等角度，对它进行多方位的解析。

③关于环境及文化氛围。有的是依坡设台，有的是傍水设台；有的是庙前设台，有的是庙外设台；有的是一庙数台，有的是多庙一台；有的是广场设台，有的是路中设台。就庙而言，宋金以后渐渐盛行的戏台多与实用性的民俗神灵和道家庙宇关联，很少见之于佛教寺院，因为声色歌舞与佛教的清规戒律相抵牾。明末以后，即使有在观音大士殿前设台唱还愿戏的，实际上也已将观音菩萨民俗化为送子娘娘。至于脱离神庙环境而专门在广场道路设置戏台，说明在娱神和娱人问题上，人们的娱乐需求更为强烈。即便无庙，也常常在戏台的后台设置神龛，供奉戏神。在游走江湖的传统戏班里，砌末行头简化为"衣、盔、杂、把"四类戏箱，"杂"箱中不可或缺的一件物品是"戏神太子"神偶，要面朝下放置。戏班到了演出场所后，这个"戏神太子"要供奉于后台，接受艺人的香火。否则，演戏会出现事故。

④关于舞台的高矮、面积、装置。公众戏台在总体上是"广场高台"，但是具体情况也要具体分析。现存金元时期的舞亭、戏台大部分并不高，适宜有序地坐观。如同奉献给神灵的礼仪性乐舞，尚带有一定的神圣感。明清以来的神庙戏台尽管走向世俗娱乐，但是依然多演史诗式的历史性大戏，颂扬令人崇敬的、佑护一方的英雄神灵。即便演出世俗的、以滑稽调笑为主的院本之类，也会编造出

相关理由，附会为"某某神仙喜欢在晚上看莘段子"等说法。正因为是历史性的英雄大戏，加上观演的技艺特色和列阵需要，所以此类戏台颇为宏大，多有武戏，这在北方中原地区尤为盛行。在舞台装置方面，如上所说，由于采光和传声方面的问题，广场高台的演员活动区局限于台口附近，舞台上有乐桌、乐床的设置。神庙、宗祠戏台平时是不让人随便上的，有的甚至专门在戏台上刻写禁止登台的告示；台口石条上常见凹槽，木柱侧面有插孔，以便用木板封台。开庙时开台。台很高，但是常常没有上下的台阶，据有经验的艺人说，梯子和桌椅是农家常备之物，戏班不用带，好借。戏曲表演常用的"一桌二椅"可以喻示剧情所需要的各种环境，也可以随便借，戏班只需要带桌帔、椅帔即可。艺人带着简单的行李游走江湖，常常就住在戏台上，闲来无事，或心情郁闷，便在后台的壁上题字、写打油诗、或发牢骚，因此乡间戏台的后台常留有艺人的题记，这些题记是他们生存状态的珍贵的民俗资料。人们说，为了使舞台上的声音传得更宽更远，南方戏楼盖为"鸡笼顶"，类似扩音的喇叭，有助于拢音、传声；北方戏楼常在台板下放几口缸，也为了传声。又说，缸里盛半缸水，有"水音"，好听。这类说法尚有待于科学证明。清末武戏盛行，短打武生有"栏杆技"的特技，因此有的戏台和戏楼（包括故宫畅音阁大戏楼）特意在台口安装栏杆和铁杠，用于特殊表演。类似的特殊装置，还有三层大戏楼的天井、地井，以及上、下天井用的搭垛和阁楼上的辘轳等。

⑤关于戏台的装饰。作为建筑艺术，传统戏台的整体装饰精致而华丽，有的甚至超过了庄严的神庙和宫殿本身。这是戏曲的艺术属性决定的。戏台的装饰不涉及它的功能，但属于"戏曲文化"范畴，集中体现了戏曲艺术与建筑艺术的结合与交融。明显的例子如台柱、戏联、匾额、戏雕。戏楼台口的柱子两两相对，是砖木结构的古建筑所不可回避的。因此，我国的楹联这种文学体裁在戏台上便是以戏曲为题材的对联——戏联。至于戏雕，一般用于台上装饰。

第二章 宁波古戏台建筑艺术

本章主要就宁波古戏台建筑艺术展开研究,重点论述宁波古戏台传统图案、图形与色彩,宁波古戏台建筑环境,宁波古戏台构筑,宁波古戏台装饰艺术四个方面。

第一节 宁波古戏台传统图案、图形与色彩

一、宁波古戏台的传统图案、图形

明清时期，江南地区经济活跃，交通发达，因而地方性民间戏曲艺术流传甚广。宁波地处江南，也因戏剧活动的盛行修建了大量古戏台，仅宁海县的古戏台就有120多座。宁波古戏台的装饰艺术非常丰富，且注重内涵，其装饰艺术与手工艺技术广泛结合，形成了精巧细腻的风格。

（一）屋顶装饰

宁波古戏台造型优美，其中屋顶的造型突出了建筑的轮廓线，是古戏台建筑装饰的重要部分之一。宁波古戏台中屋顶的主要形式有歇山顶、悬山顶、硬山顶、庑殿顶、卷棚顶、攒尖顶等，出檐一般做成细长的上翘形，轻巧动人。两个屋面相交形成屋脊，对两条或三条甚至更多的屋脊的交汇点做美化处理，做成鸱吻、宝珠、仙人、龙、凤、狮子、马等，细致优雅的造型处理更表现出独特的地方风韵。为了保护角梁及椽子出头，多加套兽、瓦当等。圆形的瓦当上印有朱雀、玄武、青龙、白虎、菱龙、卷草、莲瓣、盘龙、兽面等。屋脊上立仙人、走兽等雕塑，使长长的屋脊变得丰富和细致。

（二）雕梁画栋

宁波古戏台在雕饰处理上更讲究形式的多变，雕刻内容具有淳朴的民俗气息，且大多分布于梁柱、额枋、斗拱、雀替、栏杆等建筑构件上。在装饰题材上，传统的龙凤狮虎、花鸟树木及各种吉祥图案被广泛使用，戏剧场面、历史故事、神话传说、社会风情等题材也加入其中。以宁波市庆安会馆前古戏台为例，其装饰华丽精巧，雕刻手法多样。戏台山门的檐柱斜撑上雕有雌雄狮子，栏柱上雕有形态各异的狮子。梁、枋、撑拱、装板、围板采用高浮雕和镂空雕相结合的雕刻技法，题材以民间故事、戏剧人物为主，如"云游仙境""教子升天""三英战吕布"等；雀替、挂落、戏台藻井、栏杆节子等采用透雕技法，以飞禽走兽、奇花异草等图案为主，如"龙凤呈祥""凤报春花""富贵牡丹""喜鹊登梅"等；斗拱、戏台围板、

窗栏板的云纹、荷叶纹、几何图案采用浅浮雕技法，使木构件雕刻层次更加丰富，艺术效果臻于完美。

（三）天花与藻井

宁波古戏台的结构要素包含了主台、后台、看楼及藻井等，其中部分戏台呈现国内罕见的二连藻井和三连藻井。戏台藻井不仅具有声学传播原理，还在艺术表现上蕴含独特的装饰美学。宁波古戏台顶部多为螺旋娥罗顶（俗称"鸡笼顶"），其他还有八角攒尖顶和卷棚顶。宁波市秦氏支祠的屋顶就是典型的螺旋娥罗顶，藻井由额枋上的小斗拱承托，层层挑出，呈饱满的半球穹窿体。井口直径在4—5米，雕16个龙头座斗盘旋叠涩，在每个小龙头上放16只鹅头，在相邻鹅头之间放一块花板，花板一圈，鹅头一圈，总共盘旋22圈，有352只鹅头和352块花板。最终16条盘旋线结于穹顶的铜镜，在螺旋顶余下的藻井四周，平顶的四个角落贴上四个代表福祉的变形蝙蝠。

二、宁波古戏台的传统色彩

宁波是中国朱金木雕的主要产地之一，庆安会馆、秦氏支祠、都神殿等古戏台广泛使用了朱金木雕工艺，朱金木雕对宁波古戏台色彩系统有着较大的影响。宁波朱金木雕的装饰效果主要依靠传统手工艺贴金箔和漆朱彩绘，以木材精心雕刻，再上漆贴金，并运用砂金、碾银、开金等工艺手段来展现精致生动的器物造型。朱金木雕刀法浑厚，其颜色更是金彩相间，热烈红火，主要表现为朱红色和金色。

宁波古戏台在整体色调方面，或用灰砖砌筑，或用白色粉墙，点缀灰黑色的瓦片，木构部分则用传统的朱红色或深栗色油漆涂饰。宁波地区的工匠善于用单纯的颜色来处理古戏台的整体面，追求单纯、明确、厚重、静态的效果。然而在部分细节构件上则偏向用彩饰作为装饰，使其色彩效果灵动、多变，从而展现"内外交汇，整体通贯；大局单纯，细节惟妙"的效果。例如，宁波市宁海县岙胡村胡氏宗祠古戏台设三连贯藻井，藻井周边彩绘丰富。尽管藻井底部和周边彩绘已因年代长久而色彩脱漏，但依稀能看出是以朱红色为主，以蓝色、绿色、黑色、白色、金色等为辅。

一方水土养一方人，不同村落的文化代沟都源于其不同的地理差异，每一座古戏台都是当地能工巧匠的精美代表作，华丽的图形与色彩中融入每一位匠人的心血。以台州市上湾村叶氏宗祠古戏台与宁波市秦氏支祠古戏台两处古戏台为例，两座戏台各有千秋。两座戏台同样是四方形戏台，雀替大斗下设四根大角柱，上横四根大额枋，以形成一个巨大的方框，方框下面是空间较大的表演区，供戏曲表演者表演戏曲节目。但是其最大的差异性表现在工匠对藻井、梁柱、额枋装饰的不同。台州上湾叶氏宗祠古戏台的藻井是八边形天平顶，天平顶上绘有古代戏剧人物画，有现代拼贴画的立体的效果，各种角度都有不同的画作，画作以水墨形式呈现，图案色彩不乏淡雅之味。秦氏支祠古戏台的藻井是螺旋娥罗顶，再加以朱金木雕的工艺，采用浮雕或透雕的手法，并借助线刻造型和浮凸的块面，饰以大漆，贴以金箔，取得金碧辉煌之效果，雕饰的图案也是丰富多彩的。两处戏台从工艺到制作虽有相似之处，但呈现出来的效果有很大的不同。

古戏台作为一种独特的建筑形式，从创造到发展再到成熟，构建出自己的独特体系，其过程受所在的生存空间中其他因素影响，这主要来自精神需求和物质功用两个方面。对应宁波古戏台，则集中在宗教祭祀和观演娱乐这两方面。戏台的程式化、仪式性，两者以各自鲜明的特征深刻地影响着古戏台装饰风格的形成。对装饰风格最直观的表述便是一座戏台的图案、图形与色彩的整体表现。

第二节　宁波古戏台建筑环境

宁波古戏台多依山傍水，地理环境多变，古村落形成一定规模，兴建祠堂、神庙戏台之风随之盛行，于是产生高山、海滨、水乡、闹市等各自不同的外环境。如奉化区溪口镇三石村三个大姓，共千余人，各姓都建有宗祠和戏台，三座戏台不同朝向。又如溪口镇董村一姓分四房派，共三千余人，各房都建有宗祠和戏台。朝向和地形各不同，当地建筑匠师会考虑得十分周到。特别是开门，一般都有前、后边侧多道门，有利于观演人群聚散。明清时期，祠堂为祭祖重地，戏台为祭祖时演戏所用，每逢丰收之年，族内庆贺，村里都会请来戏班子演戏。鉴于崇祖敬神和相互攀比的心理，有的地方山岙祠庙和神庙戏台密度很高。如宁海县深甽镇地处深山，交通不便，总面积为174.6平方千米，有22个行政村，人口约3.4万人。原有古戏台近50处，今尚存20余处古戏台，平均约1700人一座戏台。再如奉化区大堰镇地处三县交接的崇山峻岭中，总面积为129.5平方千米，有40个行政村，人口约2.5万人。现存祠庙古戏台23处，平均约1000人一座戏台。

古戏台是一个酬神娱人的空间，具有神圣性与世俗性并存的文化特质。戏台的出现与繁荣带有浓厚的地域色彩。在宋以前，浙东已有了用于戏曲表演的场所，不过这个时期大多只是根据需要临时搭建。

戏台犹如一面镜子，折射建造者的文化品位和雕饰手艺。戏台又称"万年台"，接受几代人的指点和评判。戏台成为剧作者、演员和观众和谐交流的媒介。

宋元时代是中国古戏台的形成时期。北宋崇宁、大观年间，浙东出现了"瓦子""勾栏"。"瓦子"就是娱乐场所集中的地方，"勾栏"就是演出南戏杂剧的戏台、戏场。勾栏出现于宋代城市的各类技艺表演场所，多在当时的瓦舍中搭建。勾栏之名源于表演台周围的矮栏杆。表演场地升高，三面环勾栏而建。为演出方便，勾栏已经有了前后台之分，中间用布幔隔开，演员通过上下场门出入，时称"鬼门道"。那时，观众观看的表演除了杂艺，也包括戏曲的雏形——宋杂剧。

在农村，各种表演场所称"舞亭"或"戏亭"，即高出地面、有顶盖的固定建筑，奉化农村至今仍称"台亭"，它是宁波地区农村戏台的雏形。宋代史料中有"舞亭""舞楼"之称。"舞楼"是指舞台下面有门洞，可供行人穿行，通常与山门结合在一起的表演场所。如今，宁波地区不少古戏台台下可走人，宁波市城隍庙古戏台就是如此（见图2-1）。

图2-1　宁波市城隍庙古戏台

古戏台在宁波地区可分为庙宇戏台、祠堂戏台、街头亭台、会馆戏台等。戏台纵向构筑包括屋脊、屋顶、屋檐、翘角、山花、台柱、藻井、斗拱、上下场门、台面、勾栏栏柱、柱础、地坪等，横向构筑包括墙体、照壁头门、仪门、明堂后台、扮相房及看厢等，有的正殿附设后明堂、后殿等。古建筑是一个供人居住、生活、娱乐、社交的空间，因此不仅内部各组成部分要相互配合，而且要与周围自然环境相协调。我国古代的匠师在进行规划设计和施工时都十分注意周围的山川形势、地理特点、气候条件、水体脉络、林木植被等，务使建筑布局、朝向、层高、形式、色调等跟环境相适应，从而构成一个内外和谐的环境空间。

风水理论是古人对居住环境进行选择和改造的一种学问，也有人认为它是一种有关人与环境和谐相处的学问，具有浓厚的神秘色彩。

学术界认为"风水"一词最早出现于晋代郭璞所著的《葬书》中。风水理论中关于环境的选择，如建筑形态的分析等论述与主张反映了实际生活的需求，是经过实践证明的经验总结。例如，背山面水、负阴抱阳的生态环境自然适合人们居住生活；祠堂、庙宇等礼制性建筑的选地，当然应该尽量远离古墓、茅厕和屠宰场等。又如戏台朝向神庙大殿或家祠祖堂，大殿建筑高于戏台，可以起到避风拢音的效果。

风水理论除了能对环境进行选择，还能对环境进行改造，使不利因素转为有利因素，逢凶化吉。归纳起来大致表现在两个方面：一方面，对自然界的山、水、地势进行改造。有的在缺水或水势不佳的地区，用开沟引水、挖塘蓄水、筑堤拦水等办法取得水资源，如镇海区澥浦镇十七房村黄公庙（见图2-2）引水到庙前，过桥进庙；有的靠山的庙祠，通过在庙祠后植树种竹、挖补山形等，达到保护植被、加固山体、避凶化吉的目的，如宁海县一市镇里岙村叶氏宗祠、深甽镇梁坑村潘氏宗祠等。二是采取象征性的办法。例如，水口建桥、造亭有锁住水源、财运的寓意；头门外建影壁、围墙等，同样有避凶纳吉、保住文运的象征意义。

图2-2 镇海区澥浦镇十七房村黄公庙古戏台

第三节　宁波古戏台构筑

一、宁波古戏台顶部构筑

中国古代的匠师很早就发现了利用屋顶取得艺术效果的可能性。微微起翘的屋角，角椽展开犹如鸟翅，故称"翼角"。《诗经》里有"作庙翼翼"之句，说明三千多年前的诗人就已经在诗中歌颂祖庙舒展如翼的屋顶了。

古代匠师充分运用木结构特点，创造了屋顶举折和屋面起翘、出翘，形如鸟翼伸展的檐角和柔和优美的曲线。同时，屋脊脊端都加上适当的雕饰，檐口的瓦，包括筒瓦、板瓦、瓦当以及滴水也加以装饰性处理。后来又陆续出现许多屋顶样式，以及由这些样式组合而成的各种复杂形体，成为中国古建筑重要的特征之一。

到了汉朝，后世的五种屋顶样式就已基本具备：四面坡的"庑殿顶"，四面坡、六面坡、八面坡或圆形的"攒尖顶"，两面坡且两山墙与屋面齐的"硬山顶"，两面坡而屋面跳出到山墙之外的"悬山顶"，以及上半是悬山而下半是四面坡的"歇山顶"。

（一）宁波古戏台顶部的样式

宁波古戏台顶部主要有庑殿、歇山、悬山、硬山、攒尖、卷棚等样式。

庑殿式屋顶是四面斜坡，有一条正脊和四条斜脊，且四个面都是曲面，又称"四阿顶"。重檐庑殿顶是古代建筑中最高级的屋顶样式，一般用于皇宫或庙宇中最主要的大殿，可用单檐，特别隆重的用重檐，如著名的北京故宫太和殿。宁波古戏台也有这类样式，如奉化区大堰镇李祠古戏台，其中部分屋顶与前进连接。

中国古建筑"人"字形的屋面称为"硬山"，这种屋顶造型的最大特点是简单、朴素，只有前后两面坡。"硬山"在宋代《营造法式》一书中没有记载，现存宋代建筑遗物中也未见。推想在宋代时，建筑屋顶还没有"硬山"这种形式。明清以后，"硬山"式屋顶广泛地应用于我国住宅建筑中。"硬山"式屋顶是一种等级比较低的形式，在皇家建筑和一些大型的寺庙建筑中，几乎没有。同时，正因为它等级比较低，所以屋面都使用青瓦、板瓦，不能使用筒瓦，更不能使用琉璃瓦。

民居常用，古戏台中也有使用，如奉化、象山就有这类正面不翘角的古戏台。

歇山顶是檐角起翘的样式，多用于寺庙、宫殿。中国砖木建筑的歇山顶有一条正脊、四条垂脊和四条戗脊，因此又称"九脊顶"。戏台屋顶多使用此样式，不仅观瞻效果好，也有利于采光、避雨及装饰。

硬山、歇山屋顶建筑"人"字脊与墙面（又称"山墙"）连接处的尖顶称"山尖"，有加固和装饰功能，又称"山花"，有龙头、垂兽等。

明清时期江南古建筑的屋顶正脊两头装饰有龙头的灰塑，从唐宋时期的"鸱尾"演化而来，称为"吻兽"，又称"吻脊"或"双龙吻脊"（见图2-3）。正梁上部屋脊两头微翘如角状的称"发戗"，有的戗脊有狮子或其他瑞兽等装饰。其他装饰如龙凤动物、戏曲人物，称"瓦将军"。

图 2-3 象山县石浦镇东门渔村天后宫古戏台屋顶灰塑正脊和戗角装饰

（二）宁波古戏台顶部装饰——藻井

藻井，又称绮井、天花、天井、方井、复海、斗八等，是中国建筑中一种顶部装饰手法，即"交木为井，饰以藻纹"[①]，故而得名，其目的是突出主体空间。

最初穹顶的承重设计可追溯到汉代，考古发现汉晋的地下古墓就由于采用了砖砌拱券顶，千余年来未曾塌毁。南北朝至唐代的佛教石窟中已有洞窟顶部向上突出的藻井，绘有花草、神佛和云水。今存宁波江北的保国寺大殿，建于北宋大中祥符六年（1013年），大殿上方就有三个精致的藻井。

藻井一般由多层斗拱组成，由下而上不断收缩，形成下大上小的倒置斗形。外层多为方形或多边形，顶心一般为圆形，称为"明镜"。藻井早先多见于佛教

---

① 潘鲁生：《论中国民间美术》，北京工艺美术出版社1990年版，第128页。

石窟的洞顶装饰，以莫高窟的藻井较为有名，后逐渐演变为木制建筑的一种顶部处理方法。现存最早的木制藻井，是位于天津市蓟州区独乐寺观音阁上的藻井，建于公元984年。藻井的作用主要有以下几个方面：用小斗拱卯榫雕刻绘彩、贴金等装饰，起到遮掩顶部的作用；将千百块"阳木"构件依次榫接，构成穹窿形薄壳球体或其他形状，增加戏台空间感；加强拢音、共鸣和放送效果；民间认为藻井有辟邪镇火的作用。

唐宋的大型佛殿中主体佛像部位一般要做藻井，这样显得佛像更加尊贵庄严。古时藻井制作大为讲究，一般采取木结构方式做出方形、圆形、八角形，以不同层次向上凸出，每一层的边沿处都做出斗拱，做成木构建筑的真实样式，极其精细。斗拱承托梁枋，再支撑拱顶，中心部位的图案极为丰富。据统计，宁波地区今存三百余座古戏台，其顶部半数以上有精美藻井，其中以"鸡笼顶"样式尤为突出。

"鸡笼顶"的名字源自关养鸡鸭的古代竹编。戏台顶上藻井的雕刻，有螺旋形盘旋向上集结于一点的图案，如同古代成年女子头上的盘髻，又形如浙东海螺的螺旋形贝壳纹理，故民间又俗称"螺旋娥髻顶"。一般由16条盘旋线结顶于铜镜。铜镜也是吉祥物，古称"照子"。宁波市奉化区裘村镇八卷棚中心"鸡笼顶"藻井如图2-4所示。

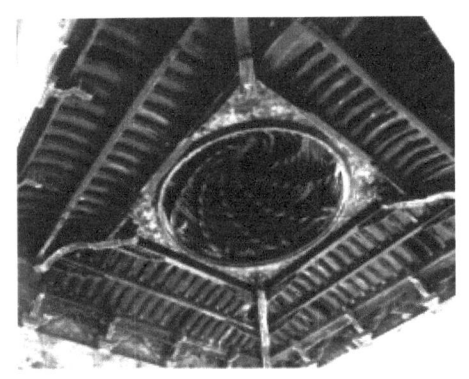

图2-4　奉化区裘村镇八卷棚中心"鸡笼顶"藻井

明清之后，允许民间祠庙、亭阁建造藻井。宁波宋明古寺庙的藻井多为同心圆攒尖或八角攒尖，清代康熙年重建的余姚鹿亭乡仙圣庙古戏台为宁波地区现存最早的螺旋娥罗顶古戏台。如今，宁波建造这样精巧藻井的工匠仍后继有人。如鄞州今存三十余座古戏台，其顶部新旧藻井半数以上采用螺旋娥罗顶样式。中国美院邓白教授曾于1953年来宁波，看到城隍庙古戏台的藻井，认为这是"鬼斧神工的奇迹"。

宁波古戏台的藻井除螺旋娥罗顶，常见的还有方口八角攒尖顶、同心圆攒尖顶、九宫平棋顶、同心圆攒尖卷棚顶等数十种做法。平棋天花藻井，像围棋格子一样，由方格组成，每格彩绘图案，也有九宫八卦圆心式藻井图案等。

明清卷棚式藻井，又称元宝脊屋顶。在屋檐或戏台上，向上弯曲的天花板称为卷棚顶。汉式古建筑"人"字式屋顶的前后交接处，不用屋脊压栋砖加固，做成弧线。宁波古戏台卷棚顶类型十分丰富，有单卷（见图2-5）、双卷、三卷、五卷、七卷、十一卷等。

图 2-5　镇海区河头村横溪庙角撑单卷棚顶

斗八藻井，又称八角攒尖藻井，是中国砖木结构古建筑的屋顶或天花藻井，采用方口八角，八角小斗拱逐渐向上收缩集结于尖顶。中国古代的"斗"，是上大下小的四方形容器，覆斗是倒过来的斗。四方八角攒尖藻井，又称八角覆斗藻井，下大上小覆斗，下边每边一尺，八角井状，顶心有八角花纹或圆镜。

经纬同心圆攒顶，状如半个地球外壳覆顶，一般用16条经线集结于顶部，用小构件彩绘雕刻安装。其他还有民间匠师自行构筑的藻井，五花八门，各呈风采（见图2-6、图2-7）。

图 2-6　奉化区溪口镇葛竹村平棋八角覆斗藻井

图 2-7　宁海县西店镇东庙八角攒尖藻井

二、宁波古戏台中部构筑

古戏台中部的建筑构造包括檐椽、檐枋、匾额、栌斗、斗拱、撑拱、彩画、台柱（木、铁、石）、勾栏、台板、楹联、太师壁与上下场门等。

椽是我国木结构古建筑中屋顶部分架于横梁上的纵向木架构件，即屋顶瓦片下的木件，通常由屋檐边缘斜铺而下，支撑表层屋顶瓦件。椽条供铺盖砖皮、瓦片之用，建筑最外侧靠近屋檐的一排立柱称为"檐柱"，在檐角翘起的木构件称为"发戗"。宁波清代早期建的戏台檐角一般发戗缓翘。为了使檐下有足够的空间，在檐椽下部又增加一批椽子，成为双重出椽。

枋、梁都是木结构建筑的横向构件。枋的功能是连接，有的枋木特别长，可以把好几条柱固定，故称为"连枋"。清式用大木做的枋称为"井口枋"，位于斗拱的里翘厢拱之上，其作用为承托天花藻井。榫头穿过柱子，露出的一部分，称为"出头枋"，施漆或雕刻彩绘（见图2-8）。屋檐下连接木构建筑的檐椽有连楹木，它起着均匀承重和加固的作用。

图2-8　宁海县清潭村双枝庙古戏台出头枋

古戏台中支撑屋顶、承托屋檐的传统木构称为斗拱（见图2-9），它起着良好的防震作用。斗拱有一只方形坐斗，上面一小半和左右各伸出一只小斗，称为"升"。升的形状也是小方块，多为木造，用在拱上来支撑梁柱枋木。木结构斗拱成组的构件，水平状态的称为"平身科"，位于转角处的称为"角科"。

图2-9　宁波市秦氏支祠古戏台藻井斗拱局部

坐斗是木结构斗拱的基座，唐宋时期没有雕刻，又称"栌斗"，置于柱顶。用斗拱承重是中国木构建筑的伟大创造，一跳表示从栌斗伸出一拱或一昂，又接着二跳、三跳，加强承重。

撑拱又称"雀替""替木"，在江南某些地方俗称"牛腿"，北方地区又叫"马腿"，是明清古建筑中上柱与横梁之间的撑木，主要起支撑建筑外跳木、檐与檩的作用，既能使外跳的屋檐拥有遮风避雨功能，又能将其重力传到檐。撑拱在台前上方左右，特别精致，以倒挂狮（见图 2-10）或古人物为主要形象。

图 2-10　宁海县城隍庙倒挂狮

木制斗拱坐斗两侧饰有两块施雕的圆形花板，民间称"沙帽翅"，寓意官运亨通。宁海古戏台檐枋很多。明清古戏台木结构斗拱的"踩"，是伸出斗拱外的装饰性构件，多"踩"的斗拱外观形成花的形状。古戏台屋檐下的斗拱，包括柱头科、平身科和角科，清代晚期多作装饰用，其中如意斗拱装饰性更强。

明清时期斗拱渐失承重功能，多作装饰。檐廊或戏台檐拱中的"踩"，表示伸出斗拱的昂头数量。而"跳"则是拱体的连接，跳得越多，出檐越深。"踩"和"跳"形成明清斗拱华丽的装饰效果。靠近屋檐下檐梁或檐枋的斗拱多作为装饰，称为"檐拱"。伸出的花瓣状小斗拱更为华丽，称为"花拱"。

我国古建筑采用砖石或木料层层重叠、有序地将建筑物檐部伸出，这种做法称为"出跳叠涩"。"昂"是斗拱中伸出如香蕉状或牛角状的部件。明清以后，将拱的外端制成昂形，纯作装饰，不起承重作用。

抬梁、穿斗是我国木建筑的主要构造。直立的主架称为"柱"，横架的称为"梁"或"枋"，梁枋与柱连接采用穿孔榫接，和部分不落地的梁架上的柱子共同承重，称为"穿斗""抬梁"。左右两头圆形、中心鼓起，形如冬瓜的称为"冬瓜梁"。

明清时期，戏台藻井的口主要有方形、圆形和八角形等形状，用井口趴梁斜撑、角撑或趴梁组成八角形井口。用抹角梁专施于木结构正侧面，屋檐翘起的承重木是梭柱。柱身两端略小，中间略大，形如织布梭子，是我国唐宋时期的柱式，如今在奉化区、宁海县等地区还有遗存（见图2-11）。

图2-11　奉化区葛竹村王祠古戏台中部垂花柱

月梁、卷棚都是南方汉式木建筑的构造形式。月梁是半圆形的柱与柱之间的连接枋木。卷棚是梁椽、屋顶檐下装饰用的半圆状天花板，起加强空间的作用。宋式大木作构件是经过艺术加工的梁的一种形式，一般用于平棋之下，汉代文献中称为"虹梁"。唐宋以后仍然使用，明清时期北方使用较少。其特征是梁的两端向下弯，梁面弧起，形如月牙，宋代称为"月梁""虹梁"。月梁的侧面往往制成琴面并饰以雕刻，外观较清秀，与直梁功能类同，都承受屋顶荷载。同时，月梁又能体现一定的艺术效果。

宋代时，民间艺人将略高于地面的空地作为演艺场所，称为"勾栏"，或称为"戏棚""栏杆"。据传明清时期的做法是正面栏杆要开1.5—2米的口，称为"戏台口"或"戏台门"，立有守台的狮子（见图2-12）。木制栏杆中较为精巧的称为"阑干"，亦称为"勾阑""美人靠""倚阑"。戏台上的栏杆起防护和美化作用。戏台与后场相隔的屏板与官员厅堂的屏风相似，民间称为"太师壁"（见图2-13）。

图 2-12　象山县黄埠村古戏台台口守台狮

图 2-13　镇海区黄公庙古戏台中部装饰太师壁

三、宁波古戏台下部构筑

宁波古戏台多坐落在四合院式的封闭院落内，排水系统十分考究。例如，台柱立在高起10余厘米的台基上，台基用砖石砌成，院内明堂地坪承接雨水。地坪有平铺石板地坪、卵石地坪、夯土地坪、不规则石板地坪，而四周有暗沟或明沟可将积水泄排到院外，院内永不积水。如宁海县潘家岙潘氏宗祠古戏台，朝北背山面海。为防海潮涌入，祠堂外有排水沟，祠堂地坪填高，祖堂又高出戏台地坪3个台阶，潮水最高只到门口。许多古戏台前后都有很好的防雨泄水设施，如勾连廊和看戏廊，防日晒雨淋。如宁海县西店镇王祠古戏台与祖堂之间专设看戏廊，象山县许多古戏台前与厅堂神殿间都设有防雨廊。

古戏台台板以下的建筑大都空置，有的用泥、石、板封闭，有的挖了蓄水的太平池，如奉化区萧王庙街道青云村孙祠古戏台。有的除四条略有侧脚的台柱，还增加数条加强承重的短台柱，戏台台面与地形环境相适应。戏台下部离地的距离一般为0.6—2.50米，台下空间的结构净高在1.8米以上就可通行。台下的重点装饰为台基上的石制柱础（见图2-14）。柱础若细分，有上部的磉（sǎng），考究的磉下设覆盆，覆盆下再有基石。雕饰多在柱磉的上部，方形、六角形、八角形、球状、扁圆形、花状等均反映了匠心巧思。

图2-14　象山县圆峰庙古戏台的台下空间

古戏台下部多遭日晒雨淋，直立的建筑构件称为"台柱"，大多石制，民国以后上部多换成铁柱。早期戏台建筑底层高出地面平台。柱子下部略外斜，称为"侧脚"，这是唐宋古制在古戏台中的应用，可使其承重更加稳固。

戏台柱一般八柱着地。平铺地面的称为"地坪"，戏台前后多用石子、石板、三合泥土、砖头、卵石等铺作地坪。用溪滩卵石铺于地面，会长出小草。奉化西乡的许多戏台地坪用卵石，民间用石灰、沙石、糯米饭拌和夯实地面，称"三合土"，是为水泥坪。

四、其他构筑与附属物

其他构筑包括戏台上下场门、后场、化妆道具场、伴奏场等。后场是专供演员化妆待场的地方。宁波地区部分乡村古戏台因场地有限，有的将戏台后与仪门之间的夹道空间辟作后场，仅用太师壁相隔，用两木梯上下，如鄞州区三成庙戏台。有的仪门楼上辟作后场，有木梯相通，甚至与看戏厢楼也有门可通，这样使后场空间十分宽绰。宁波地区凡建有两层建筑山门、仪门的，一般都将二层用作后场。前场又称"前台"，后场又称"后台"。

宁波古戏台多坐落于祠堂、神庙等礼制性古建筑的中心，而且大多四周封闭，开多个出入口。一般从中轴线前至末尾有照壁、头门、前明堂、二门（仪门）、古戏台、中明堂、正殿（大厅、祖堂）等，考究者再续建后明堂、轩廊、寝堂（牌位堂）等。建造在纵轴线上的主要建筑群左右都有厢房及偏门。民间神庙、祠堂是祭祖、演戏及收藏先人牌位、谱系的主要殿堂，一般又称为"大厅""祭厅""正厅""祖堂"等。民间的厅主要功能是会客和休闲，而厢房又常作为农村学子学习的讲舍。浙东统一规格的祠堂或神庙戏台全都依附于整体建筑群的前进，即头门或仪门之后。戏台与仪门及厢楼相通，有的又与看戏楼相连，而祖堂或神殿必面对戏台。这种礼制性建筑既反映儒家礼仪的庄严，也展现民间娱乐的自由，尊卑有序、主次分明。

古戏台本体不大，占地面积一般不过30平方米左右，但其建设关系到各种功能和材料，全面反映了中国民间民俗艺术和建筑科学水平。戏台的演出与场地位置密切相关。宁波古戏台大体上分为平地戏台、坡地戏台和山地戏台。平地戏台是院内最凸出处，一般台宽4.5米，深5米，高1.5—1.8米。这一尺寸适用于整体建筑面宽20米、深约30米的祠堂或庙宇。观众水平视线低于戏台约0.3米，站在神殿的观众视线略高于台面，而神殿祖堂神像的观看视线在台面上0.6米。坡地、山地戏台无不加高台面，有的可达2.5米。观演场地多用步阶增高。

第四节　宁波古戏台装饰艺术

一、雕刻

雕刻艺术是中国文化中的瑰宝，是造型艺术的重要门类，分为雕刻和塑造。雕刻又分玉雕、石雕、牙雕、木雕、竹雕、砖雕等，塑造又分泥塑、面塑、灰塑等。古戏台应用的主要雕刻艺术方式为石雕、木雕和砖雕。

中国石雕艺术历史悠久，源远流长，在明清时代，民用石雕得到发展普及，多采用本地材料，如宁波著名的梅园石、小溪石、大隐石。古戏台台前柱大多用石雕，柱础也精雕细刻。木雕是戏台最常用的传统艺术，雕刻方法有浮雕、沉雕、通雕、圆雕等几种，大多需用漆色再装饰（见图2-15）。砖雕应用于戏台屋顶，用黏土制坯、窑中高温烧制而成。

图2-15　奉化区棠云乡古戏台木雕《智取生辰纲》

二、彩画

中国建筑彩画具有独特的艺术风格，是千百年来一代代工匠在实践中根据木结构建筑特点总结出的一套绘制工艺。雕梁和画栋是指建筑装饰。在建筑上画彩画不仅是美学的要求，还有维护社会礼制和保护木质构件的实际意义。《礼记·明堂位》中记载："山节藻棁……天子之庙饰也。"彩画的文化内涵往往通过暗表，中国彩画图案就是把几种自然界的东西组合在一起，寓意着吉祥内涵。例如，蝙蝠和桃组合起来，寓意"福寿"。又如上面画一个蝙蝠，下面画一个玉磬（磬是古代敲打的乐器），寓意"福磬（庆）"。

从工艺上说，中国古建彩画的独到之处，就是通过调动色彩和材料来营造一个美的意境。比如，彩画基本是颜料加水胶，涂饰以后，彩画工艺叫"胶色"，用现在的话说，就是不发光的水粉效果。因此，又添加一些亮度很高的金箔，通过反差来追求一种有光与无光的装饰意境。但为了保证画面清洁，有的绘制胶粉彩后罩上薄透明光漆。此外，又有用油性材料绘制的，大多是民间漆匠画工所为。表现手段除了平涂，还有"沥粉"，它是用一种特殊工具，把胶水加上石粉调成一种糨糊状物（土粉子），装在猪尿泡制作的囊里面，囊前加上一个旧式的笔帽，前边是一个孔，通过手的挤压，囊里面的土粉子呈线状落到装饰画面上。当它固化以后，成为一条贴覆在画面的半圆形线，叫"沥粉"。（见图2-16）

图 2-16　宁海县深甽镇清潭村老祠堂古戏台额枋彩画

三、灰塑

灰塑，又名堆灰、灰批，是从砖雕和泥塑派生出来的一种室外传统建筑装饰艺术，具有浮雕的艺术效果，内容有山水、花卉、鸟兽、人物、书法等。

灰塑在唐朝就已经存在，以明清两代最盛行。宁波灰塑，采用蛎灰，按比例配上细沙、骨膏、麻筋、明矾、胶料等原料，调成黏性大、干后硬结的灰泥，然后在事先设计好的鱼、龙、花、鸟、人物的铁、木头骨架上进行雕塑的装饰。灰塑曾主要装饰在古建筑的山墙、墙头、屋脊、檐角、照壁、门楼、门窗上。灰塑在古戏台建筑的屋顶部经常被使用，主要为正脊、垂脊的龙头、垂兽、瓦将军、名花瑞草等（见图 2-17）。

图 2-17　海曙区鄞江镇梅园村祖庙戏台屋顶彩色灰塑瓦将军

四、板书

板书是民间演艺团体留在古戏台后场墙壁上的题字，带有很大的随意性，一般用毛笔、粉笔书写。书写内容有演出剧目、演出时间及剧团名称等。

古戏台板书并不展示书法艺术，信手涂鸦，却传递了以下信息：当地观众最喜欢看什么戏、一个剧团演几天几场戏等。从板书可见，民间艺人白天晚上都有演出，后场就是宿食扮装处，生活清苦。板书也起广告留言的作用。在调查中发现，自清末民初至今，戏场板书保留下来的不多了（见图2-18）。

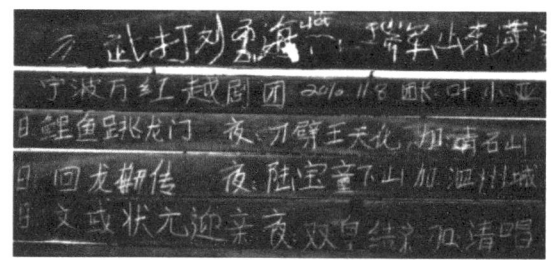

图2-18　宁海县西店镇东庙古戏台戏班子留字

五、碑记

在地面立石作为永久性纪念物，称碑；其上镌刻文字，称碑刻。有人认为圆首且上小下大的是碣，竖长方形的是碑。正面为碑阳，背面为碑阴，左右为碑侧，下部为碑座，主要起承重和装饰作用。古代碑刻与语言文字有着极为密切的关系，它清晰地记录了语言文字的发展轨迹。古代碑刻历经上千年发展，分布广泛，形式多样，数量巨大，内容丰富。其中不少古戏台的碑刻真实记载了古戏台的历史及相关信息（见图2-19）。

图2-19　奉化区溪口镇三石村赵氏宗祠古戏台板牌

第三章 徽州古戏台建筑艺术

徽派古建筑以含蓄、细腻而著称于世,其"粉墙蠹蠹,鸳瓦鳞鳞,棹楔峥嵘,鸱吻耸拔"①。本章主要讲述徽州古戏台建筑艺术,分为三部分:徽州古戏台的类型、徽州古戏台的建筑空间布局、徽州古戏台的建筑特色。

---

① 《阅读徽州》编委会编:《阅读徽州》,中国科学技术大学出版社2015年版,第122页。

第一节 徽州古戏台的类型

一、按附属对象划分

戏台指的是一种主要供戏曲表演者进行舞台表演的带有顶的建筑，它通常建立在祠堂、神殿、宅院中或者附近，其功能与祭祀有很深的联系。徽州地区现存的明清古戏台按其功能特点，大致可分为祠堂戏台、庙宇戏台、家庭戏台和公共戏台。

（一）祠堂戏台

徽州地区的古戏台大多建于明清时代，与祠堂相连，体现了徽州人对祖先的崇敬和尊重。"尚祖"是中华文化的重要价值观之一，徽州人更是深受其影响，形成了浓厚的宗族意识。明清时代是徽商的辉煌时期，徽商赚取了巨额财富后，大多选择回到故乡，修建祠堂来纪念和祭拜祖先，在徽州可以看到各姓氏的祠堂戏台，这就是"祠堂戏台"的由来。

对于家族而言，祠堂是政治文化中心，在人们的生活中，祠堂的作用也十分重要。宗祠中之所以会设有戏台，首先是为了表示对祖先的尊敬，通常戏台面向的是供奉了祖先牌位的寝楼，表演时祖先也能欣赏，这就表达了后代对祖先的"孝"；其次是用以娱乐，戏曲文化发展到后期已经成为一种大众化的娱乐活动，宗祠作为村落的重要改革空间，在节庆时节会安排戏曲表演活动以供子孙团聚，共同娱乐，同时也能加深族人彼此之间的感情联系；最后是教化作用，戏曲表演的内容大多受到宗族文化的影响，对宗族秩序的建立与维持也十分有益，此外，徽州有一个特别的习俗——凡违禁者罚戏一台，这种奇特的惩罚措施也体现了祠堂戏台的教化作用。

"祠堂戏台"是一种特殊的建筑形式，它位于祠堂内部，用于祭祀祖先和表演戏曲。祠堂是徽州古代社会的重要组织机构，它既是族人缅怀先人的场所，也是族人制定规范、执行惩戒的场所。它对于保持宗族团结有着深远的影响，其宗教功能远胜于娱乐功能。然而，由于戏台在祠堂建筑中并不占据主导地位，因此它受到的礼仪限制相对较少，从而为人们的生活娱乐提供了相对自由的空间。

例如，祁门县坑口村会源堂古戏台（见图3-1），曾经是徽州存世的戏台建筑中十分精美的、具有代表意义的建筑，不过十分遗憾，它在2013年末被大火烧毁了。

图3-1　祁门县坑口村会源堂古戏台

（二）庙宇戏台

"庙宇戏台"是一种建在神庙或佛寺里的主要用来表演戏曲的建筑。徽州地区有举办庙会的传统，每当庙会时期必然有戏曲演出，比如休宁县海阳镇每年五月初一的五猖庙会、万安镇每年正月十六的水龙庙会等，这些庙会上所表演的戏曲都是以唱大戏为主，寄托着浓厚的宗教情感。因此，这些庙宇戏台作为庙宇建筑的重要组成部分，为庙宇活动中的演出提供了场所，是庙宇的附属。庙宇戏台的演出是供神明、先祖和世人共同欣赏的娱乐活动，体现出了徽州传统中"天人合一、人鬼同乐"的和谐理念。

历史上有一段时间，安徽的庙宇戏台数量巨大，不过如今尚存的非常少。例如，泾县云岭乡的关帝庙戏台是为了供奉关羽而修建的。绩溪县大石门一带有着历史悠久的赛会文化，每六七年举行一次十赛会，每十二年举行一次观音会和太尉老爷生日会，这些集会都是当地人民重要的大型活动。赛会期间，必须请来徽班演出，这一习俗一直延续至今。古戏台位于大石门东南村头，与佛殿、太尉（唐初越国公汪华）庙、社庙和和尚庙相连，构成了一个完整的庙宇建筑群，是目前罕见的典型庙宇戏台（见图3-2）。

图 3-2　绩溪县大石门东南村古戏台

(三) 家庭戏台

徽州地区有一种特殊的建筑,叫作"家庭戏台",是富有的徽商或者有钱人在自己的府邸里专门为戏曲表演而修建的。明清两代是徽商的辉煌时期,他们喜欢在家里养专业的戏班,以便在节日或者喜事的时候,邀请亲友来观赏精彩的戏曲。徽州的家庭戏台因此也十分普遍,家庭戏曲演出十分频繁,成为当地戏曲文化的重要载体。

歙县竭田村的吴宅戏园是徽州家庭戏台的代表之一。戏园建于清光绪元年(1875年)前后,吴宅的主人吴筱晴是当地豪绅。戏园由三部分组成:戏台、戏院和观戏楼。戏台位于宅院后面,呈"凸"字形;观戏楼则在戏台前面,呈"凹"字形,共有三层,不同身份的人在不同的楼层和位置欣赏戏曲。吴筱晴亲自题写了"凹凸山房"的匾额。吴宅戏园曾经多次邀请有名的徽班来演出,为吴氏家族和他们的客人带来了无尽的欢乐。可惜现在这个戏园已经年久失修,面目全非。

(四) 公共戏台

公共戏台是一种专门用于表演戏曲的建筑,通常设在村落或街道的空旷处,或者村庄的中心广场上。在徽州地区,公众性的戏曲活动也很普遍,万年台就是一种典型的公共戏台。万年台不受乡土和宗族的限制,不像祠堂戏台或庙宇戏台那样附属于某个团体,而是成为一个独立的活动空间,吸引着周边村民前来观看,体现了民间戏剧文化的繁荣。明代戏曲评论家潘之恒在《徽州府志》中记述了万历二十八年(1600年)徽州府城东举行的迎春赛会,这次戏曲盛会规模空前巨大。通常情况下公共戏台也是面对宗祠修建的,这种趋势也从侧面表现出了徽州人宗族思想的浓厚。这类公共戏台大多有着高达两米的台基，戏台面积相较其他类型的戏台也比较大。戏台有两层，上层是前台和后台区域，设置有供表演者上下的场门，面积大多在100平方米左右；下层则用于存放物品以及供表演者休息。戏台的顶部大多是平整的，没有藻井修饰。典型的例子有黄山市徽州区潜口村潜口民宅博物馆古戏台（见图3-3）和歙县璜田村古戏台。后者位于胡氏支祠"敦本堂"的对面，朝向南方，是建祠次年修建的砖木结构戏台。它的台口呈八字形，八字墙外侧装饰有假门，门柱、门楣上有精美的木雕图案，左右两侧的壶门、隔扇和上部也有细致的雕刻，十分美观。

图 3-3　潜口民宅博物馆古戏台

二、按建筑形制划分

戏台根据建筑形制可以划分为单幢型戏台和组合型戏台两种。

（一）单幢型戏台

根据戏台开间的数目，可以分为单开间单幢式、三开间单幢式等，多建于村庄的中心，台下没有围墙，呈开放式，如潜口民宅博物馆古戏台。

（二）组合型戏台

组合型戏台四周有围墙，常与祠堂连成一体，形成三进两天井的建筑格局，甚至台下两边还建有观戏楼，徽州现存的古戏台大多为此类型。戏台一般坐南朝北或背山面水，进门即为戏台，拆掉戏台台板及屏风，就可以作为大门使用。这类戏台兼具祭祀祖先和演剧娱人的功能。戏台通常不对外开放，只供宗族同姓观看，如祁门县新安镇上汪村叙伦堂古戏台（见图3-4）。

图 3-4　祁门县新安镇上汪村叙伦堂古戏台

三、按使用方式划分

戏台根据使用方式可以划分为固定式戏台和活动式戏台两种。

（一）固定式戏台

固定式戏台的台基为固定式，不能随意拆卸，因而只具有一种功能——演戏。万年台属于固定式戏台，也有部分祠堂戏台属于固定式。戏台虽然处于门厅位置，但祠堂入口却在戏台的两侧，如祁门县闪里镇坑口村会源堂古戏台。

（二）活动式戏台

祠堂戏台中以活动式戏台最为常见，平时作为戏台使用，正面大门平时关闭，一旦遇到村中族内大事，就打开正面大门，将明间楼板、隔扇、照壁等拆卸，明间作为贵宾通道使用，彰显尊贵，如祁门县新安镇珠林村馀庆堂古戏台（见图3-5）。

图 3-5　祁门县新安镇珠林村馀庆堂古戏台

第二节　徽州古戏台的建筑空间布局

徽州古戏台建筑是徽州传统建筑文化的重要组成部分，值得我们保护和研究。徽州祁门县有很多保存很好的祠堂戏台建筑，它们的空间布局主要有六个部分，即引导空间、入口空间、表演空间、观演空间、仪式活动空间、祭祀空间，与其对应的分别是祠前广场、仪门、戏台、前天井及廊庑、享堂、后天井（后天井院）与寝殿。

一、引导空间——祠前广场

徽州传统村落的祠堂前面大多会修建巨大的广场，这就是祠前广场。祠前广场面积大约为 100 平方米，形状大多不规则，周围没有围挡。广场空间多与街道相连，用辕门和照壁进行划分。明清时期，徽州祠堂的祠前广场上一般不过分绿化，而是使用条石、条砖、沙泥、石灰膏等修葺墙面和地面，铺装过程中也会使用具有一定寓意的图案。

在村落中，祠前广场是比较神圣和重要的建筑空间，在空间限定上也会使用一些特殊的方法来表现祠堂的独特意义与地位。

（一）设置仪门

仪门是宗祠的空间序列的起点，它能让人的目光集中在宗祠的正门上，从而产生一种框景效果，让人的视觉注意力集中，无形中让祠前广场更具有仪式的严肃感。仪门周围环绕着矮墙，使得广场的空间形成闭合。洪家村敦化堂的祠前广场呈不规则多边形，东西长 12.2 米，南北宽 10.8 米，总面积达 110 平方米，地面用卵石铺成，北边的院墙和仪门的山墙相连。在徽州现存的明清时期戏台建筑中，这是唯一一处设有仪门的戏台（见图 3-6）。

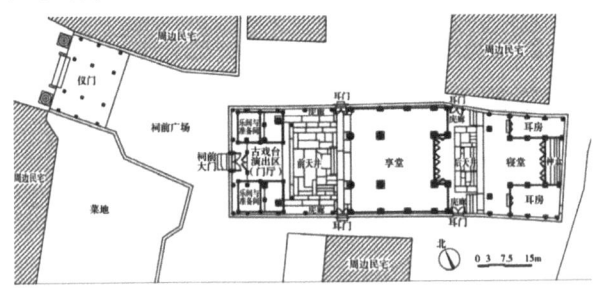

图 3-6　洪家村敦化堂平面图

（二）设置照壁

照壁的尺寸比仪门的尺寸小，但是照壁在细节上更加精致。照壁和祠堂之间会形成一个小空间，有的是封闭的，有的是开放的。照壁有两种形式，即"一"字形和"八"字形。叶源村聚福堂的祠前空间是封闭的，它的地面用卵石铺成，东西两边有山墙延伸出来，和"一"字形的照壁相连，山墙上还有门洞，让小空间更加私密。珠林村馀庆堂的祠前空间是开放的，它的地面用条石垫起来，让空间的界限更加清晰，门对面修建了一个"八"字形的照壁，上面用彩绘进行装饰，样式和工艺都十分精美。

二、入口空间——仪门

祠堂戏台是祠堂的一部分，它的首要功能是满足敬祖娱神的需要，而不是娱乐大众，所以它的入口设计很讲究。祠堂戏台的大门就是仪门，对于整个建筑群而言，它相当于门厅。仪门有两种常规形式，分别是门楼式和门廊式，前者的形式比较简约，通常是一面实墙，墙上建造一扇大门，门上再用砖雕门楼进行装饰，两边饰有形态各异的小窗。现在徽州地区还保留了很多明清时期的门楼式仪门，比如磻村的嘉会堂、洪家村的敦化堂等。

门廊式仪门是指在正门前方加建一层轩廊作为连接的建筑形式，轩廊里面有木制的隔断，隔断上开有祠堂的入口。轩廊的结构一般是三间或五间的连通式，顶部有轩棚装饰，轩棚上面覆盖着弯曲的望板。磻村敦典堂的门廊式仪门除具备这些特点之外，还在柱子外面加了栅栏门，增添了庄严肃穆的气氛。李坑村大本堂古戏台（见图3-7）还在祠堂大门两侧设置了须弥座的抱鼓石。

图 3-7 李坑村大本堂古戏台

表 3-1 表明，仪门常见为砖木结构，通面阔（一栋建筑中所有开间的宽度之和）一般在 10 米左右，通进深（单体建筑横向长度）平均值约为 2.35 米，多为三开间，有时会在距两侧边 1 米左右的位置设置小柱，形成带回廊的类似五开间的平面格局。进深方向则以七檩六步穿斗式木构架最为常见。坑口村会源堂仪门作为祠堂戏台中唯一以万年台为台基的戏台建筑，通面阔达 12.35 米。

表 3-1　五座典型祠堂戏台建筑仪门数据对比表

所属结构	结构类型	通面阔/米	通进深/米	开间数	剖面形式	门廊进深/米	明间面阔/次间面阔
坑口村会源堂	砖木万年台	12.35	3.40	3	七檩六步穿斗式	无门廊	2.41
磻村敦典堂	砖木活动式	9.23	2.90	3	十檩九步穿斗式	3.27	2.24
李坑村大本堂	砖木活动式	10.30	2.21	3	七檩六步穿斗式	3.05	1.68
叶源村聚福堂	砖木活动式	10.40	1.93	3	七檩六步穿斗式	2.39	1.51
洪家村敦化堂	砖木活动式	9.37	1.31	3	五檩四步穿斗式	无门廊	1.61
平均值		10.33	2.35	3		2.90	1.89

三、表演空间——戏台

明清时期的徽州祠堂戏台的各组成部分有着明显的功能区分，大致上可以分为前台、后台和文武场三个部分，古戏台一般为三跨，第一跨和第二跨分别为前台和文武场，第三跨为后台。前台是表演区，在制式上多为三开间，中间的明间最为重要，两边为檐廊，向外扩，从平面上观察呈"凸"字形。从功能上区分，中间的明间是主台部分，两边是副台，也是文武场所在的位置，文武乐间的面积通常为 30—40 平方米。明间通常会加修两根方柱作为照壁，两侧是上下场门，场门的上方通常有门额，上面分别书写"出将""入相"四字。木照壁能够划分前后台空间。有时两次间（明间两侧的柱间空间）会向内收缩 1 米左右，安装皮门扇，形成回廊空间，这样可以增加戏台表演的流动性。后台是休息区，演员可以在这里休息和换装等。

小祠堂的戏台中没有文武场区分，后台在明间的两侧。中型祠堂的戏台进深比较大，表演区照壁后有足够的空间设置后台，两侧就逐渐形成了独立的文武场。

大型祠堂的戏台不仅进深增加，面阔也加大，次间可以分隔出面积较小的回廊，使得戏台的流线更加灵活。

表 3-2 表明，明清时期的徽州祠堂戏台高度的平均值为 1.51 米，明间面阔的平均值为 4.52 米，次间面阔的平均值为 2.44 米。在前后台面积的安排上，由于后台既是存放戏班演出用具、演员化妆、打扮的所在，又是分派角色、等待上场、催戏、监场的地方，因此后台一般面积略大于前台区域面积，但总体比例接近 1∶1。

表 3-2　徽州地区祠堂戏台相关数据

所属建筑	戏台高度/米	前台面积/平方米	后台面积/平方米	前台/后台	明间面阔/米	次间面阔/米	明间面阔/次面阔	檐柱偏移/米
坑口村会源堂	1.77	52.41	35.68	1.47	5.20	2.16	2.41	0.47
磻村敦典堂	1.43	33.22	24.35	1.36	4.88	2.18	2.24	0.31
李坑村大本堂	1.60				4.31	2.57	1.68	1.10
叶源村聚福堂	1.55	15.36	26.10	0.59	4.08	2.71	1.51	0.71
洪家村敦化堂	1.19	23.86	14.99	1.59	4.13	2.57	1.61	0.30
平均值	1.51	31.21	22.78	1.25	4.52	2.44	1.89	0.58

四、观演空间——前天井及廊庑

前天井及廊庑在戏台建筑中扮演着十分重要的角色，其空间规模与尺度的大小直接反映了戏场所能容纳的观众数量。

（一）天井

天井是徽州民居中的一个特色空间，它的主要功能是让建筑有足够的采光和通风，同时也兼有排水功能，寓意着"四水归堂"。在祠堂戏台这种建筑形式中，天井也是供族人聚集观戏的地方。天井下面有三条沟，可以排水。叶源村聚福堂和李坑村大本堂在天井沟里铺设了均匀的石墩，在演出时可以铺设木板，既能保证观众的安全，也增加了广场的面积，设计十分巧妙。天井沟也成了能够用于观演的地方。天井沟两旁是石条台阶，中央是用石板修建而成的甬道，一直延伸至享堂的前沿台阶，台阶的两边用垂带进行装饰，甬道两侧则是卵石地面。

（二）廊庑与观戏楼

在祠堂建筑中，廊庑的作用是连接不同建筑。不过对于祠堂戏台而言，廊庑也是一个十分重要的观演空间。廊庑的前身是"看棚"，看棚最早就是一种临时搭建的用于看戏的建筑，样式简易，台基上加有栏杆，上面有顶。明代之后，看棚逐渐演化成固定建筑，并有了一定的形式，进而演变成廊庑。廊庑是一种单坡式的建筑，顶部常用人字形的屋顶来装饰。明清徽州戏台的廊庑结构有一定的规范，常用枋木把脊柱连起来，通常是三间开放的。

有的廊庑做成了观戏楼形式。观戏楼专门为女性和儿童观看戏曲提供空间，位于院子两边，也叫"小姐楼"。观戏楼大概是在明朝末年出现的，在清朝中期以后流行起来。这种趋势说明徽州人已经开始尝试组织和区分观众，这对徽州戏台建筑的完善发展也非常重要。

五、仪式活动空间——享堂

享堂指的是祠堂戏台建筑的第二进，是祠堂戏台建筑的核心部分，也是祭祀活动的主要场所，因此其用材十分精良。徽州祠堂戏台的享堂平面呈"凹"字形，由五开间三进的房间组成，整体的面阔和进深一般为9—10米，长宽比接近1∶1。中间三开间是通透的，两边的开间则作为辅助空间，有门通向正厅。

享堂前有拱形檐廊连接仪门，檐廊两旁摆放着祭祀用品。享堂后有一道可移动的屏门，又叫"太师壁"，祭祀时会打开与寝堂相连，平时则关上作为议事空间的后墙，两边有耳门可进出。

六、祭祀空间——后天井（后天井院）与寝殿

后天井（后天井院）的功能重要性比较低，大多是提供采光和通风，与其他建筑相连。廊庑的形制比较简单，空间比较小。寝殿是祠堂的核心，也是整个祠堂最高的建筑。供奉着祖先的牌位，也是族人祭拜的场所。寝殿一般为二层建筑，关系较远的祖先牌位和不常用的物品放在楼上，前面的空间留给族人跪拜。寝殿的地位最高，因此建筑形式也要高大，台基也要比享堂高出几级台阶，体现出祖先的尊严。在有演出的时候，人们会将享堂的太师壁挪开，这样戏台演出就能正对祠堂的寝殿，祖先也能与后代子孙共同观看戏曲演出。

第三节 徽州古戏台的建筑特色

一、徽州古戏台的布局特色

（一）朝向规律，等级分明

戏台的朝向和一般建筑刚好相反，不管是独立的还是结合在建筑群中的，往往是坐南朝北，这是为了避免演出时产生眩光，完全是出于功能上的考虑。① 徽州如今保存较好的古戏台大多是祠堂戏台建筑，戏台设立在享堂的正对面，表达出与祖先和神明同乐的思想。

戏台的方位和高度设计受到了祭祀文化的影响。因为戏剧是为了祭神祭祖而演出的，所以戏台要对着享堂，并且要低于享堂和寝楼，这样才能体现对神明、祖先的尊敬。早期的戏台，人们不允许站在戏台和享堂之间的中轴线上，而是在戏台两侧的廊庑或观戏楼观看。后来，戏剧逐渐变成了娱乐活动，人们就直接站在戏台前的院子里看戏，因为那里能看得更清楚，听得更清楚。大多数的戏台都是朝北的，因为宗祠一般都是朝南的。有些戏台会因为风水的原因而改变方向，但很少有戏台会背对着享堂或神殿。

（二）依附仪门，中轴对称

罗德胤在《中国古戏台建筑》一书中将中国古戏台的基本特征总结为两个方面，即构造华丽与依附性强，徽州地区更是有"无台不祠"的说法。

祠堂中修建的戏台大多与祠堂大门结合，建筑处于中轴线上。大体上讲，这种设计的目的有以下两个。一是与建筑空间的变化相适应。为了让后排观众能够清晰观看，戏台需要抬高，这样戏台下面就形成了一个可供人进出的空间。二是与建筑造型相适应。戏台抬高让建筑的屋顶也变高，这样从享堂的角度欣赏，建筑就会形成中间凸起的对称结构，让屋脊线出现起伏变化。

---

① 潘谷西主编：《中国古代建筑史（第四卷）：元、明建筑》，中国建筑工业出版社2001年版，第412页。

(三)"日"字形制,前后天井

徽州祠堂的常见结构是"日"字形的三进两明堂(天井),从南向北沿中轴线依次排列着祠前广场、仪门(戏台)、耳门、前天井、廊庑(观戏楼)、享堂、后天井、寝殿。由于历史悠久,有些祠堂的享堂、寝殿或廊庑已经不完整,但从遗迹可以看出,这些空间元素都是必不可少的。戏台位于院落的第一进门厅处,前天井起通风采光的作用;在形式上,体现了尊重祖先和长辈的原则,让戏台正对享堂和寝殿,当有戏剧演出的时候,祖先就能与后世子孙共同欣赏戏剧,从而达到与祖先同乐的祭祀目的。演出时,享堂的隔门被移除,祖先与子孙同乐,展现出整个宗族的气势和繁荣,增强了整个家族的凝聚力。有些祠堂还在天井两侧的廊庑建成了观戏楼,通常是两层三进,多为富裕人家或妇女儿童使用,村民称之为包厢。

二、徽州古戏台的艺术特色

(一)质朴的装饰色彩

徽派建筑外立面的色彩以黑白灰为主,显得素净雅致,简洁而富有变化。经过风雨侵蚀,白色的墙面和黑色的屋面已经不再是原来的单调色彩,而是展现出不同的光泽和质感,有些地方还有剥落和渗水的痕迹。这样的墙面与沉稳的马头墙相互辉映,在徽州独有的烟雨之中,形成了一幅意蕴深远的山水画。

徽州戏台建筑的内部装饰与外部的素净风格形成了鲜明的对比。戏台和看楼上的精美雕刻色彩斑斓,但大多保持了木质的本色,显得华美而不浮夸。这种色彩选择既反映了徽州的文化传统,徽州人以文人和儒商为主,喜欢清雅素淡的审美,也体现了徽州木雕的工艺特点,徽州木雕多用贵重的木料,不涂油漆,只润以桐油,使木色随着时间变化而呈现出不同的韵味,与外部的白墙黑瓦相映成趣,别具一格。

不过,祠堂戏台是为了观赏戏曲演出而建的,因此有些祠堂戏台也有彩绘的装饰。但是,它们的颜色比较朴素,不像北方的建筑那样鲜艳夺目。这些装饰主要以红色为基调,加上黑色的渐变,再用少量的绿色或金色点缀。这样的色彩风格体现了徽派建筑"天生丽质"的特点。

(二)广泛的装饰题材

雕刻一直是徽州民居的核心装饰手段,在戏台这一类公共建筑中,雕刻更是随处可见。雕刻的纹样与题材也非常丰富,大体有动物类、植物类、图案类、人物故事类四种，这里集中对明清徽州戏台建筑木雕中的各种装饰题材做简要梳理。

1. 动物类

动物类题材有狮、象、鱼、蝙蝠、蝴蝶、龙、凤等，这些动物往往都带有吉祥的寓意，因此成为雕刻装饰的题材（见图3-8）。

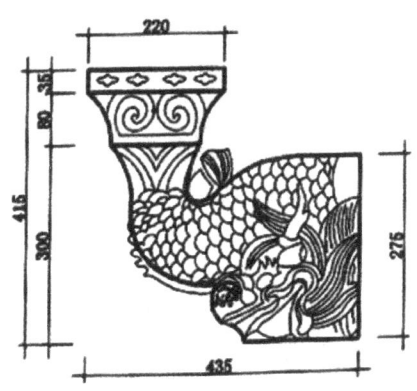

图3-8　会源堂观戏楼龙首鱼身丁头拱大样图（单位：毫米）

狮子是戏台建筑中常见的装饰元素，其多用于戏台、享堂的正面檐下，支撑着撑棋，所以这种构件也叫"狮撑"。一些古戏台的栏杆头也会使用狮子装饰。撑棋上的狮子形象通常优美而惬意，倒挂在檐下，下面常常坠有小狮子或者镂空的绣球，狮子头还会有名人的站立像，样式十分精巧别致。

大象的形象在梁类构架中最为常见，一般享堂与轩廊梁架中连接童柱的构件两端均出现象鼻梁头，取象能承重和挑起梁架稳固房屋之意。这种做法在明清徽州戏台建筑中俨然已经成为一种程式。

2. 植物类

植物类题材主要有莲花、石榴、灵芝、柿子、牡丹、梅、兰、竹、菊、松、柳、桃、李、桂圆、荔枝、海棠等。植物造型多变且构图不受空间限制，多搭配人物造型来均衡和丰富整个画面，另外也会有一些相对较小的构件如雀替、平盘斗等用单株植物来装饰。

祁门县新安镇上汪村叙伦堂古戏台里的一组平盘斗乍看相同，细看每一个都有不同的雕刻内容，有的是荔枝，有的是石榴，有的是梅花，有的是海棠，形态各异却构图饱满均衡。

以植物为题材装饰同样取其美好的寓意：荷花象征高洁，牡丹象征富贵，灵芝有祥瑞长寿之意，石榴有多子多福之意，柿子有事事如意之意，柳有依恋惜别之意，松、竹、梅、兰、菊皆有品格高洁、坚贞无畏之意，桃、李、桂圆、荔枝、海棠皆有事事圆满、福禄富贵之意（见图3-9）。

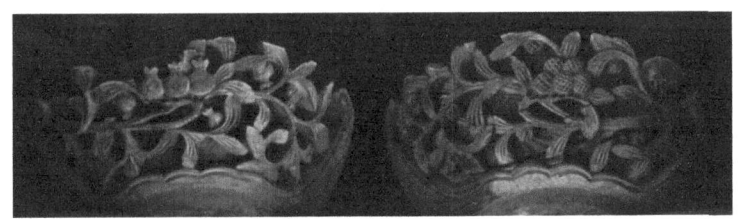

图3-9　祁门县新安镇上汪村叙伦堂古戏台瓜柱下的柁墩植物雕花

3. 图案类

图案类题材主要包括由一些动植物形态演化而来的、简单而具有概括性的纹饰，主要包括龙凤纹、回字纹、如意纹、祥云纹、火焰纹等。它们往往作为边角装饰对人物、动物、景物等题材进行烘托和陪衬，是基本的装饰素材。

4. 人物故事类

戏台建筑是村落中的重要公共空间，它既有教化民众的功能，也有娱乐休闲的功能，人物故事类的雕刻主题最能体现这一点，它们是文化和价值观的有效传播载体。这些主题涵盖了儒家文化、道家文化、佛家文化和宗族文化，人物故事则包括了戏曲典故、历史事件、神话传说和民间故事，如"八仙过海""姜太公钓鱼"等。在戏台建筑中，人物故事类的雕刻通常占据了最显著的位置，比如戏台和享堂前檐梁的正中央，常有大型的人物场景雕刻，月梁两端也会有对应的人物主题出现，此外，围绕天井院落四周檐口的斜撑也是人物雕刻的主要分布区域。

这些特定的人物故事类题材不仅有其艺术价值，也有其文化根源。徽文化的哲学思想是新安理学，新安理学作为一种新儒学，主张克制私欲，遵循天理，以实现"仁"，达到理欲和谐的目的。因此，在新安理学的发祥地，我们可以看到许多以伦理故事启迪世人的艺术题材，各种各样的人物故事就这样被呈现在祠堂与戏场。

（三）夸张的装饰技法

中国传统文化重"神韵"而轻"形似"，讲究高度的写意与概括。而戏曲表演便具有"虚拟时空"之特性，所谓"扬鞭以示骑马，划桨以示行舟"[①]，戏台建

---

① 《班门》编委会编：《班门·声》，北京联合出版有限责任公司2019年版，第103页。

筑雕刻也不例外，表现手法往往夸张变形，主观性很强，仔细观察木雕纹饰不难发现，一幅完整的木雕作品，若是以人物为主体，则会肆意放大人物的比例，甚至占据整个画面的绝大部分空间，周围的参天古树也只是与人齐平，旁边的建筑甚至低人一等，完全不讲究比例、尺度和透视关系。这与西方绘画的表现主义手法有些类似，反映的不是"眼前所见"而是"心中所想"。这种表现技法直奔主题，重点突出，简单凝练而不面面俱到，从而带来强烈的视觉冲击力。

（四）繁密的装饰性格

明清时期是一个将装饰艺术发挥到极致的时期。戏台建筑也不例外，走进一座徽州古戏台，首先映入眼帘的便是密密麻麻的雕刻与彩绘，大到梁枋、门扇、屏风，小到斜撑、雀替（明代为丁头拱）、平盘斗，几乎不放过任何可以装饰的地方。

这种繁密的装饰性格也是当地居民心理诉求的体现，人们希望生活富足圆满，有大量的物质填充，这是一种朴素真诚的诉求；这种喧闹的装饰性格也符合戏台建筑特质，更容易感染人的情绪（见图3-10）。

图3-10　祁门县新安镇珠林村馀庆堂古戏台梁枋上的人物组合木雕

三、徽州古戏台的结构特色

（一）简约朴素的屋顶

中国古代建筑的屋顶造型丰富多彩，被誉为建筑的"第五立面"，在官式建筑中更是等级地位的象征。中国古代建筑的屋顶有硬山、悬山、歇山、庑殿等形式。徽州古戏台多数是民式建筑，形制相对单一，但也有部分古戏台的屋顶造型考究、形式优美。例如，江西省婺源县（古属徽州）阳春古戏台的屋顶檐角有多层起翘，装饰效果华丽脱俗，但整体造型与徽派建筑简约朴素的建筑风格相协调统一。

(二)美观细腻的月梁

月梁是徽派建筑的一种特色,它是一种弯曲的梁,像月亮一样。月梁不仅能增强建筑的稳固性,还能美化建筑的外观。在徽州古戏台中,有些月梁放在额枋的位置,虽然它们也是枋的一种,但是它们的形状和大小更像梁,所以叫作"月梁"。这是一种独特的建筑艺术。

月梁有的体量较大,常位于屋檐下部,大都有雕刻,两端有卷杀,也有体量小的位于建筑内部或整体结构两端,部分雕刻细腻,有的则两端做简单的卷杀处理。

(三)适应灵活的台基

台基是中国传统建筑中非常重要的支撑要素,具有防水避潮、稳固台基、调整构图、扩大体量、调度空间、标志等级等多重功能。古戏台作为观演建筑,台基的作用显得更为重要,其具有以下两个明显特征。

一是多采用高台基。高台基既可以解决演出时的视线遮挡问题,又可以扩大直达声的范围,增强音质效果。

二是多采用空台基的形式。一般传统建筑中的台基是用砖、石实心砌筑而成的,而戏台往往和山门结合而建,台基中设置山门,就更多地采用架空的台基(空台基)。戏台根据使用情况分为两种类型:一种为固定式戏台,即台基部分以砖砌筑,其上覆台面板的戏台,又称"万年台",如祁门县闪里镇坑口村会源堂古戏台。此类戏台的架空部分可用于存储物品。固定式戏台的祠堂门厅不设正门,以天井两侧耳门进出。另一种为活动式戏台,即台基部分以柱支撑,台枋以榫卯结构连接,台面板直接铺设于横枋上的戏台。祠堂举办重大活动时,可以拆除部分台板,作为祠堂门厅的通道。部分戏台台基尺度较高,无须拆卸台面板,即可开启正门从戏台下方通行,如祁门县新安镇珠林村馀庆堂古戏台。此类戏台的台基尺度较高,戏台前沿多设一道低矮栏杆,高度一般不超过 0.3 米。祁门县新安镇珠林村馀庆堂古戏台的雕花栏板,从中间往两侧升高,既能保证演员安全,又不影响观众视线。

(四)稳固丰富的柱与柱础

柱子断面多为圆形,有时为了便于安装门扇,也做方形加圆角处理。有关资料显示,在明代徽州民居中有梭柱做法,即柱子上端 1/3 处开始卷杀,中段下段柱径不变。

在柱子材料上，除采用木材之外，明清徽州古戏台建筑构造上一个显著特征便是一柱双料，即下部为石柱，上部为木柱，如祁门县新安镇珠林村馀庆堂古戏台与祁门县闪里镇坑口村会源堂古戏台。徽州地区潮湿多雨，这种做法既避免了雨水和潮气对柱子底部的侵蚀，又不影响柱子与上部木结构体系的搭接，可谓非常巧妙实用。

柱础对于传统木结构建筑来说是一个十分关键的构件，对于采用木质柱子的建筑而言，水分极易沿着木纤维向上蔓延，影响主体结构安全。完整的柱础应该由柱顶石、柱座、覆盆和柱横四部分组成，而在明清徽州戏台建筑中，这几个部分往往在一块整石上加工雕刻而成。

此外，柱础形式极为丰富，并且根据所在空间等级的不同，柱础的样式与尺度也会做出相应调整。以祁门县闪里镇坑口村会源堂古戏台为例，享堂明间的檐柱与金柱下的柱础为八边形，后檐柱与后金柱下的柱础为圆形，而廊庑与寝堂厢房等较为次要的位置则采用简单的方形柱础。这种做法在其他祠堂戏台中也广泛存在。

为保证连接稳定，柱础与柱子之间常做榫卯，以加强连接。具体做法一般是在柱础的顶部凿出一寸左右深度和直径的凹洞，柱子的底部做成榫头形式，插入柱础。这种连接方法的好处是在水平面上对柱子有固定作用，防止柱子发生位移，而柱子的端部又有一定的活动余地，可以算是水平面上的半铰接。当柱子两端产生压力时，柱子的底部可以调节方向使柱子两端的应力基本保持在一条轴线上，减少柱子底部弯应力（弯曲应力）的产生。

（五）相辅相成的雀替与斜撑

雀替和斜撑这类构件在结构上的功能类似，都是在承重方面起辅助作用。不同之处在于雀替是减少梁与柱之间的剪力，一般位于梁和柱的交角处；斜撑一般位于柱子上端对该柱了上部构件起斜支撑作用，且一般位于建筑外立面。雀替和斜撑不仅在结构承重方面有作用，在经过雕刻和绘画之后其装饰作用大大增强。

第四章 云南古戏台建筑艺术

云南古戏台在建筑布局与结构上有着自己的特色，对云南古戏台进行深入研究，便会发现其存在多重价值与文化内涵。本章主要论述的是云南古戏台建筑艺术，从云南古戏台建筑的分类及其价值、云南古戏台建筑的文化解读两方面进行阐释。

第一节 云南古戏台建筑的分类及其价值

一、云南古戏台建筑的分类

根据现有的资料，对云南古戏台进行分类。为了使分类具备条理化、科学化，我们将从历史文化和功能样式两方面分类。第一种分类方法是根据其历史文化特征，将云南古戏台分为三个层次类别：原貌古戏台、改建古戏台、仿古戏台。第二种分类方法是依据其功能样式，将云南古戏台分为庙宇戏台、魁阁戏台、广场戏台、过街戏台等。

（一）按历史文化特征分类

1. 原貌古戏台

原貌古戏台是指没有经过大规模修缮，或即使经过修缮，也仍然保留着原始的古代戏台风格与样貌的古戏台。这类古戏台具有极高的历史地位与价值，对古戏台研究有着重要的作用和影响，是非常珍贵的。云南古戏台的核心和最宝贵的部分便是由这类古戏台组成的。原貌古戏台不仅具有极高的建筑价值，更有着难以估算的文化价值。这类古戏台在云南有很多，如大理市周城古戏台、大理市宝林寺古戏台、曲靖市会泽县江西会馆（万寿宫）古戏台、玉溪市九龙池古戏台等。

还有一些古戏台虽然经过修葺，但是功能依旧与原来相同。它们是在原址上翻盖或者重建的，只对戏台的一些细节样式和色彩进行了更改。对于这种改变，我们很难鉴定它的程度或性质。这类古戏台也被归为原貌古戏台一类，在我国大理市和红河哈尼族彝族自治州等区域有很多这样的古戏台。大量样式丰富的古戏台也成了当地有名的人文风景。

2. 改建古戏台

所谓改建古戏台，就是经过改建或者翻盖，古戏台的地址和样式发生了变化，其功能也不再是为戏剧表演提供场所的古戏台。这类古戏台最显著的外观特征之一就是台口均已被封闭，不再供人进出。例如，大理市海东镇文武村公所古戏台、红河哈尼族彝族自治州石屏县龙朋镇六街村古戏台等皆属此类古戏台。古戏台功能变化的方向通常有两个：第一，成为老年活动中心；第二，成为会场。有趣的是，古戏台具有教化、娱乐的功能，也许这与改建古戏台功能的变化有内在联系。

在这种发展背景下，古戏台不仅成为社区的文化和娱乐中心，也是政治宣传教育的重要场所。自从中华人民共和国成立以来，我国各地方就经常使用高音喇叭宣传政策与信息，而现在，这种设备已经成为古戏台上的"常客"。

由于古戏台汇聚了多种功能，它还有可能成为一个社区的经济中心。大理市周城村古戏台是其中的典型，双廊村古戏台也发展得十分红火。当人们走在去周城村古戏台或双廊村古戏台的路上时，最先看到的是已经形成规模的市场，可见这两处古戏台已经成了社区的经济中心。

不过也有很多古戏台被改建得面目全非，完全失去了古戏台的原本样貌与功能，例如楚雄彝族自治州元谋县的马王庙古戏台被改建为县中医院，如果并非知情人，根本看不出来这是古戏台。

3. 仿古戏台

仿古戏台已经失去了"遗址"的属性，也没有古戏台的文化价值，但它们仍然可以作为戏剧表演或旅游观赏的场所，让人感受古代的情怀，比如腾冲市文化广场上的仿古戏台就是这样。

还有部分仿古戏台成为公园或者景区的一部分，这类仿古戏台也具有上述特征，例如建水县张家花园内的古戏台。这类戏台被划入公园和景区也就表明人们对古戏台在民间建筑中的地位和代表性是认可的，公园或景区的管理者也有意愿通过这类戏台建筑的精美和古韵来吸引游客，提高公园或景区的知名度。

（二）按功能样式分类

云南早期的古戏台有一个通称，叫作"万年台"，也有人叫它"草台"或者"露台"。这是因为这种戏台是临时搭建的，没有固定的场所，类似于宋元时期的勾栏、瓦舍。一些不太正规的戏班，常常用"草台班子"来自称。

我们从清代地方志《赵州志》中可以得知，雍正三年时，赵州知州汪邦彦曾重建州署北的城隍庙。在他的主持下增盖了三楹戏楼和一座露台。大理市喜洲镇河矣城村龙王庙中存有一段《洱河祠碑记》，其中记载清朝乾隆三十九年（1774年）当地修建了一座露台，作用为"徒工歌巫舞"。这样的记载还有很多。清雍正年间所建的戏台或戏场大多湮没在历史当中，至今已经看不到实物，因此也很难了解它们的具体样式。不过我们可以从其他地方的戏台资料中进行推算，这里的露台是一种临时戏台，它的主体是草台，性质上与宋代的"勾栏"和"瓦舍"相似。我国古代的广场戏台大多为这种样式。除露台之外，我国云南地区留存的古戏台主要分为以下几种样式。

庙宇戏台是一种特殊的戏台形式，它位于庙宇的大门之上，正面面向大殿，三面开放，只有后面有墙壁。这种戏台大多数是清光绪时期修建或重建的，是目前保存最好、数量最多的戏台。庙宇戏台的演出与祭祀活动有着紧密的联系，戏台正对着庙内的神像，主要是为了感谢神灵的庇佑或者取悦神灵。庙宇里供奉的神灵有龙王、城隍、佛教或道教的神祇，在白族地区还会供奉特有的神灵，称为"本主"。例如，剑川沙溪石龙村的庙里供奉着"大黑天神"，当地人将其视为保护神；下关宝林寺里除龙王之外，还供奉着斩蟒英雄段赤城。

魁阁戏台是一种特殊的戏楼，它们多建在广场或者寺庙的正前方。这种戏楼的结构一般分为三层，最下面一层是演员表演的舞台，中间一层是供奉神明和摆设祭品的地方，最上面一层是祭祀魁星的殿堂。这类戏台的特点是只有后面一面有墙，其他三面都是敞开的。大理市剑川县县长乐村的古戏台就是比较典型的魁阁戏台。

广场戏台的特点是三面环绕观众，一般建在村落的中央或是寺庙前的空地上。这类戏台很注重利用地形的优势，比如自然的坡度，或是周围的高地，位置居高临下，方便大部分观众欣赏戏曲演出。一个比较有代表性的广场戏台是大理市的周城古戏台。

过街戏台也是三面开放戏台，它是一种常见于村落中心道路上的建筑形式。它利用了道路的坡度，使得观众能够清楚地看到舞台上的表演。例如，曲靖市师宗县的保太古戏台就是这样一种戏台。

除此之外，云南还有其他形式的古戏台，如建水县朱家花园里的水榭戏台。但是，这种水榭戏台并不依水而建，也无法让船通行，它最主要的功能就是分隔舞台和观众，让演出顺利进行。

云南古戏台建筑中还包括临时搭建的彩棚或者松棚，这些建筑通常在使用结束后就会被拆除，因此很少有保存下来的。

1982年以后，我国农村的戏曲演出习惯逐渐恢复，农民有了看戏的热情与需求，因此很多地区的人们集资对当地的戏台进行了修葺或重建。但同时，也有很多古戏台因为城市建设而被拆除或改变用途。

二、云南古戏台的价值

（一）实物化的历史价值

如原貌古戏台一般保持了古建筑的原本面貌，具有很高的"实物化的历史价值"。它们也是具有实物化的历史价值的古建筑的代表。保留了原貌的古建筑给人的震撼是非常大的，就像当人们欣赏真正的文物时，感受到的文化气息总是远远高于观看文物复制品一样。而人们之所以喜欢进博物馆观看文物，也是因为文物实体所带来的感受远远高于画册或者图片。这些实物才是历史的真正代表。

当我们研究和欣赏石器或青铜器时，可以从中感受古人的生产与生活方式，古戏台也是如此，它们带有浓厚的历史的气息，能够向人们展示当时的戏曲从业者是如何进行戏剧的创作与表演的。戏台表演随着时间的流逝已经不复存在，但是戏台却作为戏曲和历史的见证而保存下来。人类之所以要坚持不懈地保护文化遗址，就是因为它们浓缩着历史的痕迹，它们不是空洞抽象的历史记录，它们就是历史本身。

文物的形成，需要经过时间的沉淀和历史的选择。云南古戏台就是这样一种文物，它们见证了古代人民的生活和文化，具有不可替代的历史价值。文物是一种不可再生的资源，一旦损毁就无法复原。文物的意义在于反映当时的历史，一个并不存在于历史上的东西是不能称作文物的。现代的建筑设备和剧场，不能展现古代的建筑技艺和戏曲艺术的内涵，也不能作为历史的见证。从这个角度讲，古戏台及其相关遗迹是古代戏剧特色的重要证据，也是建筑与美术艺术价值的生动体现。古戏台可以让人们重新感受戏剧的魅力，提升我们对戏剧的自豪感，让我们对传统戏剧文化产生自信，进而真正地愿意了解和保护我们的文化，并从中获取创新的灵感。古戏台不仅是演出的场所，也是历史的见证。历史上，一代又一代的班社和演员在戏台上留下了珍贵的文字记录；文人墨客也为古戏台赋诗作文，并在戏台上形成了大量富有价值的碑文、匾额、楹联。这些都是研究戏剧历史的珍贵资料。

如果文物被破坏，它身上所表现出的历史特征也就会被破坏，就会失去其历史价值。例如，如果将古戏台改建成员工宿舍，那么它就不能再继续供人进行演出，失去了戏剧表演场所的功能。改建成的员工宿舍既无法展示古代民居的特色，也无法为员工提供现代居住场所的舒适性。因此，在对古戏台进行维修时，我们应当"修旧如旧"，在材料、工艺、形制、结构、尺寸、纹样等方面尽量维持原貌，而不顾戏台原貌，使用金属管材、钢铁门窗等现代材料进行修缮都是对古戏台的破坏，这样的修缮还不如不修。

笔者在对戏曲表演史进行深入探究时所读到的一些名角的传奇故事让人难以置信，比如有的演员能够跳上横梁，用双腿挂住，从而展现惊人的身手。笔者原以为这是不可能的技艺，后来发现古戏台的空间高度比现代舞台低得多，"双腿勾梁"的表演虽然困难，但不是不可思议的。还有一些记载说，扮演打叉手的演员能把钢叉精准地打在戏台的柱子上，营造出紧张刺激的特技效果。这也是依靠木质的柱子才能做到的，如果是水泥或石头的柱子就无法实现了。经过了历史的变迁和社会的变革，古戏台等具有民族特色的建筑文化已经日渐稀少，这就更加凸显了它们的珍贵价值。作为中华民族的一分子，我们不仅要为文化遗产感到自豪，还要积极参与到文化遗产保护的行动中去。

（二）科学化的建筑价值

与我国北方古戏台的建筑材料相似，云南的古戏台也是采用土木材料建造的，在形式和装饰上独具特色。现代云南民居建筑大多使用水泥等建筑材料，色调偏向灰黄色，而古戏台却是一道靓丽的风景线。古戏台的结构主要如下：台基是用砖石堆砌的，台面以上是用梁柱式木结构支撑的，顶部是用木瓦盖的。古戏台顶部的抬梁斗拱是我国古代建筑的精髓，它不仅能承受顶部的重量，还能放大演出时的声音，同时具有装饰和防震的功能。

我国古代建筑拥有完整的木构架系统，这也是中国古代建筑的显著特征。这种木构架系统包括三种不同的结构方式，分别是抬梁式、穿斗式、井干式。例如，会泽县江西会馆（万寿宫）古戏台所使用的就是抬梁式和穿斗式相结合的结构。我国很多留存的古代建筑中都使用了穿斗式结构。井干式结构也被称为木垛式结构。在云南省，井干式结构的房屋主要分布在独龙族、怒族和藏族等民族的聚居地，这些地方都比较偏远。在云南汉族聚居地，井干式结构多用于禽畜圈或者临时场所的修建中。

我国古代的木匠、石匠等工艺大师受到了人们的极高敬仰，他们技术精湛，创造了许多令人惊叹的作品。比如，周代的偃师制造了会唱歌跳舞的木偶，墨翟制造了能飞三天的飞鸢，孔明创造出的木牛流马在运送粮草方面有着强大的功能。鲁班的发明创造历经几千年依然对我国很多行业有十分重要的影响，且留下了无数的遗产和传说。其中一些工艺大师被后人神化，成为我国传统信仰中各行各业的祖师。

虽然传说常常令人不可捉摸，但是传统却是实实在在存在的。很多古代建筑业中特殊的木作技巧都十分神奇，也凝聚了建筑的价值与意义。例如，抬梁结构中的"斗拱"。斗拱结构通常由一个方形的坐斗以及安装在坐斗上的若干方形小斗和弓形拱层叠组装而成。在我国古代，等级制度十分森严，这一点也体现在建筑修建当中。斗拱的安装也受到等级制度的影响。只有宫殿、寺庙和一些高级建筑才能在柱子和枋上安装斗拱。

　　斗拱是我国古代建筑中的一种独特的结构和装饰元素，它体现了我国古代木匠的精湛技艺，也是我国古代建筑文化的精髓之一。云南的古戏台广泛采用了斗拱，这既是因为古戏台是封建社会中的高等级建筑，具有重要的社会和文化地位，也是因为斗拱能够增强戏台的结构稳定性和美观性。斗拱还有一个特殊的作用，就是它能够形成屋顶穹顶，产生回音效果，使得演员的唱白更加悦耳动听，观众在远处也能听得清晰明了。

　　云南古戏台的建筑不仅美观，而且在声学上也有精心的设计。戏曲演出要求声音传达清晰，所以古人常说"听戏"而不是"看戏"，说明声音的重要性。古戏台在建造上有三个创新：一是以木板为主要材料，增强共鸣，提高音质，木制戏台的台柱和台面就起到了这样的作用；二是缩小上下场门（在古代，人们将上下场门分别称作"出将"和"入相"）的大小，主要的方式是将后台的后墙封闭，从而让声音不至于从后方流泻；三是古戏台的选址有一个重要的原则，就是要利用自然的回声效果，让戏曲的声音更加悦耳动听。比如，玉溪市易门县有两个古戏台，一个叫大龙泉古戏台，一个叫九龙池古戏台，它们都是靠着山峦，面向水面，声音能够在山水间回荡，非常美妙。这样的古戏台选址，让北方平原地区的建筑师十分羡慕。现在的剧场虽然有现代化的音响设备，但是音响设备不仅会放大声音，也会放大噪声，导致原本的好声音变得失真。因此，现在还有一些戏曲表演艺术家在唱戏时为了表现出完美的声音而不用麦克风。

　　斗拱作为一种独特的古建筑构件，其结构简洁，但工艺精细。它由许多小木块组成，按照一定的规律相互咬合，形成了稳固、精美、具有良好音效的戏台顶部。人们利用斗拱的特点，创造了上翘的屋檐和飞扬的"翼角"，给沉重的屋顶增添了轻盈、灵动的气息。因此，这两种形式常被称为飞檐。飞檐是一种常见的屋顶形式，它的特点是将木作和瓦作完美结合。在古代，修建屋檐的时候，瓦作十分重要，它影响着屋檐的外观精美程度。大型建筑的屋顶需要通过柱子来支撑，而连接柱子和屋顶的结构就是斗拱，通过斗拱，两者完美衔接在一起。屋顶的重量通过斗拱传给柱子，再由柱子传到台基。

在古代，我国的森林资源十分丰富，这些丰富的木材资源为我国完善的木构架系统发展提供了基础。白居易在《涧底松》中写道："天子明堂欠梁木，此求彼有两不知。"[1] 虽然作者写这句诗是为了表达自己的怀才不遇，但是我们依然可以从表面意思中体会到木结构和木材资源在建筑修建中的重要性。分析我国现存的古代建筑可知，其中有很多全木结构的建筑，如山西五台山佛光寺大殿、山西应县木塔等，这表明我国古代建筑对木材和木结构的依赖。

自然灾害的频繁发生，尤其是地震频发让人们注意到了我国古代建筑的抗震功能。我国古代建筑的抗震功能为什么那么优秀？很多建筑学家认为其要点在木结构上。木材本身具有一定的柔性，且具备一定的弹力。我国古代建筑使用了大量的木质结构，很多部位之间都通过榫卯或者木齿来衔接，不仅设计巧妙，而且在牢固方面更加突出。这种卯榫结构的历史可以追溯到6000年前，浙江宁波河姆渡的考古发现了当时人们使用卯榫结构建造的木屋架。在地震发生的时候，这些木构件能够相互支撑和移动，减轻或抵消地震波的冲击。古代传下来的谚语说"墙倒柱不倒，房塌屋不塌"[2]，就是对这种现象的形象描述。1996年，云南丽江发生7级大地震，丽江的传统木结构房屋起到了重要的保护作用，许多古代建筑都成功地经受住大地震的考验，保持了丽江原有的风貌。联合国教科文组织的专家也对此表示赞赏。西方国家如美国、日本等，在建筑防震方面也借鉴了中国古代建筑的优点，广泛使用了木结构或者类似于木结构的"轻钢龙骨"结构。"轻钢龙骨"结构虽然用金属代替了木材，但是仍然遵循了木结构的原理。

建筑物的牢固性和人性化是不可或缺的，它们体现在建筑物对人的保护作用上。然而，有时候我们却看到一些本该给人类生活带来安全和舒适的建筑，却在一瞬间变成了危害人类生命、财产的"杀手"，这是一个令人深思的严峻问题。在实际中，我们能够观赏到最多的古代建筑遗存是寺庙和古戏台。在欣赏古戏台的过程中，我们经常会发出感叹，感叹古戏台的历史，那斑驳的梁柱、穹顶和屋脊饱经历史的沧桑，而古戏台仍巍然屹立，面对这些古朴的建筑，我们仿佛能够听到悠扬的乐曲和唱词，眼前浮现出古戏台边的热闹景象，不禁为我国古代建筑的精湛和人性化气息而感叹。

---

[1] 李如鸾：《古代诗文名篇赏析》，北京出版社1988年版，第2版，第185页。
[2] 王川蓉主编：《古城散章·下册》，云南民族出版社2011年版，第143页。

(三)艺术化的仪式价值

一个传统社区，无论是基于血缘还是文化，都有几个必不可少的元素：庙宇、古戏台、祠堂、集市、学校。这些元素都具有思想性和物质性的双重属性。它们在形式上各有特色，在功能上既有分工，又有融合。它们相互联系，共同构筑了文化的主要形态。在这些元素中，古戏台的作用最为重要和典型。古戏台不仅是一个表演的舞台，它还承载着人们的信仰、文化、教育和社会交往。它有时候位于寺庙或祠堂内，有时候建在学校或市场旁，它像一座看不见的桥，把人们的精神世界和物质生活联系起来，展现出仪式的意义。寺庙是人们祈求神灵的地方，祠堂是人们纪念祖先的地方，学校是人们传承知识的地方，市场上的商品交换又涉及着各种人际关系，而古戏台与这些方面都有着紧密的联系。因此，我们也可以把古戏台看作一个社区的仪式中心。从这一点来看，其价值不容忽视。从古至今，古戏台在社区中的地位都是十分重要且不可替代的。

有一篇文章对古戏台的功能进行了详细的总结，认为它们是艺术中心、集会中心、景观中心、舆论中心、建筑中心、信仰中心、教育中心。其实，我们可以将这些不同的功能总结为：仪式中心。仪式的内涵就是在某个特定的时间，人们聚集在某个地方进行某项意义重大的活动。戏剧观演行为也是一种仪式。在这个仪式过程中，观众尽情欣赏艺术，与他人交流信息，获得精神的陶冶，古戏台的仪式魅力也集中在此。

古戏台是我国古代乡村中的一种"大众传媒"场所。它不仅为人们提供了艺术欣赏和历史学习的机会，还促进了人与人之间的信息交流和传播。人们看完戏后，总有许多话题可以聊，促进了信息的传播与共享。由此可见，古戏台在信息传播和人际交流方面有着十分重要的推动作用。古戏台是古代人们观看戏曲表演的场所，可以看作是古代的传媒。但是与现代的电视、报纸等媒体不同，古戏台上演出的戏曲内容是固定的，人们不能通过自己的喜好进行选择和切换。古戏台的"霸气"在于：无论观众多少，它只提供一种表演形式。就像各种仪式一样，它的主题是固定的。人们因为有共同的目标而聚在一起，这就是仪式的精髓。因此，古戏台上的戏曲表演能够触动人们的心弦。据说，明代的颜容演《赵氏孤儿》时，台下有"千百人哭皆失声"的场面。如今古戏台上演出的戏曲仍有很多能够感染人们，让人们情绪激荡，观众在观看这些戏曲表演时，不仅心情会随之变化，身体和行为也会随之变化，这在现代剧场里是无法出现的，因为在现代剧场里每个观众都要坐在固定的位置上，遵循剧场的规矩。

俗话说："演戏的是疯子，看戏的是傻子。"或许，就像"不疯魔不成戏"一样，观众的理性与感性投入，同样是戏剧达到令人着迷的"忘我之境"的必需。

陈独秀在《论戏曲》一文中写道："戏曲者，普天下人类所最乐睹、最乐闻者也，易入人之脑蒂，易触人之感情。故不入戏园则已耳，苟其入之，则人之思想权未有不握于演戏曲者之手矣。使人观之，不能自主，忽而乐，忽而哀，忽而喜，忽而悲，忽而手舞足蹈，忽而涕泗滂沱，虽些少之时间，而其思想之千变万化，有不可思议者也。……戏园者，实普天下人之大学堂也；优伶者，实普天下人之大教师也。"

古戏台不仅具有实物化历史价值，更具有深厚的文化内涵，它的价值远不止上文所分析的这三者。但是仅仅凭借这三条价值，古戏台就已经成为我国古代建筑文化中最具代表性的符号之一。云南古戏台作为一种多功能的文化现象，具有独特的价值和意义。它既是云南多民族的文化遗产，也是中国传统文化在云南地区的体现。云南古戏台的种类和形式，比其他地方更加丰富多彩，反映了云南的民族政策和风土人情。然而，由于历史和社会的变迁，云南古戏台遭受了严重的损失。我们无法逆转历史和现实，但我们可以尽力去保护和传承这些珍贵的文化资源。

第二节 云南古戏台建筑的文化解读

一、古戏台本身的价值意蕴

如果说，一个乡镇中最好的房子是政府，这是权力的象征；如果说，一个乡镇中最好的房子是学校，这是文明的象征；如果说，一个乡镇中最好的建筑是戏台，这就是传统的象征。而事实上，前面两个"最好"常常是一厢情愿，而最后一种"最好"却是随处可证的真实。

所谓古戏台，一般包含两个要素：一是时间性，我们把云南古戏台定义为建成于公元1912年之前的传统戏台；二是功能性，它是戏台，而不是讲台或其他的什么东西。所谓戏台，简言之就是演戏的地方。因此，古戏台是传统戏曲演出场所的一种，而中国传统戏曲的演出场所，种类繁多、样式、特点、规模各有不同。演出场所与古戏台之间是总体与部分的关系，是包含与被包含的关系。即使是戏台,除了古戏台,还有非古戏台。所谓"非古戏台"系指建于公元1912年之后的戏台,功能却与古戏台并无二致。

事实上,现今古戏台所出现的陈化现象是自然的历史现象,但是即便戏台已然陈旧、破败,它仍不失为村落或乡镇中最受重视的所在,而且,这种破败往往在昭示着传统的久远,同时又是极易修补与完善的表象。

这是因为在一般情况下一个社区的古戏台往往是这个社区的多维中心的集合体,具有很高的价值,所以传统的古戏台首先是一个社区的艺术中心。在农业社会中,农民一年四季要从事极为繁重的生产劳作,他们心中也许并没有"艺术"的概念,但他们建造戏台,逢年节演戏,这一"艺术"行为的目的乃是酬神娱神,娱乐自己,褒奖自己。其质朴本真的演出形态,在现在的某些地区依然能够看到,也强烈地感染着外来者。电影电视出现并普及后,虽然为观众增加了新的视听样式,可电影电视所带来的毕竟是虚拟的艺术情境,它与观众之间仍然隔着一堵无形的墙,使观众无法与其当场互动。在云南广大城乡地区,在古戏台上表演戏曲或放映露天电影,是人们精神上的一场盛宴。只要存在古戏台,它就必定是人们在艺术欣赏方面的中心。因此,以一种简略的方式,从感官来说,古戏台是这样的一个所在:它是以中国传统建筑中最精美的样式修建起来的一个高阶基、大屋顶的亭子,木质结构使它富于牢实的框架又不失轻灵,顶上的瓦坡反射着凝重的光辉,标举着昔日的灿烂;彩色的油漆和颜料为它穿上精妙的外衣,传达着中国式图案的吉祥意义,符合传统审美的色彩始终吸引着人们的眼球,给人以美好的联想与享受;太阳西沉,夜幕渐渐降临,一幕幕戏剧开始了,在那个不大的空间里,灯光、音乐、服饰、头面、装扮融为一体,构成一幅幅曼妙无比的图画,亦真亦幻,亦梦亦实。

在美术的陪衬下,戏曲音乐也获得了神圣化效果:丝竹管弦,撼人心魄;鼓板锣钗,金声玉振。即使是一字一句,也可谓樱唇轻启,掷地有声。与方言若即若离的唱腔和念白给人群以无可名状的亲和与感动。于是在这个不大的方框内,人类的善恶情仇,平民的喜怒哀乐,都得到了淋漓尽致的展现。历史上的大英雄与小丫头,皇帝贵族与平民百姓都有他们表现的时空。于是,红脸出来,白脸进去,黑脸升天,花脸入地;生旦净末丑,狮子老虎狗;旗锣伞报,院子过道。出将入相,两军对垒,各个角色走马灯般隐现出没。终于,恶人被惩处了,坏人被镇压了,好人有了好报,离散的亲人得到了团圆。人们获得了一个精彩的故事和人生,各个角色按人们的判断而各归其位。一切都按照人群的意愿在进行着,在实现着，生活的理想就是如此这般的一幕幕演出，让人振奋，让人落泪，让人动情，让人开心。戏台上生离死别的模式很对乡镇人民的胃口，传统戏曲中"大团圆"结尾恰恰是他们的精神安慰。这其中既有他们对生活的体验，也有他们对灾难的恐惧，更包含着他们对未来的希冀。他们最希望的是能有一个好皇帝，有一批包公式的清官，这样就可以高枕无忧了。这就是戏曲舞台上追求的清平世界、朗朗乾坤。

戏曲演员也是美丽的一群人，特别是生旦两行。他们通过勒头、贴片子、化装、头面、服装以及声情并茂的表演使自己变得青春年少、流光溢彩、光鲜照人。有人说北人重艺，南人重色。其实，姣好的容色和婀娜的身材到处都会受到欢迎。因此，对一个演员来说，最高评价往往是"色艺双佳""德艺双馨"之类。

其实，戏曲观众是一个人性比较健全、人性比较饱满、情趣比较丰富、视野比较开阔的群体。演出结束了，戏班撤走了，舞台拆空了，一切恢复原样。但人们再次经过古戏台时，昨日的感动与激情仍会在胸中涌动。这样，空荡荡的古戏台，在人们心中平添了几分神圣。这种神圣感累积起来就会使古戏台神圣化，使戏剧演出神圣化，甚至使戏剧角色及演员神圣化。

人生如戏，戏如人生。演出结束了，生活中的戏份却未停止，人们在思索，人们在判断。不肖子被谴责，贪官遭咒骂，正义被表彰，清官享受了香火，英雄被一次次崇敬。有古戏台撑腰，正义永远立于不败。于是，人们伸长了脖颈，企盼着下一次戏台前的洗礼。

或许，我们还可以理性地进行表述：古戏台给人们带来的审美愉悦和价值意蕴是无可替代的。戏台上的生活与人们的现实生活相去并不遥远，但在古戏台上表现近现代题材时，戏剧常常捉襟见肘，漏洞百出。因为古戏台是旧时的一个文化载体，是古代人民精神的寄托、灵魂的归宿。这就是帝王将相、才子佳人长期占据舞台的原因。古戏台前的观众才是戏曲的真正知音。也只在他们的心中，古戏台才能作为一个永远的艺术圣殿而高高矗立。现在，人们常常把戏剧与戏曲并称，似乎这二者是一码事。若仅仅是想简略地归纳学科，这一点有可以理解之处。然而，事实并非如此。戏剧是戏剧，戏曲是戏曲。说到这里，就不能不谈几句古戏台对戏曲表演的某些局限作用。云南民间传统的古戏台，一般是高3米，深6米（包括前后台），宽12米（包括更衣室和后台，俗称"厢房"），而台口的宽度实则不足5米。这样算下来，一个古戏台的台面，不过是20平方米左右。这其中还要为乐队留出位置，为"出将"和"入相"留出通道，为"一桌二椅"类简单的砌末（台上大小布景道具的统称）留出空间。那么，提供给演员进行表演的区域就很有限了。高难的武功难以施展，宏大的排场亦无法表现，惨烈的搏杀只能虚拟化进行。如此，戏曲的演出就只能以不占据空间的音乐为主了。戏谚有云，"一窝旦，吃饱饭"，这就是因为旦、行（含青衣）素以唱功取胜。中国戏曲史上著名的"同光十三绝""老生三鼎甲""新三鼎甲""四大须生""四大名旦"等，都是以独创的声腔特色与流派为其代表的。由于音乐具有很强的抽象性，随之戏曲舞台上的表演就越来越程式化，越来越舞蹈化了。也就是说，在古戏台这个不大空间里要进行以小见大、长剧短演、大戏小演的话，就必须在戏台和观众之间搭建起理解的桥梁。这个桥梁就是戏曲演出中以音乐为代表的程式化。戏曲的音乐特性以及它所引发的形式变革就在这些古戏台的限制中变得越加突出。音乐和唱腔是戏曲的灵魂，程式化就是戏曲塑造人物的表现方式，而方言又是剧种音乐与唱腔特色的根基，戏曲在广大人民群众中受到欢迎与此关联甚深。也可以这样来表述：我们之所以不愿把戏剧（话剧）与戏曲相提并论，其根本的原因就是戏剧（与戏曲相对立的话剧）是语言的艺术；而戏曲是音乐的艺术。换一个既时髦又老套的说法就是，话剧艺术是现实主义的，戏曲艺术是表现主义的。它们在艺术手段上、表现形式上和艺术效果上都完全不同。

二、古戏台多维的中心功能

戏曲演出显然是古戏台最令人注目的功能。云南古戏台与寺院神庙、传统公园及民居之间，天然和谐，具备强大的黏合力。古戏台不仅是社区的艺术中心，也是景观中心，在大多数情况下，还是文化遗存物中心。如果说，古戏台是云南乡镇中最漂亮的地方，恐怕不会有人反对。

鲁迅先生在《社戏》中写道："最惹眼的是屹立在庄外临河的空地上的一座戏台，模糊在远处的月夜中，和空间几乎分不出界限，我疑心画上见过的仙境，就在这里出现了。这时船走得更快，不多时，在台上显出人物来，红红绿绿的动，近台的河里一望乌黑的是看戏的人家的船篷。"

鲁迅先生不爱看戏，却欣赏"仙境"般的古戏台。正如人们谈到古戏台类的建筑，常常会使用亭台楼阁、雕梁画栋、飞檐斗拱、金碧辉煌、龙楼凤阁等美好的词汇。在云南普通的民居中，古戏台如鹤立鸡群，独领风骚，成为中国传统建筑的点睛之笔。

西汉末年，佛教传入我国，至魏晋南北朝时期，佛教大兴，建盖精美的寺院成了当时社会的一个特色。正如古诗所吟："南朝四百八十寺，多少楼台烟雨中。"我国古代建筑中以木结构为代表的建筑特色以及灵活多变的建筑风格，为寺院建设打下了基础。古戏台作为寺院建筑中一个有机的组成部分，自然也会随着寺院建设的精益求精而得到提高。

云南各地有不少公园式的观光休闲场所，常常会把就近的古戏台圈进自己的范围之内，或者在其中专门修建仿古戏台类的建筑。例如，大理剑川古城的古戏台就被圈进了一所公园，成为剑川县景风公园的一处广场戏台。

与现在的公园相近的古代建筑是中国传统园林。这是一种集居住、休闲、观赏为一体的自然环境和游憩境域，从汉代的贵族园林，一直发展为今天的南北两大园林艺术流派。现今的公园也是园林之一种，只不过它属于国家所有，不得用于私人居住。与古戏台相同，中国传统园林也有一种以小见大的功能。它采取屏蔽和借景的方式，遮去不必要的东西，强化优美的景色，将大自然收于眼中，如马致远《夜行船·秋思》所云，"红尘不向门前惹，绿树偏宜屋角遮，青山正补墙头缺"，正是中国园林"借景"的实例。古戏台也是如此，将无关紧要的前史和过场一概虚化，只表现"当下"的人情事理。于是，在园林中出现古戏台就是自然而然的事了。事实上，南北两派园林的代表性作品中，都有古戏台的存在。例如，著名的园林何园中就有一座古戏台。

何园古戏台的意义在于展示了古戏台建筑与中国传统园林艺术的结合。这座古戏台，事实上是一座可以四面观剧的亭子，身在亭中也可将四面山水尽收眼底。结构上飞檐斗拱，四梁四柱，四角攒尖。如果将其一面堵上，就是一座正规的三面戏台，如果把这座戏台挪到湖边，就成了一种名曰"榭"的临水建筑物。如果将它三面封堵，就是一座画框式戏台，元代的古戏台有不少就是这样的结构。如果四周全堵上并留出门窗，就是一座房屋或者称为"阁"的建筑。根据绍兴出土的战国墓房屋模型来看，中国传统的建筑就是在最简单的梁柱结构下加阶基，在其上加瓦发展而成的。这一点在古戏台上可以得到充分的展示。现今的城市，自然是一片水泥的森林，现今的乡镇，已成为近乎马赛克的海洋；而在生态均衡的过去，中国的建筑群是由精巧的木材构件发展而来的。

从实际来看，何园戏台类的建筑必须具备两点：一是顶部起着挡风遮雨的作用，不能去之；二是支撑顶部的四根立柱也弃之不得。而这两点都与中国传统建筑的"大木作"相关。由此可见，木结构对于中国传统建筑来说是何等重要。其实，类似何园戏台那样，只要有最简单的梁柱结构，就能够满足戏曲演出的需要。例如，普通的"万年台"（或称露台、草台）就可以了。如果稍事考究，再在顶部覆盖些防雨的东西就算齐全了。但人们仍然愿为这一建筑中心、景观中心花钱出力。很难说让古戏台华丽起来是出于民众的自豪感，还是出于传统匠师的成就感。古戏台在社区民众心中，有如一个独生的娇惯的女儿，宝贝得不行，恨不得把自家所有的钱财、所有的技术、所有的材料都用来装饰、打扮她，让她出落得闭月羞花，沉鱼落雁。

古戏台还是社区的信仰中心。这一点与庙宇寺院有密切的关系。大家知道，在古戏台中，占据比例最大的是神庙戏台，即首先把古戏台作为娱神的工具来使用。在云南的特殊文化背景中，甚至会出现两套神殿共享一个戏台的现象，而且这两个神殿一个是佛教，一个是道教。红河哈尼族彝族自治州石屏县龙朋镇铜厂村古戏台就是这样的一个所在。

从遗存的古代绘画及相关造型物来看，我国古代的演出场所从开始就与神灵信仰关联。从汉代到元代，广场戏台往往搭建在神庙附近。专门的神庙戏台则兴起于宋元，成熟于明代，兴盛于清代。神庙戏台的使用，确定了人们观戏的传统形式。

神庙里的主神作为当地社区所供奉的神灵，同时也享有占据"观戏"最佳位置的权利。而观看戏曲表演的民众却只能围着戏台的三面观看，事实上成了神灵观戏的陪客。而这些神灵的陪客不仅在观戏时背对主神，陪客还会随着主神的身份变化而发生变化。在大理白族地区，本主崇拜是一种地方守护神类的信仰，有着明显的民族及历史特征。虽然本主之间有着某种联系，但信仰者却是泾渭分明的。因此，在大理地区有为数不少的本主庙、本主寺以及相关联的本主庆诞等节日，所谓人要吃饭，神要住殿，神不仅要住殿，还要有戏看。于是，神诞戏、本主戏、庆典戏成为大理地区必不可少的演出内容。在这样的演出与观赏中，就会出现明显的民族、方言与地方文化的差异。

无论如何，一个社区，有一所庙宇，其中有一个民众共同信奉的主神，并在庙宇中有一座为神演戏的戏台，正是信仰中心的表征。按节令和时间进行的神诞戏，正是表达信仰的仪式操作。这一点在凝聚社区精神方面有着不可忽略的作用。我们曾把这样的现象表述为"戏剧的人类学功能"。

还有个别古戏台的情形要特殊一些。例如，大理周城的古戏台，习惯上称为"广场戏台"，此戏台也的确未处在神庙之中。但仔细考察下来，情况就有所变化了。其实，在周城古戏台较远的对面（纵贯整个社区），有一个"龙泉寺"，寺中供奉着观音菩萨的神像。

因此，还不能说周城戏台与神庙和信仰无关。它与普通神庙戏台的区别仅仅在于缺少戏台下的通道、寺院的围墙以及适宜的距离。

在历史上，云南民间有一种叫作"宣圣谕"的活动，即把君主最近的训示改编为上口押韵的段子向民众宣传，内容不外是忠孝节义之类。因此，过去，有的村落建有专门的"宣圣台"；没有"宣圣台"的就在古戏台上进行宣讲。结合我国传统戏曲观念中的"高台教化"说，我们可以认为，古戏台也是社区的教育中心和政治中心。在本书的前面我们曾提到古戏台常常被改为他用，改用后最常见的形式往往是老年活动中心、会场等。这正是古戏台先天所具备的主体功能。从形式上来说，老年活动中心是专为老人而设立的活动场所，常常有棋牌、麻将等供老人娱乐。而老年人聚集的地方，又常常是社区的舆论中心，对社区的伦理道德有着很强的影响力。有的古戏台下并未建为挂牌的老年活动中心，但老年人却常常会集中在古戏台下，议论着生活中的家长里短、是是非非。

老人群体因经历而拥有经验，因时间而拥有阅历，或者仅仅因为长寿，就可以成为令人羡慕的人生成就。俗话说："不听老人言，吃亏在眼前。"即便是过去的天子君王，在外出巡狩时也有一个访问老者的任务，这种高寿老人常常被称为"人瑞"，在古代社会，一个人活了八十岁就有可能历经了三个以上的朝代。因此，在任何社会结构中，老人都因是一个特殊的阶层而备受重视。

会场的功能也兼有舆论和教育的双重功能。中华人民共和国成立以来，高音喇叭作为政策的传声筒，就是社区的信息中心，而今，这种工具常常被安置在古戏台上。同时，在城市和乡镇的会议中心，也毫无例外地建有一个可以演戏的舞台，舞台可以安装幕布以及相应的灯光，使其成为兼有开会和演戏双重功能的所在。关于这一点，我们可以举一些例子，下面就以红河哈尼族彝族自治州蒙自市新安镇中山堂为例加以印证。

顾名思义，中山堂应当是一个纪念场所或会议场所。戏台只是这个场所的一部分。这里原为文昌宫旧址。由国民党陆军第六十四军投资并派兵改建更名为"中山堂"。改建时，将寺观中殿设为戏台。堂内还设有图书阅览室、运动场。中山堂戏台坐西朝东，为砖木结构。舞台初建时为木结构，1981年由新安小学改建为混凝土的露天舞台，台高12米，宽7米，深10米，远远大于传统古戏台。台前为球场，可容纳观众两千余人。依据当时修建的风气，中山堂戏台还使用了罗马柱，亦是开风气之先。改建后，为国民党六十军驻新安所部队官兵的娱乐场所，该军的一八二师、一八四师的京剧团长期在此演出。还有盖世伶、碧金玉、罗吟波、梅雪芬等滇剧名角及其班子也在此演出过。中华人民共和国成立后蒙自南湖京剧团、蒙自滇剧团、艺林社等都在中山堂演出过。现在，中山堂及戏台产权属新安镇中心小学。学校经常在此举行文艺活动，是该镇文艺演出活动中心。学校虽则是以教育为主，教师阶层作为知识群体在社区舆论上的力量也不能小觑。老年人代表着文化的以往，而学校教师与学生则代表着文化的未来。此二者究竟哪个更重要，从历史的角度来看是很难分高下的。当一番争执委决不下时，教师的意见常常成为左右决定的力量。

既然古戏台是诸多中心的集合点，那么，它还有可能是一个社区的商业中心。这一点，大理市的周城村古戏台和双廊村古戏台表现得比较典型。再比如，宜良县木希村古戏台和玉溪市海镜村古戏台，都坐落在村子的中心，每逢赶集的日子，戏台前的广场就成为热闹非凡、人头攒动的集贸中心。

如果以上所论不谬，作为多种中心集合体的古戏台也就必然地具备了人类学、文化学、社会学的价值。它也必然是一个社区的文化中心。还有一点不能忘记，古戏台还是人群聚会的中心，这一点对社区民族、部族以及氏族来说，显得尤为重要。

三、古戏台的文化功能与民众生活

昆明市宜良县古城村有一座广场古戏台，它也许是云南省容纳观众数量最多的一个所在，因为它的"观众席"是一片土场山坡，可供万余人观戏。在这里还有一个小故事。"三国戏"里有一出《古城会》，而在宜良县也有一个地方名曰"古城"。本来，此古城非彼古城，但老百姓偏要把两者混为一谈，因而，宜良县古城古戏台的守旧是"桃园结义图"，戏台的楹联是"问谁演千里走单骑，请君观大香古城会"。既演《古城会》，主角当然是关云长，于是有关关公的戏俗就逐渐时兴开来。民间传说，关老爷不能睁眼，睁眼就杀人。于是当演员扮上关羽之后，就不能随意睁眼，也不能开口说话。只能静静地候场，以保持关老爷的威严。

古戏台给了当地民众如此之多的呵护，民众自然是心知肚明。一旦有"天灾人祸"，民众是不会旁观的。以古戏台为代表的文物，历经种种艰难险阻，仍能保留下来，实在是一个不小的奇迹。当年，有些戏迷为了保护古戏台的壁画不被破坏，就用面粉等作为涂料把壁画覆盖起来，若干年后，局势稳定，再将涂料剥离，壁画就又恢复了。禄丰县黑井镇由于历史和经济的原因，拥有不少文物。"文革"时期，为了使文物不被破坏，当地人们想出了一个高招，在文物（含古戏台、寺庙及其他雕刻）上贴满毛主席像。这样一来，别人也不敢乱碰了，再兼之有些遗存事关少数民族和党的政策，也在客观上起到了保护文物的作用。

  丹麦戏剧人类学家尤金尼欧·巴尔巴的戏剧实验中有一条重要的内容，即戏剧的演出应当呈现出一种"贸易"（或译为"交易"）状态。甲方作为观者，在观看乙方演出后，应当也演出自己的戏剧，让乙方进行观剧。这一点的意义在于，戏剧是一种互动互予的过程，没有人可以天然地置身于戏外。而这一点，在乡镇民众与云南古戏台之间就早已开始尝试了：甲方从乙方获取了戏剧欣赏，反过来给乙方以全方位呵护，由是，此二者间形成了互为依存、不离不弃的关系，起码在过去数百年的历史长河中是如此。只要古戏台仍然存在，将来也是如此。

第五章　湘南古戏台建筑艺术

　　湘南古戏台是中国传统建筑的重要类型，同时也是古代社会重要的祭祀、教化和娱乐的场所，具有很高的研究价值。因此，本章重点讲述湘南古戏台建筑艺术，分为三部分进行论述，即湘南古戏台的类型及建筑结构、湘南古戏台的建筑美学、湘南宗祠戏台的文化功能。

第一节　湘南古戏台的类型及建筑结构

一、湘南古戏台的类型

湘南地区现存古戏台的类型，按照位置和功能的不同，可分为祠堂台、会馆台、庙宇台、圩场台四大类。

（一）祠堂台

祖先祭祀自古就有，史前时期有用石块或土堆制作的祭坛，商朝时期的陵墓内往往会修建祭祀建筑，西周时期，在营造宫室时，宗庙被排在首要地位，这些都与祖先祭祀相关，是祠堂建筑的前身。目前发现最早的"祠堂"一词出现在汉代，《汉书·张安世传》中记载："赐茔杜东，将作穿复土，起冢祠堂。"祠堂是一类高规格的礼仪性建筑，在明嘉靖以前，只有贵族阶级才有资格修建专门的祠堂来祭祀祖先。到了嘉靖年间，嘉靖皇帝下诏"许民间皆得联宗立庙"，在朝廷放宽了对修建祠堂的管制后，大量的民间祠堂如雨后春笋般兴起。因此，现存的祠堂绝大多数都是明清及以后的建筑。

祠堂是宗族的象征，其位置往往处于全村风水最好的地方，或位于村首，或位于村中轴线上，祠堂建筑规模雄伟、形象高耸，往往是整个村落的标志，和戏台等文化建筑合而为一，是全村礼仪及社交娱乐的活动中心。

祠堂台是修建于宗族祠堂内的戏台，它不是独立的一个建筑体系，往往是作为祠堂的附属建筑而存在的，与祖先祭祀密切相关。在祭祀先祖、重要节假日（中秋、冬至、春节、元宵等）、庆祝本宗族的重大喜事（婚嫁、寿诞、乔迁等）的时候，会邀请戏班来演出庆祝，祠堂台就是演出的场所。演出需要的费用，有宗族集体出资、几户联合出资、个人出资三种筹集方式。

祠堂台的位置，往往是在祠堂大门背后，面向享堂，两侧经常有两层廊庑连接戏台与享堂（见图5-1）。此外，如果是三进式的结构，中间会留出一个集会厅，即前厅建造戏台供大家看戏就座，中厅为集会厅供族人办事商量及宴会，后厅为供奉祖先的享堂。在少数大型的祠堂内，还会建造族内学堂，对族内的子弟进行启蒙教育。

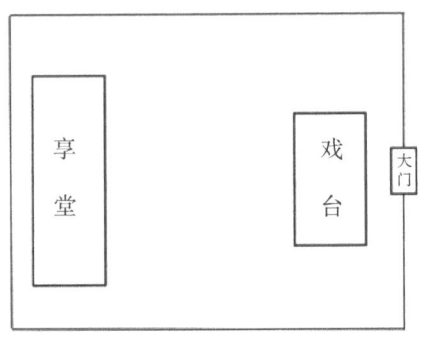

图 5-1　祠堂内戏台分布图

面向享堂的布局是因为祠堂中演戏的本意是娱乐祖先，戏曲演出是给祖先神灵看的，人只是"沾了光"，所以祠堂台往往是面向享堂的。而周围的双层廊庑，也称观廊，上下两层可以将不同身份地位的人区别开来。例如，本宗族的人、乡绅达贵、老人、妇女在二楼廊庑观戏；外族人、身份等级低的人、普通民众、年轻人、男子在一楼厅堂观戏。随着社会的发展，这种暗含尊卑高低、男女有别的观演习俗已经消失，人们可以随意在一楼、二楼观看。现今，两侧的观廊也经常用来存放宗族祭祀器具、上元节的龙灯、老人棺椁等物品。

湘南地区现存的祠堂台数量最多，位于郴州市桂阳县大溪村的骆氏宗祠古戏台就是典型的祠堂台（见图 5-2）。该祠堂始建于明嘉靖年间，后废弃，于清嘉庆年间修复后再次垮塌，清咸丰四年（1854年）再次修复。该祠堂大门位于前左侧，所以戏台位于大门左侧居中的位置，正对着享堂。戏台为砖木结构，单檐歇山顶，戏台正前面是面积宽阔的露天大厅，两旁是双层的观廊，据村民介绍，上层为有身份地位的人的观戏位置，其中左边是女眷专属，右边是男宾专属。

图 5-2　桂阳县大溪村骆氏宗祠古戏台

（二）会馆台

会馆是明清时期都市中由同乡或者同业组成的团体。会馆起初只是同乡会性质的组织，为在外的学子、游客提供生活上的帮扶，是同乡议事聚会的固定组织机构，后期随着资本主义的发展，工商业性质更加浓厚，但仍然保持着浓厚的地域观念。清末民初的徐珂在《清稗类钞》中记载："各省人士侨寓京都，设馆舍以为联络乡谊之地，谓之'会馆'。或省设一所，或府设一所，或县设一所……大小凡四百余所。"[①]

会馆台是修建于会馆之中的戏台，与祠堂台一样，会馆台也不是独立的建筑体系，往往是作为会馆的附属建筑而存在。会馆台除了演出娱乐的功能，也可以借着戏曲演出，邀请商贾前来，促进商事洽谈。会馆台的戏曲演出，通常频繁且没有固定时间，每逢喜庆便开场做戏，是会馆的重要娱乐活动之一，演出也对外开放，与馆外居民共娱共乐。会馆台的戏曲演出，除了邀请本地的戏台班子，也经常邀请家乡的戏班，出演家乡流传的剧本，以慰藉游子的思乡之情。其建造与演出费用多是商户集体出资，也有大商贾个人出资。

与祠堂台较为固定的布局相比，会馆台的分布具有随意性，可以分布于会馆之内任何一处，还可以坐落于会馆之外，且戏台数量也没有固定规制。例如，益阳万寿宫——江西会馆，庙外有宫殿式大戏楼一座，庙内赣籍各地商帮各占一区，各有戏楼一座，共有九座戏台，是湖南省在一庙中建戏楼最多者。令人惋惜的是，该会馆及其中的戏台，历经岁月的沧桑，已经消失不见。

湘南地区古戏台数量众多，早期多是祠堂台和庙宇台，到了清同治、光绪年间，随着商业和交通业的发展，商客往来日盛，会馆建筑也随之兴盛，会馆台也开始成了戏台中重要的类型之一。然而湘南地区会馆台数量不多，保存下来的更是稀少，目前保存较好的有郴州市东县沙田万寿宫会馆台和永州市新田县骆铭孙村京都上湖南会馆古戏台，这里重点介绍京都上湖南会馆古戏台。

京都上湖南会馆古戏台位于永州市新田县骆铭孙村，建于明朝万历年间，由锦衣卫指挥使骆思恭倡导修建，是当时地方名士、学者相聚之所，劝学育人之地。该会馆大门为双重檐歇山顶，雕梁画栋，雄伟高大，中间有"楚南望族"的匾额，气势非凡。会馆大门进去是几方碑刻组合而成的墙体，类似于照壁的功能，但照壁是一面独立的墙体，常设置在建筑的入口内外，而此处的墙体，是戏台台基的

---

① 徐珂编撰：《清稗类钞》，中华书局1984年版，第185页。

一部分（见图5-3）。这些碑刻上所刻的主要是碑记及历代修缮募捐信息，落款时间有"大清光绪十二年""乾隆三十六年岁"等，碑刻上方是新修的"京都上湖南会馆"匾额。会馆大门并非直接面向正厅，而是对着类似照壁的碑记，这样的空间布局，除了有风水上避邪纳吉的讲究，其碑记也有教育子孙知礼懂礼、不忘前人之意。

图5-3　新田县骆铭孙村京都上湖南会馆古戏台大门

戏台位于会馆大门背面，整体为砖木结构，单檐歇山顶，石柱础和木额枋上皆雕刻有精美纹饰。中间是面积宽阔的露天大厅，适合晴天集会议事，也是戏曲演出时的观看台，四周有排水沟，能有效防止大厅积水，保护地上的建筑。戏台两侧是观廊，演出时可以观戏，平日也可以作为小型的茶会包间。戏台正对面是一个小型厅堂，适合雨天集会议事。总体上看，该会馆建筑的总体布局和祠堂类似，戏台也是建于大门背面，但是该会馆内部没有供奉神牌，不是祭祀场所，主要是名士、学者集会场所。

（三）庙宇台

庙宇是供奉神佛或历史名人的场所，供奉精神上的神佛的又称寺庙，供奉历史名人的又名祠庙。在封建社会，民众生活中遇到了困难挫折，往往归诸命运，为了改变现状，寻求精神上的寄托，便会去乞求神灵的保佑。乞求的对象，一类是佛教、道教中虚构出的人物，还有一类是现实生活中有巨大贡献的英雄，在民众心中，他们是神仙下凡来救助众生的，为了纪念他们，民众为他们开辟祠庙，将他们与神灵等同起来。

因此，庙宇有祈福纳祥、消灾解厄、忠义教化、精神寄托等功能。庙宇台是建于庙宇内（或外）的戏台，它也不是独立的建筑体系，是作为庙宇的附属建筑而存在的。庙宇台的演出时间往往跟庙宇内供奉的神灵有关。湘南地区庙宇内供奉的神灵有火神祝融、城隍爷、财神爷、观音菩萨、碧霞元君、关圣帝君、托塔天王李靖、土地神等。在神灵寿诞之期，前来参拜的民众增多，庙宇台也经常开场做戏，为神灵庆生，往来人群熙熙攘攘，商人小贩穿插其中，叫卖吆喝声不绝于耳。清代的杨恩寿在同治元年（1862年）三月初四路过衡阳时，财神殿正在进行戏曲演出，他在《坦园日记》中记录了这次盛况："早起探得财神殿演老天源部，午间遂独步河街入睿日门，由集贤巷而至剧场，人山人海，万头攒动。"除了神灵寿诞之期，重要节庆、信徒还愿的时候也经常邀请戏班来演出。庙宇台上演出的剧本经常与供奉的神灵相关，多是神灵下凡扶危济困、救助众生的戏码，借此来歌颂神灵，也可以吸引更多的信众。庙宇台的建造出资，通常是地方的信众集资，其中大商贾信众的出资占比较大，也有一些是地方官府出，人们有了精神寄托，为善最乐，也有利于社会治安。

庙宇台的建筑布局，早期和祠堂台一致，是正对着正殿供奉的神灵，因为演戏的目的也是娱神。后期就不再过于讲究正对着大殿，因为有的庙宇内供奉的神灵不止一位，于是便拥有了独立的戏台建筑。戏台选址可在庙宇内，也可在庙宇外，多在空旷处，便于容纳更多的民众观看演出。

位于永州市零陵区柳子街上的柳子庙是一座名人庙宇，它是为纪念柳宗元而修建的。永州刺史柳拱辰，于北宗仁宗至和三年（1056年），在东山建府学宫（文庙），立柳子厚祠堂。之后迁建于愚溪北岸（今址），更名为柳先生祠堂。后于明、清又更名为柳司马祠、柳子庙。柳子庙整体为三进式结构，进入大门后首先见到的就是古戏台（见图5-4），据屋梁上文字记载，该戏台建于清同治年间，整座戏台都是木质结构，规模宏大，装饰繁密，三层双重檐歇山顶楼阁式，檐上有精美的龙、凤、鳌鱼雕塑，重檐上有一排栩栩如生的八仙与太上老君的塑像，因为在当地百姓心中，柳宗元是太上老君下凡。戏台正面的额枋上挂有"山水绿"匾额，此名出自柳宗元写的诗歌《渔翁》中的"欸乃一声山水绿"，为清末书法家何绍基所书。戏台的台前有供人看戏的草坪，戏台两侧没有观廊，众人聚在草坪上观戏。

图 5-4　永州市零陵区柳子庙古戏台

（四）圩场台

圩场，也作墟场，是乡下买卖货物的集市，常设立于交通便利的路口，是村寨中重要的公共活动区域。

圩场台就是位于村寨交通中心的戏台，是一个独立的建筑体系，不依附于其他的建筑而存在。圩场台的建造，不像祠堂台以宗族为单位，而是以村落为单位，往往由一个或者几个村集体出资，这能将本土居民与外来移民紧紧联系在一起，减少排斥，提高村民集体感。

民国时期，宗族势力呈现了衰微之势，外姓移民增多，祠堂台逐渐走向没落，圩场台开始大量出现，继承了以前祠堂台的戏曲演出任务，所以圩场台流行的时间较晚。相比于祠堂台，圩场台已经摆脱了娱神的意味，其主要目的是娱人。

由上可知，圩场台与祠堂台的建造主体都是村民，且都建造于村寨内，一定程度上具有相似性。然而，两者仍有较大差别：一是修建主体单位划分不同，圩场台以村落划分，祠堂台以宗姓划分；二是建造位置不同，圩场台修建于村寨的中心或者村口，位置不固定，而祠堂台修建于祠堂内，位置是固定的；三是流行时间不同，圩场台多修建于民国以后，祠堂台多修建于明清时期；四是建筑属性不同，圩场台是独立的建筑体系，祠堂台不是独立的建筑体系；五是功能性质不同，圩场台多娱人，而祠堂台娱神性质更加浓厚。

郴州市桂阳县冷水村古戏台（见图 5-5）就是一座圩场台，其修建于清光绪二十六年（1900 年）左右，重檐歇山顶，双柱单开间，戏房和台基为砖结构，前台为木结构。在以往学者考察时拍摄的照片中，戏台的整体样貌依然清晰可见。

可现今这座戏台荒草丛生，整体被植物藤蔓环绕，屋顶瓦片残坏，木结构严重破损，砖台基开裂坍塌，有倒塌的可能，如不加保护也许过不了多久，这座古戏台也将消逝在历史长河中。

图 5-5　桂阳县冷水村古戏台

二、湘南古戏台的建筑结构

（一）平面布局

在戏台建筑体系中，除了表演台，戏房也是重要组成部分，戏台的平面布局，主要是表演台与戏房的布局。早期只有表演台，后期随着戏曲的发展，戏曲表演逐渐成熟，在戏服、扮相、词曲等方面也形成了具体的规定，加之曲艺工作者人数的增多，需要一定的空间场地来进行候场装扮及休息，戏房便随之产生。此外，在戏房内装扮还可以防止观众看见演员现场装扮而导致"出戏"。

廖奔先生在《中国古代剧场史》中将古戏台平面分为四类——单幢方形式、双幢竖联式、双幢前凸式、三幢并联耳房式，并认为不同的表演需要是其平面布局变化的原因[1]。参考廖奔先生的分类，本书按照湘南地区古戏台建筑空间布局的差异，将湘南地区古戏台的平面布局分为 A 型单幢式、B 型双幢式和 C 型三幢式。

---

[1]　廖奔：《中国古代剧场史》，人民文学出版社 2012 年版，第 43 页。

A型单幢式古戏台只有表演台，没有戏房。这一类型的古戏台多是四面观亭阁式戏台，是对过去金元时期舞亭的继承延续，常见于临时搭建的草台中，也有部分是固定的戏台建筑。临时搭建的草台，各方面都比较简陋，为了省时省力，往往只搭建表演台，演员在台下装扮好后直接登台演出（见图5-6）。

图5-6 明代《南中繁会图》（局部）中的草台演戏图

B型双幢式古戏台采用前后串联法将表演台与戏房结合，表演台与戏房各自独立又有通道相互连通，共有两个建筑空间，从外表看，可以有一个屋顶，也可以有两个屋顶。桂阳县敖泉镇冷水村的圩场台，就是典型的B型双幢式古戏台，该戏台有两个建筑空间，即表演台和戏房。表演台是木质结构的重檐歇山顶，戏房是砖泥结构的平房，中间有进场（出将）与退场（入相）两个门道将表演台与戏房连接，方便演员的上下场。湘南地区的古戏台多为B型双幢式古戏台，且其中不少戏台，不仅表演台与戏房共用屋顶，还与祠堂、庙宇、会馆建筑的大门共用屋顶，即屋顶的一侧是大门的檐，另一侧是戏台的檐。

C型三幢式古戏台采用左右并联法将表演台与戏房结合，中间为表演台，左右两侧为戏房，共有三个建筑空间，从外表看，可以有三个屋顶，也可以共用一个屋顶。例如，衡阳市蒸湘区鸡市新村的莫氏宗祠古戏台就属于C型三幢并联式古戏台（见图5-7），该戏台共有三个建筑空间，中间由墙壁间隔，共用了一个硬山屋顶。该戏台中间为表演台，两侧为戏房，戏房各留有一扇门供演员进出。

第五章　湘南古戏台建筑艺术　117

图 5-7　衡阳市蒸湘区鸡市新村莫氏宗祠古戏台

从上述可以看出，从 A 型单幢式古戏台到 B 型双幢式古戏台，再到 C 型三幢式古戏台，戏房的空间面积是从无到有、依次递增的。其实，湘南地区古戏台的平面布局绝大部分为 B 型双幢式，其余两类占比较小。与 A 型单幢式相比，B 型双幢式多了戏房，演员装扮与上下场更加方便，且 A 型单幢式多存在于临时搭建的草台中，草台在演出使用后会拆除，不会留存下来。此外，受限于祠堂、庙宇及会馆自身的规制与面积，湘南地区古戏台的规模多为中小型，在保证表演台的面积后，留给戏房的面积不多。因为湘南地区流行折子戏，需要的演出人员不多，因此戏房不需要很大面积，相比于 C 型三幢式，B 型双幢式已经能够满足日常需要。由于上述各种原因，在湘南地区古戏台中，更流行 B 型双幢式的平面布局。

此外，在平面布局中，开间也是其重要的一部分。湘南地区古戏台的表演台绝大多数采用的是双柱单开间的形制，其他地区流行的三柱两开间、四柱三开间的形制在湘南地区并不多见。

双柱单开间的形制，就决定了戏台的空间有限，都是一些中小型的戏台。这可能与湘南地区的戏台多是祠堂台有关，因为祠堂台普遍不会修建得特别宽敞高大。一方面，祠堂台依附于祠堂建筑，其规模形制不能盖过享堂。另一方面，可能也与湘南地区流行的剧种及演戏习惯相关。湘南地区流行湘昆曲、祁剧等，湘昆曲、祁剧分别是发源于江苏的昆曲、江西的弋阳腔与湘南地区当地艺术相结合的产物。这些剧种的特点就是比较婉约，多才子佳人、家长里短、故事中涉及的关键人物不多，不需要太多的人就可以完成演出，并且考虑到观众的耐心与精力及排演难度，相对于表演时间长的全本大戏，更适合表演其中精彩部分的折子戏。因此，中小型的戏台已经能够满足本宗族的人的使用需求。因为中小型戏台本身面积有限，所以多采用双柱单开间的形制，以最大限度开阔观众视野。

而其他类型的戏台，也多借鉴祠堂台的做法，同样采用双柱单开间的形制。这主要是因为戏曲的重要特征之一便是程式化，即各类角色都有一套完整的规范化表演形式，出场亮相、台步行走、打斗翻滚，都是按照规定的锣鼓点子节奏而动，这要求表演台的尺寸面积恰到好处，台面太小则戏曲表演者无法施展，台面太大则需要重新找好节奏来排练。由于祠堂台的数量最多，所以祠堂台面积的大小在很大程度上影响了其他种类戏台的大小，为了使大多数曲目能在不同地方的戏台上演出，其他戏台的规模面积也会效仿跟随祠堂台（见表5-1）。

表5-1 部分戏台表演台面积统计

名称	面阔/米	进深/米	面积/平方米
桂阳县龙潭街道周氏宗祠古戏台	5.60	5.10	28.56
桂阳县大溪村骆氏宗祠古戏台	5.87	4.52	26.53
桂阳县昭金村魏氏宗祠古戏台	5.53	4.57	25.27
桂阳县周塘村龙氏宗祠古戏台	5.64	4.40	24.82
桂阳县三塘村唐氏宗祠古戏台	5.5	4.45	24.48
桂阳县冷水村圩场台	5.7	4.8	27.36

湘南地区古戏台的表演面积绝大多数为25—30平方米，属于中小型戏台，戏台表演台面积有限，是采用双柱单开间形制的主要原因。

（二）屋顶样式

从屋顶样式来看，湘南地区古戏台的屋顶样式可以分为单檐顶和重檐顶两大类，单檐顶可进一步分为单檐硬山顶和单檐歇山顶，重檐顶可以按照重檐的数量分为双重檐顶和三重檐顶，其中，双重檐顶只有双重檐楼阁式歇山顶一种，三重檐顶只有三重檐八角攒尖顶一种。综上，湘南地区古戏台的屋顶样式具体可分为单檐硬山顶、单檐歇山顶、双重檐楼阁式歇山顶、三重檐八角攒尖顶。图5-8为具体的屋顶样式分类图。

第五章 湘南古戏台建筑艺术 119

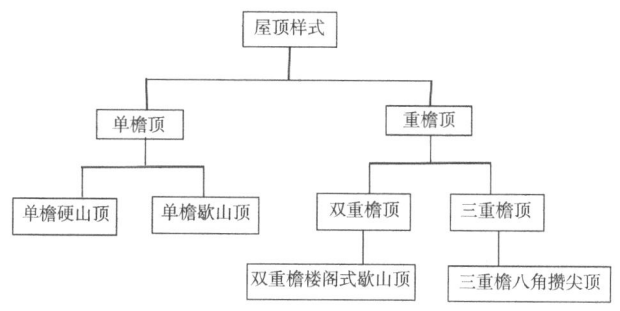

图 5-8 屋顶样式分类图

1. 单檐硬山顶

单檐硬山顶有一条正脊和四条垂脊，只有前后两面坡，屋顶在山墙墙头处与墙头是齐平的，其最大的特点是比较简单、朴素，明清以后，广泛应用于我国南北方的住宅建筑之中[①]。郴州市桂阳县板桥村刘氏宗祠古戏台（见图5-9）的屋顶就是典型的单檐硬山顶，该屋顶只有一条正脊和四条垂脊，正脊横贯左右两侧，屋顶整体比较扁平，造型整体简朴大方。

图 5-9 桂阳县板桥村刘氏宗祠古戏台

2. 单檐歇山顶

单檐歇山顶依旧只有一条正脊和四条垂脊，但是比起单檐硬山顶，多了四条戗脊，因为戗脊的存在，从外表看去，屋顶从上至下，从中间部分陡然斜散开来。歇山顶的前后左右共有四个坡面，左右中间的戗脊与坡面衔接的三角区域为山花，山花之下是梯形的屋面，将正脊两端的屋顶覆盖。单檐歇山顶是湘南地区古戏台屋顶中使用最多的一种屋顶样式，像桂阳县昭金村魏氏公祠古戏台（见图5-10），外表看上去屋顶样式很复杂，其实戏台本身只是简单的单檐歇山顶。

① 王其钧：《中国建筑图解词典》，机械工业出版社2007年版，第1页。

图 5-10　桂阳县昭金村魏氏公祠古戏台

3. 双重檐楼阁式歇山顶

双重檐歇山顶从外表上看有两层屋顶，但是在具体形式上又是单檐歇山式的屋顶。根据最上层屋顶的样式不同，双重檐歇山顶可分为卷棚式重檐歇山顶、攒尖式重檐歇山顶等。湘南地区古戏台的双重檐歇山顶，都是第一层屋顶与第二层屋顶之间留有一定的距离，中间会有很多装饰，类似于双层楼阁式的造型，所以将它称为双重檐楼阁式歇山顶。在湘南地区，双重檐楼阁式歇山顶多出现在庙宇台中，如永州市的柳子庙古戏台与衡阳市的南岳大庙魁星阁古戏台，其屋顶都采用了重檐楼阁式歇山顶。其中柳子庙古戏台的屋顶从外表看是三层檐，但最下面一层不是戏台屋顶的檐，而是大门屋顶的檐，所以柳子庙古戏台实际上是双重檐。又因为这两座戏台第一层屋顶与第二层屋顶之间都留有一定的距离，不是直接紧密连接的，因此是楼阁式。

4. 三重檐八角攒尖顶

三重檐就是从外表上看有三层屋顶。攒尖顶是指屋顶顶端为尖顶，没有正脊，只有垂脊，且脊的数量随着屋顶样式大小的变化而有所不同，三角、四角、六角、八角都比较常见，一般双数较多，此外还有圆形的攒尖顶。在湘南地区，三层屋顶的古戏台建筑只发现了郴州市桂阳县三塘村唐氏宗祠古戏台一例（见图 5-11）。该戏台的屋顶共有三层，最上层是八角攒尖顶，上面放置有宝瓶状的脊刹，有"吉祥如意、永保平安"之意。

图 5-11　桂阳县三塘村唐氏宗祠古戏台

根据相关调查结果,在湘南地区的所有古戏台建筑中,单檐歇山顶以89座占据了压倒性地位,比例高达88%。在祠堂台中,多数采用单檐歇山顶,少数采用单檐硬山顶。双重檐楼阁式歇山顶在庙宇台中出现概率更大,三重檐八角攒尖顶只是个例。探讨其背后的原因,笔者认为祠堂台中之所以流行单檐歇山顶,是因为单檐硬山顶会显得单调,而重檐的屋顶修建难度大,资金耗费多。另外,在祠堂建筑中,戏台仅是其附属建筑,其规模与形制都不可高于享堂,祠堂台的屋顶采用单檐歇山顶,既有了气派,又不喧宾夺主。对于庙宇台,由于有香火供奉,资金充足,加之对其规模与形制的约束小,所以建成重檐样式显得更加雄伟气派,可以充分彰显出此地的富饶豪阔,吸引更多信众。

(三)梁架结构

中国传统建筑的梁架结构主要可以分为抬梁式结构、穿斗式结构以及混合式结构三种。

1. 抬梁式结构

抬梁式结构是中国古代建筑中最普遍的木构架形制,也是使用最多的一种结构形式。它要求在檐柱间放置大的横梁,以横梁为基点,上面逐层搭建短的立柱,短柱上再放置短的横梁,可依此多次累建,层层叠加直至屋脊,各梁头上再架檩条来承托屋顶的重量,最终搭建成完整的梁架。抬梁式结构复杂,加工难度大,但是能够减少台面上的柱子,增大台面的可利用空间,结实牢固,经久耐用。

2. 穿斗式结构

穿斗式结构也是中国古代建筑中一种常用的木构架形制，它要求在并列的立柱上面顶一根檩条，立柱与立柱间用木条横向贯穿，最终搭建成完整的梁架。穿斗式结构相对比较简单，网状的构造保证了建筑整体的稳固性，对柱子的粗壮程度要求不高，可以用较细的柱子进行搭建。但是在使用穿斗式结构时，为了保证房屋整体的牢固性，不可避免地会在台面上多留下几根柱子，从而减少台面的可利用空间。

3. 混合式结构

混合式结构是抬梁式结构与穿斗式结构的混合使用版，即在同一个建筑内部，既使用抬梁式结构，又使用穿斗式结构。在湘南地区古戏台的建造上，混合式结构通常表现为：前面表演台的搭建使用抬梁式结构，以此来减少台面的柱子，获得更多的利用空间；而在其他位置，如后面戏房及两侧山墙处，使用穿斗式结构，一定程度上减少了大型木料的使用，节约了成本。

在湘南地区古戏台的梁架结构中，混合式结构是使用较多的一种，因为混合式结构能够很好地结合抬梁式结构和穿斗式结构这两者的优点，在获得足够的表演空间的基础上，又能最大限度减少耗材成本且降低修建难度，缩短修建工期。通常来说，在前面的表演台上，采用抬梁式结构。前面使用粗大的立柱：一方面，可以显现出戏台的气派；另一方面，也可以减少所需的柱子数量，增大表演台的有效利用面积，方便戏曲演出的同时也能减少对观众视野的阻碍。在后面的戏房、山墙及两侧观廊等其他部分，因为对所需面积的要求不高，所以有一部分采用穿斗式结构，可以节约大型木材，省时省力。另外，全抬梁式结构的使用也较多，即前台后台都采用抬梁式结构，这是因为湘南地区有丰富的木材资源，大型木料供应充足。

（四）台体形制

戏台的台体部分，主要从观面与台基两部分进行讨论。首先，在戏台观面上，调查资料显示，湘南地区绝大部分是三面观戏台，只有个别为单面观戏台。

三面观戏台是指正前方及左右两侧皆面向观众，仅后方一面有隔挡的戏台。三面观戏台的优点是拥有广阔的视野，可以容纳更多的观众，缺点是防尘防寒功能较差。三面观戏台是湘南地区最常见的一种戏台形式，这可能与当地戏台规模和建筑布局相关。湘南地区古戏台多为中小型戏台，如果戏台两侧再加上围墙，则空间会更加逼仄，整体上会显得压抑。此外，祠堂、庙宇等多采用厅堂式布局，两侧建有观廊，如果建有围墙，则会阻挡两侧观廊中观众的视角，两侧的观廊也可以代替围墙起到一定防尘防寒的作用。综合诸多考虑，在有限的空间内，为了容纳更多的人，营造更好的观剧环境，湘南地区多选择建造三面观戏台。图中的永州市新田县李仟二村李氏宗祠古戏台就是三面观戏台（见图5-12）。

图5-12　新田县李仟二村李氏宗祠古戏台

单面观戏台是指三面围墙，仅正前方面向观众的戏台。单面观戏台的优点是防尘防寒功能强，缺点是观看范围有限，两侧的观众容易被阻挡视线，观众只能在正前方观看演出。在湘南地区，单面观戏台的数量很少，多与单檐硬山顶组合出现，单檐硬山顶的屋顶两侧与建筑外壁围墙相连，这使得戏台两侧观众的视角受到限制，所以单面观戏台并不会过度加剧视角限制，也就无所谓建成三面观戏台还是单面观戏台。

此外，在台基方面，戏台的台基内部基本都是空心的，单从外部造型来看，笔者认为可以分为全封闭型台基（实台基）、半封闭型台基（孔洞式台基）和开放型台基（柱撑式台基）三类。

全封闭型台基又称实台基，是指戏台底座为全封闭结构的台基结构，多采用砖、石、土夯筑而成，优点是比较牢固。半封闭型台基又称孔洞式台基，是指留有孔洞的台基。按照孔洞的大小、位置不同，半封闭型台基又可细分为通道型台基与装饰型台基。其中，通道型台基是指台基中间留的孔洞较大，可以供人通行，位置固定在台基的正中央，门洞底部与地面重合的台基。装饰型台基是指台基留的孔洞较小，仅供装饰和通风使用，且位置、数量不固定，有较大随机性的台基。开放型台基又称柱撑式台基，是指戏台底座由短柱支撑而成的台基，该台基多采用木柱支撑，有较好的防潮效果。

湘南地区全封闭型台基的数量最多。原因主要有以下几点：一是在技术层面，全封闭型台基建造简单，对技术要求不高；二是在实用性上，全封闭型台基都采用的是砖石结构，取材便捷，也更加坚固耐用；三是在审美上，全封闭型台基的构造，会显得戏台地基更加稳重，更显戏台雄伟。

除了全封闭型台基，开放型台基也占有一定的比例。因为柱撑式台基的底下可以通行，空间得到了很好的利用，能够体现空间上的广阔感，还有利于建筑内部的采光。然而，开放型台基对木料的要求极高，建造难度也大，因此没有全封闭型台基使用范围广。

通道型台基与装饰型台基数量较少，其中通道型台基的数量又稍大于装饰型台基的数量。因为半封闭型台基与全封闭型台基、开放型台基相比，缺乏自身特点，论稳固性不如全封闭型台基，论精美度不如开放型台基，所以流行范围不广。此外，通道型台基是可以通行的，其实用性大于装饰型台基的实用性，所以通道型台基的数量相对而言更多一些。

综合整体来看，单檐歇山顶与全封闭型台基或者开放型台基的搭配较多，但其原因是它们本身数量占比就多，就目前发现而言，屋顶类型与台基类型的搭配没有特定讲究，两者本身没有太大的关联。

第二节　湘南古戏台的建筑美学

古戏台是中国传统建筑的重要类型，是古代社会重要的祭祀、教化和娱乐的场所。古戏台自唐宋以来，逐步形成较为完整的形制，到明清时期，特别是清代，古戏台达到了空前的繁荣，遍布全国各地。湘南泛指湖南南部地区，包括郴州市、永州市全部及衡阳市南部诸县。由于特殊的地理环境和文化背景，湘南古戏台的建筑特征非常鲜明，具有浓郁的地方特色。作为一种重要的古建筑类型，湘南古戏台集民间建筑艺术和装饰艺术的精华，体现出当地的文化习俗和审美观念。

湘南古戏台植根于湘南地区的社会和文化背景之中，它的形成和发展深受湘南地区社会和文化背景的影响，主要体现在以下两个方面：

第一，"好神尚祀"的民间传统信仰。古代民众信仰和崇拜的对象非广泛,"好神尚祀"的民间传统信仰在湘南地区非常突出。《桂阳直隶州志·艺文志》记载:"考之祀典,有功德于民者则祀之,能御大灾、捍大患者则祀之……"在湘南地区,以血缘关系聚族而居是村落的主要居住形式,宗族是维系居民社会关系的重要组织。村落建有宗祠,是民间祭祀祖先的公共性建筑。湘南古戏台主要与宗祠结合在一起,有的建在宗祠的内部,有的建在宗祠的外面。在封建社会,戏曲歌舞被认为是一种重要的祭品,同姓宗族修建宗祠,搭建戏台,纪念祖先的恩德,并祈求祖先的护佑。

第二,"崇耕尚读"的传统文化思想。湘南地区传统文化深厚,据《桂阳直隶州志·艺文志》记载:"自桂阳建郡以来,学者众矣。其地近虞舜涉方之所,北接衡山,大禹之所得简也……自是以来,文儒、游宦盛业相望,桂阳文化日盛矣。"湘南地区在历史上多次大的移民潮中成为重要的移民接纳地,大量北方移民带来了先进的文化和尚读的风气。深厚的传统文化对承载教化功能的戏台的发展有很大的促进作用。戏曲是一种民间艺术,是大众文化,具有寓教于乐的功能。清代宋廷魁在其《介山记》中说:"庸人孺子,目不识丁,而论以礼乐之义,则不可晓。一旦登场演剧,目击古忠者孝者,廉者义者,行且为之太息,为之不平,为之扼腕而流涕,亦不必问古人实有是事否,而触目感怀,啼笑与俱,甚至引为佳话,据为口实。"这段话形象地描述了戏剧对民众的教化和娱乐功能。随着社会的发展和历史的进步,戏台的功能逐步由祭祀功能向教化和娱乐功能转移,戏台的形式也越来越丰富。

"敬天敬地敬祖先"的传统信仰和民间文化的昌盛促进了戏剧和戏台的发展,繁荣的经济条件和先进的建造技术保障了戏台的规划与实施。湘南古戏台分布范围广泛,留存数量可观,造型别致,装饰精美,具有较高的建筑美学研究意义。

一、湘南古戏台的建筑艺术

湘南古戏台主要有砖木结构和木结构两种形式,在竖向空间分为基座、舞台、屋顶三个部分。砖木结构戏台的基座部分以青砖或青石砌成墙身,内部填充泥土夯实,再以青砖或木板铺地形成舞台。舞台台面距地面高度一般为1.2—1.5米,四周以青石围成低矮围栏,高约30厘米,可以界定空间和保护演员安全,但不至于影响观众视线。舞台四角以木柱支撑形成表演空间,木结构的戏台则将木柱直接立到地面,舞台下面形成通透空间,较高的舞台下面直接作为通道。由于南方地区多雨潮湿,木柱都有较高的石柱础。戏台前方屋顶挑出空间较大,常在戏台的前部增设两根立柱，与前方两角柱形成"八"字形。较大体量的戏台在后部也增设两根立柱，与后方两角柱形成上下场门。舞台空间高约3米，为了不让人感觉压抑，上方以木板形成藻井式吊顶，给人一种高远深邃的感觉。藻井有四边形、六边形、八边形等多种样式，绘有精美彩绘。

湘南古戏台的屋顶多为木质桁架结构，上覆细密小青瓦。屋顶的最上方是屋脊，在相对的坡屋面相交处设置屋脊可以保护内部结构不受风雨侵蚀。因此，屋脊多以砂浆砌青砖、青瓦而成，再配以屋脊饰物进行装饰。屋脊分正脊和垂脊，正脊是戏台的最高处，地位重要，因此脊饰体量高大，垂脊相对次之。

二、湘南古戏台的装饰艺术

"不慕奢丽，安贫恋土"的民俗民风体现在湘南古民居建筑上是理性的，建筑的装饰主要在结构功能的基础上进行艺术创造。但由于具有与其他建筑类型不同的功能特点，古戏台特别注重装饰。随着戏台功能由祭祀功能向娱乐功能的转化，追求华丽的装饰自然而然地成为宗族的一种审美取向，特别到了明清时期，建筑的装饰艺术得到了空前的发展。据乾隆丙子年（1756年）《宜章县志》记载："宜章居民，衣冠不事华饰，惟以布素蔽身，燕会亦无珍肴，唯以鸡黍饷客。金玉篆组，雕文刻镂，里老相传数十年前皆不数见。迩来习与时移，亦有不尽古若者，舆马服饰渐次增华，又间染粤俗，堂户门梐金朱涂缋，以为观美。"戏台以木结构为主，木雕装饰是戏台最重要的装饰，主要集中在舞台部分，特别是集中在朝向观众的正面。从梁柱到雀替，从封檐板到藻井，从屏风到匾额，题材丰富，雕刻精美。

（一）屋面与彩绘

1. 屋面

屋面部分主要由梁枋、斜撑板、护栏构成。

梁枋是置于柱间或柱顶的横木，但是梁绝大多数与建筑的横断面方向一致，枋则与建筑的正面方向一致。梁里面尤以屋架梁上的装饰最多，屋架梁是木结构建筑中承受屋面荷载的主梁，是承载屋顶重量的重要构件。枋按照所在位置的不同，又可细分为额枋、金枋、脊枋等，额枋位于檐柱与檐柱之间，金枋位于金柱与金柱之间，脊枋位于建筑最高处屋脊位置。金枋与脊枋位于建筑内部，暂且不论，此处主要讨论的是额枋。额枋的数量并不唯一，在较大的建筑中，通常会有上下两层额枋，上层的称为大额枋，又名"阑额"，下层的称为小额枋，又名"由额"。在湘南地区的古戏台建筑中，屋架梁上多雕刻或彩绘各种动植物图案，额枋中以单层的额枋为多，特别流行"双龙戏珠"纹样，造型精致，生动优美。

斜撑是额枋与屋顶中间的木板，用来支撑屋顶的边沿部分。在湘南地区，斜撑的装饰主要有两部分，即中间部分及两侧部分。中间部分多用直或者弯曲的木条装饰，也有用整块木板但在木板上仿造绘制出木条形状的，木条上多用素面或装饰八仙彩绘，两侧部分多用彩绘或者雕刻各种花纹图案，常见的有凤鸟、鹿、鱼、蝴蝶、水果、花草、人物故事等。

表演台周边围着的一圈是护栏，多为木质或石质，其他地区大型的戏台建筑上少见护栏，而湘南地区戏台上的护栏很常见。其原因是湘南地区戏台空间窄小，活动面积有限，多为三面观戏台，如不设护栏，演员在进行大幅度表演时容易跌落台下，为了保障演员的安全，常设置护栏，也能防止日常生活中族中小孩在台上玩闹时跌落。

以金盆镇李仟二村李氏宗祠古戏台为例，屋内的屋架梁上雕刻有龙头鱼身的动物，有鲤鱼化龙之意，另一侧刻有龙头，意味着化龙成功，整体造型形象生动，惟妙惟肖。额枋上是精美的浮雕"二龙戏珠"，保存十分完好，龙鳞、龙须、龙眼等都还清晰可见，两侧还有精美的雕刻，左侧应为麒麟，右侧应为凤鸟。斜撑正中央为曲形木格装饰，格中有人物彩绘，部分已破损，两侧斜撑中，左侧为繁盛的花卉，右侧为莲花仙鹤。其石雕的护栏亦是精美绝伦，正面的石雕如今尚存可辨认的雕刻图案，依次为双凤朝阳（见图5-13）、鲤鱼跃龙门、莲花仙鹤、瓶中花卉，侧面的石雕护栏纹饰相对简单，为几何纹。总的来说，李仟二村李氏宗祠古戏台处处雕梁画栋，纹饰内容丰富多样，多是人们对生活的美好祝愿，也是当地人们的精神文化世界的体现。

图 5-13 双凤朝阳

2. 彩绘

彩绘是古建筑中重要的装饰技法之一。彩绘是建筑上装饰画的统称，主要绘于梁枋、门窗、雀替、斗拱、天花等木质结构部位，墙壁、墀头等砖石结构部分也经常使用彩绘。中国的建筑彩绘历史悠久，在隋唐时期就已被大量应用，明清时期达到了顶峰，各类建筑中普遍使用彩绘进行装饰。

彩绘的原料多选择天然的植物或者矿物原料，如松烟、藤黄、赭石、朱砂、石青、松烟等，在这些天然的植物或者矿物原料中，配入适量牛胶或桃树浆加水调制，能减少色泽挥发，使得彩绘经年不褪，色泽如新。彩绘中用来打底的墨，也多为画师自制，具体做法是将木板置于油灯上，待木板上沾满油烟后，将油烟刮下用水调和搅拌而成，这种墨被称为油烟墨，用之绘画颜色不易脱落，能长久保存。

此外，一般在绘画前，会先"披麻捉灰"，即在绘画底板上抹灰打底，填补墙壁或者木料上的孔洞和裂缝，有的还会披层麻布再抹灰，使底板表面平整光洁后再绘画，这也能起到很好的防虫防蛀作用。整体的绘画步骤为：打底—勾线—上色。除了色彩斑斓的彩绘，还有一种特殊的"描金画"，即采用金粉描绘的装饰画，画面整体金碧辉煌。

湘南地区古戏台建筑吸收了苏氏彩绘的特点，整体风格朴素大方，黑白打底的颜色彩绘比较常见，主体颜色为青绿色，有防水之意，很少使用鲜艳亮眼的色彩，"描金画"与其风格不符，并不流行。颜色彩绘多出现于戏台的天花、斜撑板、梁枋、雀替、屏风上（见图 5-14）。

图 5-14　桂阳县大溪村骆氏宗祠古戏台屏风上的人物彩绘

(二)雀替与柱础

1. 雀替

雀替是放在柱子上端与柱子共同承受上部压力的物件,具体位置在梁与柱或枋交接处。其功能是承受屋顶和梁枋的重量,促使梁与柱或枋交接处更加紧密,使得建筑整体更加牢固,还具有一定的装饰作用。目前发现的雀替最早出现于北魏的云冈石窟中,元之前的雀替大多在内檐下使用,元之后外檐额枋下也普遍使用。

在湘南地区古戏台建筑中,雀替的使用比较频繁,外檐和内檐上都有使用。雀替上的装饰以雕刻为主,彩绘为辅,雕刻中常见瑞兽圆雕,有龙、凤、狮子等造型,还喜欢用花卉纹、云纹、卷草纹等来辅助装饰。彩绘中以青色、金色较为流行,常在圆雕的基础上进行彩绘,使得雀替整体造型更加活灵活现。例如,衡阳市衡南县大渔村渔溪王氏宗祠古戏台上的龙头和凤鸟雀替,在圆雕上施金彩后显得更加富贵华丽(见图5-15)。另外,也有少数仅雕刻不施彩绘的,如李仟二村李氏宗祠古戏台上的凤戏牡丹雀替(见图5-16),仅雕花不彩绘,更显古朴庄重。

图 5-15　衡南县大渔村渔溪王氏宗祠古戏台凤鸟和龙头雀替

图 5-16　新田县李仟二村李氏宗祠古戏台凤戏牡丹雀替

2. 柱础

柱础是中国传统建筑中极有代表性的建筑构件之一，它既是承受屋柱压力的基石，也是重要的装饰性建筑。它作为木柱与地面之间的隔断，将柱脚抬高后，能有效防止木柱受潮受损，还能防止虫蚁对木柱的侵害，延长木柱的使用寿命。戏台建筑中的柱础主要有两处：一处是开放型台基里的底层柱础，用来支撑整个戏台建筑，此类柱础一般装饰简单，素面为多，以实用性为主。严格来说，底层柱础有地上与地下两部分，但一般而言，柱础仅指地上部分。另一处是戏台台面上的柱础，用来支撑戏台的屋顶构架，此类柱础一般纹饰较多，多雕刻有精美纹样，装饰意味更浓。

湘南地区古戏台的柱础多采用石制，有整块石料一次雕刻而成的，如永州市零陵区柳子庙古戏台的柱础就是简单的素面圆形石础，也有用几块石料拼接而成的，如郴州市桂阳县水星村铁炉胡氏宗祠古戏台的柱础，其造型多样，有圆形、四方形、八方形、瓜棱形，各不相同，别有趣味。

柱础通常可以分为础头、础身、础座和础脚四部分，有的简化后没有础头，只有础身、础座和础脚，甚至更加简化将础身与础座合二为一。在湘南地区，础头多为圆形，常装饰连珠纹、卷草纹、祥云纹等简单纹样。础身作为柱础的主要部分，造型比较多样，有圆形、八方形、四方形、花瓣形等样式，装饰复杂，常见题材有花卉纹、动物纹、暗八仙、佛家八宝纹、吉祥图文等。础座部分装饰较为简单，多是四方形、八方形础座，素面居多，一般面积略大于础身部分，这能增大受力面积，确保建筑的稳固性。础脚是柱础最下部与地面接触并将荷载传往地面的部位，比础身窄，比础座宽。础脚的外形通常与上面的础身保持一致，但不是绝对的。

例如，郴州市桂阳县泮塘村李氏宗祠古戏台的柱础（见图5-17），其各部分的造型特点：础身刻有飞龙乘云，意喻家族人才辈出；础座上部为圆形素面，础座下部为八方形，每面都是简单的格子纹；础脚为四方形。素面础座能更好地衬托出础身精美的龙纹雕刻。

图5-17　桂阳县泮塘村李氏宗祠古戏台的柱础

郴州市桂阳县三塘村唐氏宗祠古戏台的柱础的造型特点：础身为圆形素面，础座为八方形，正面线雕有麒麟图样，础座与础身为一体化结构（见图5-18）。

图5-18　桂阳县三塘村唐氏宗祠古戏台的柱础

郴州市桂阳县大溪村骆氏宗祠古戏台的木柱上雕刻有莲瓣，石础的础身为突出的瓜棱形，呈花瓣状，础座为四方形，其上线雕有卷草纹（见图5-19）。

图 5-19 桂阳县大溪村骆氏宗祠古戏台的柱础

综上，湘南地区古戏台的柱础，几乎都为石质，础头多为圆形，喜欢素面或装饰一些简单的底纹，础身造型多样，纹饰丰富，流行花卉纹、动物纹、暗八仙等题材，础座多为四方形、八方形，以素面为主。

（三）屏风与场门

明清时期，戏台的前后空间通常用木制的格扇隔开，形成表演区和准备区。格扇有四抹到六抹，可以是实心的，也可以是镂空的。实心的格扇上通常雕刻或者绘制着精美的图案或花纹，可以充当舞台演出的背景。而镂空的格扇本身的图案也能当作舞台背景使用。在屏风两侧的上下场门上也有很多精美的装饰，这些装饰也是戏台装饰的重要组成部分。场门的上方通常有写着字的匾额，门两侧的柱子上写有对联。匾额一般为两字，对联则要求工整对仗。例如，永州市宁远县神下村李氏宗祠古戏台长门上的匾额只剩下西边的匾额，书有"以成"二字，对联和东边的匾额已经完全损毁。后人在使用古戏台演出时，也会根据演出内容临时书写匾额和对联。

（四）屋脊装饰

戏台的屋脊装饰是一种独特的艺术形式，它体现了民间建筑的象征意义和审美风格。与宫殿建筑不同，民间建筑的屋脊饰物更加富有想象力和创造力，不受严格的礼制规范。大部分建筑的屋脊修建材料为青砖、青瓦，材料之间的排列十分紧密，有很强的肌理视觉效果，呈现出优美的曲线和细腻的质感。正脊中间以及两侧通常会装饰上高大的泥塑饰物，一般中间使用宝壶，两侧使用鸱吻，既有祈求平安和消灾的神秘色彩，也有展示民间文化和生活习俗的现实意义。有的屋脊上也会装饰风火轮，总的来说，屋脊饰物的形式是非常丰富的。垂脊的数量和样式也各有不同，垂脊数量多为二条或四条，有些垂脊延伸成戗脊，屋檐向上翘起，戗脊尖端指向天空，还装饰着风格飘逸的泥塑饰物，增添了戏台的活力和气势（见图5-20）。

图 5-20　永州市零陵区柳子庙古戏台屋脊上的塑像

湘南地区的民间公共建筑中，古戏台是一种具有独特魅力的存在，它不仅反映了湘南人民的民俗文化和审美情趣，也展现了他们的理想追求、教育理念和生活乐趣，由此可见，古戏台见证了历史上当地社会的发展，凝聚了当时文化、经济与政治的特色，是不可多得的文化遗产，拥有独特的建筑美学价值。然而，在社会变迁中，古戏台已经失去了原有的功能，被随意拆毁，或者荒废破败，装饰元素被盗卖，湘南地区的古戏台正面临着消亡的危机。因此，我们应当积极深入开展湘南古戏台建筑研究，深刻了解和分析其美学特征，总结其特色与优势，并从中寻找能够促进当地农村经济发展的新路径，从多个方面采取措施保护当地的古戏台建筑与文化。

第三节　湘南宗祠戏台的文化功能

一、礼制教化的儒道文化

宗祠戏台是宗族祭祖的特殊空间、用歌舞戏曲来表达对先人的敬仰。宗祠戏台上的戏曲与其他场所的戏曲相比，其目的、功能有所不同。这些不同，在戏台楹联上有所体现。湘南宗祠戏台楹联偏向以儒家思想为主旨，以礼、乐、法为手段，教化宗族子孙。这可以从以下方面进行解释。

一是我国自周朝开始的血缘宗法制度。血缘宗法制度的核心就是通过血缘关系的远近来区别人身份的高低与贵贱。家族的成员甚至社会上的所有人都要遵守这种行为规范。血缘代表的是血统，血统伴随着人类的婚姻和生育自然形成，父母子女、兄弟姐妹等关系也是通过血缘建立的，并且伴随着这种关系的延伸，形成了内亲、外戚、宗、族的概念。血缘宗法制度在宋代达到了高峰，很多理学家都在宣扬血缘宗法思想上做了大量努力。这也就使得民间兴起联宗收族、编修家谱和族谱之风。平民百姓对血缘宗法思想的认可进一步加强，同时也使得儒家的宗法、礼乐思想在民间得到深化和内化。例如，桂阳县屈塘村宋氏宗祠内，戏台、正殿两侧墙上都雕刻有许多对联，这些对联都有着显著的教化功能。比如正殿墙壁上的对联内容为："孝友传家还期家声复正复出，诗书继世惟愿世第重开重生""创业维艰勤俭之格言宜传千古，守成匪易忍和之遗训实播万年"。宗祠戏台的主要作用是在祭祀和重要的宗族议事当中为人们提供演礼，因此其在装饰和修葺上必然会受到儒家礼乐思想与文化的影响。

二是湘南地区的特殊历史文化。这一地区在历史上属于边远之地，土地荒凉，曾经是朝廷流放官员的去处，例如，唐代的柳宗元、王翰，宋代的苏辙、秦观等著名文人都曾被贬至湘南的永州、郴州等地任职。然而，在这样一个落后的地方，却诞生了宋代理学的先驱周敦颐，并且他在湘南做官的时间长达七八年。据记载，周敦颐在庆历六年（1046年）被任命为郴县令，皇祐二年（1050年）担任桂阳县令，至和元年（1054年）被提升为大理寺丞，并被任命为洪州南昌县（今江西省南昌市）知县。周敦颐在湘南期间，大力发展教育事业，传播理学思想，对湘南的文化、教育发展产生了深远的影响。例如，湖南学者梁绍辉曾在《周敦颐评传》中对周敦颐在湘南地区发展教育事业有过这样的描述："是年冬，以转运使王逵荐，移郴州郴县令。至县，首修学校以教人，有《修学记》。"[①]

戏曲是在封建社会形成和发展起来的，而封建社会的文化形成与发展都离不开儒学的影响。戏曲剧本的作者都是受过儒家教育的文人，因此戏曲剧本的思想内容、人物性格和价值观都深受儒家文化的熏陶。也就是说，戏曲中充满了儒家思想的元素。宗祠演剧是儒家祭祀时的重要表演，在宗祠文化中的地位十分重要。儒家思想的核心虽然是维护封建秩序，但是它也有一些积极的精神内涵，比如追求美好、关心国家民族、不断进取等。因此，在现代，研究宗祠文化和宗祠演剧是十分重要的工作，我们应当重视这项工作并采取一定的措施保护这些文化。

---

① 梁绍辉：《周敦颐评传》，南京大学出版社1994年版，第436页。

二、世俗生活的祈福文化

湘南是湖南的南部地区，与外界的联系不太密切，尤其是东南部的山区，其文化经济的发展水平远不如中原地区，交通、商业也都很落后。人们主要靠农业生产来维持生计。湘南文化源自农耕文化，这使得湘南文化中有着"人本""天人合一"的自然观。湘南人民多诚实质朴，受到"日出而作，日落而息"的农耕生活的影响，他们的审美更倾向于生活中常见的事物，对生活的期待也多是家庭和睦、生活丰裕等愿景。这种朴实的追求也体现在了祠堂装饰的材料和图案上。湘南地区的祠堂在选择装饰时，往往就地取材，将材料的色泽和纹理大幅度保留下来，使得祠堂装饰和环境和谐统一。装饰的题材也大多是现实中常见的事物，如莲花、梅兰竹菊、蝙蝠、鲤鱼等，这些装饰表达出了当地人对简单而美好的生活的追求与期待。

湘南祠堂的建筑装饰中，有许多反映人们对美好生活的向往和期盼的自然因素题材。这些题材可以分为两大类：一类是祈求家族繁荣昌盛，如莲花、鸳鸯、松鹤、葫芦等；另一类是祈求富贵吉祥，如麒麟、龙凤、狮子等。其中不同的自然因素还对应不同的人群。这些题材都有着深刻的文化内涵和象征意义，体现了人们对美好生活的追求。

瓜果的寓意是子孙繁衍，多室多厅，是祈愿家族人丁兴旺、香火不断。例如，石榴多籽，"籽"通"子"，就是祈求家里的妇人能添丁添口。松鹤的寓意是长寿，如"松鹤长青"。松树有四季不凋的特性，仙鹤一种尊贵的鸟。传说中仙人飞升大多乘着仙鹤，因此寓意着长寿。猴、鹿表达了对家中读书人的美好期许，猴通"侯"，是指"诸侯"的意思，寓意官职；鹿通"禄"，寓意"高官厚禄"，表达着官场顺利、一飞冲天的美好愿景。猴子与马组合，寓意"马上封侯"。

例如，永州市新田县李仟二村的李氏宗祠古戏台，其上的木制透雕呈梯形状，画面对称平衡，主要以莲叶为图案，下方两只鸳鸯若隐若现，整个图案形象生动，具有浓郁的生活气息。透雕工艺让画面栩栩如生。画面中日常生活中的物象体现了民间艺术的特色。画面中的莲叶和鸳鸯寓意着家族繁荣、子孙满堂、夫妻和睦。又如，位于永州市新田县骆铭孙村的骆氏宗祠古戏台，其上的木雕中间是一只展翅飞翔的仙鹤，脚踩祥云，整个画面饱满而庄重，红色的木材更增添了神圣感（见图5-21）。这种以生活为素材，表达家族寄托的装饰风格是湘南祠堂建筑装饰的特点。

图 5-21　仙鹤展翅

宗祠戏台上体现富贵吉祥寓意的装饰表达出了百姓对宁静祥和的生活和安定的社会的期许。选择装饰题材的时候，人们也多会选择常见的事物，如喜鹊、蝙蝠、梅花、牡丹等。这些物象或谐音，或借喻，或象征，表达了人们对美好生活的期许与向往。装饰图案的工艺多为木雕或者石雕，表达出了人们对审美的更高追求。通过装饰图案传达对生活的向往与祝愿，这反映出了人们在生存需要被满足之后对经济和精神的更高追求。

例如，永州市新田县李仟二村的李氏宗祠古戏台，其表演台前面有一些富有寓意的砖雕装饰，中间雕有双凤戏珠图案，周围是包含吉祥寓意的图案：牡丹图寓意荣华富贵；喜上眉梢图（见图 5-22）寓意着好事将近、喜事连连；凤穿牡丹图（见图 5-23）象征着高贵；舐犊情深图寓意着父母子女关系和睦亲厚；丹凤朝阳图象征着家族未来一片光明；骏马图象征着家族人才辈出；鲤鱼跃龙门图象征着家族中的读书人能够金榜题名；一路连科图寓意着读书人科考之路顺利。这些图案都是李氏先祖对后代的美好祝福。它们采用中国画的风格，将图案刻画在方形的画框中。虽然每个图案都不一样，但是它们都表达了对美好、富足生活的期待。

图 5-22　喜上眉梢图

图 5-23　凤穿牡丹图

三、驱邪避鬼的信仰文化

人们认为，通过对神明的敬拜可以避免灾难，得到平安。在湘楚地区，楚巫文化最早可以追溯到春秋战国时期，这是一种与中原文化截然不同的信仰文化。湘南地方偏远，中原文化对其文化发展产生的影响很小，因此楚巫文化在这里很流行。楚人相信自己和天地万物有神秘的联系，对自然界中难以理解的事物和现象，他们往往会对其加以鬼神之名，希望神明能够保佑自己。

楚文化在发展中也受到了阴阳五行文化的影响，楚文化中的巫术文化本质上与阴阳五行学说相似。民间有一种职业是为人看家宅和墓地的风水，名为"阴阳先生"。

楚巫文化的痕迹在祠堂的装饰风格中体现得淋漓尽致，特别是在色彩的运用上，他们遵循了阴阳五行的原则，用白、绿、黑、红、黄这五种颜色来对应金、木、水、火、土，彼此相生相克。比如说，祠堂的屋顶用黑色的瓦来铺设，因为黑色代表水，水能克制火，所以黑色的意义是防止火灾。另外，红色代表火，火能驱赶邪气，因此祠堂的正门一般用鲜艳的红色来装点，以起到镇宅辟邪的作用。

楚巫文化的特色之一，就是对自然万物的敬畏和信仰，因此湘南的先民都会把自己所崇拜的动植物或自然现象，作为自己族群的守护神，把它们的形象变成装饰图案或家族图腾，镶嵌在祠堂建筑的各个部位，希望得到它们的庇佑。楚巫文化中最常见的信仰就是对鸟和火的崇拜。比如，汝城县先锋村周氏宗祠，就把自己的族徽做成匾额，挂在祠堂正门上方的鸿门梁上，匾额以红色和黄色为主色调，主要图案是周氏家族的标志——凤凰，还有象形文字中的"鸟"字。湘南人民认为他们的祖先是从鸟身上诞生出来的,认为对鸟的崇拜可以让他们免受邪灵鬼怪的侵扰。凤凰在古代是神圣的动物,代表着神的力量。对凤凰的崇拜,也是希望能得到凤凰的眷顾。把凤凰图腾挂在祠堂门口,也是希望世间的邪恶能够主动远离家族,从而达到保护族人、消除邪恶的目的(见图5-24)。

图 5-24 凤凰图腾

湘南祠堂建筑的装饰大多与传统信仰有很深的联系,具有驱邪避鬼的寓意,象征着祈求神明庇佑、消除邪祟的美好愿望。因而这类装饰也成为湘南祠堂建筑装饰中的代表,展现了我国传统建筑文化的魅力,体现了人们对幸福、安宁的生活的向往。

第六章　中国古戏台的保护与维修

本章主要介绍中国古戏台的保护与维修相关内容，重点阐释中国古戏台的遗留情况、中国古戏台保护遇到的问题及其对策、中国古戏台保护性修缮程序、中国古戏台保护与维修的典例等方面。

第一节　中国古戏台的遗留情况

由于受到各种自然灾害和人为因素的影响，我国的古戏台及其所依附的庙宇、祠堂大多遭到了严重的毁坏。据《新昌县文化志》记载：1952年统计，新昌万年台计有827座。新昌是个山区小县，就曾经有过800多座戏台，……绍兴有古戏台208座，到1986年，不含越城区，竟只剩下69座。"这是多么大的损失！我们不能让先人们世世代代创造的无比珍贵的艺术和技术成就，乡土建筑中极有生气、极有群众性的作品——古戏台，再被冷落、再被遗弃。万一它们因为被冷落、被遗弃而导致毁灭，那将是我们这个民族的悲哀和耻辱！"[①]此话真可谓是振聋发聩。南方绍兴越剧发源地嵊州市，原有古戏台1220座，现只存108座；与嵊州相邻的宁海县是古戏台保护工作做得比较好的县，原有古戏台600余座，现也只存120座。下面根据我们的调查对历代戏台遗存状况分述如下。

一、宋金元戏台遗留情况

由于年代久远和历代屡有修缮，兼之古建筑断代鉴定比较复杂，我国宋金元时期的戏台遗留情况主要有两种：一种是有确切纪年且其建筑有可能较多地保持了当年建筑原貌的；另一种是有史志记载和碑刻可考但历代多次修缮后原建筑面貌已经有较大改变的。对于第二种类型的戏台，为了探寻它们在当地的戏曲史、建筑史、民俗史等领域所发挥的重要作用，也一并将其放在"宋金元以前"这一部分来叙述，目的在于客观地说明其创建的年代和现状，这样或许对开展古戏台的研究和保护工作更有意义。

从调查的情况看，全国现存有史志记载和碑刻可考的创建于宋金元时期的戏台，共20座，主要分布在山西、陕西、甘肃、河南等省。这些戏台，除山西现存的金元戏台原貌保持较好外，其他的绝大部分面貌已多有改变。尽管如此，这些遗留下来的戏台也弥足珍贵。创建于金元时期的戏台，有确切纪年且保存较好的是山西省，该省共有13座创建于金元时期的戏台，其中2座为遗址，详情如下：

---

① 徐培良、应可军：《宁海古戏台》，中华书局2007年版，第12页。

（1）高平市王报村二郎庙金大定二十三年（1183年）戏台。面阔一间5米，进深5米。台基高1.1米。单檐歇山顶，山花向前。保存较好，2004年维修。庙内还存正殿三间、献殿三间，均为清代建筑，东西廊庑大部分已坍塌。

（2）临汾市魏村牛王庙元至元二十年（1283年）戏台。面阔一间7.45米，进深7.42米。台基高1.15米。单檐歇山顶。保存完好，1978年维修。1965年列为省级重点文物保护单位，1996年被列为全国重点文物保护单位。庙内还存献亭一间，正殿三间。

（3）运城市芮城县永乐宫元至元三十一年（1294年）龙虎殿，也是宫门兼戏台。通面阔五间20.68米，通进深两间9.6米。台基高1.55米。单檐庑殿顶。保存完好，1961年被列为首批全国重点文物保护单位。庙规模较大，还存元代建筑三清殿、纯阳殿、重阳殿等。

（4）永济市董村三郎庙元至治二年（1322年）戏台。通面阔三间8.4米，其中明间5.1米，通进深两间6.8米，前台3.85米。台基高1.3米。单檐歇山顶。保存较好，1979年重修，2004年被列为省级重点文物保护单位。庙已不存。

（5）临汾市翼城县武池村乔泽庙元泰定元年（1324年）舞楼。面阔一间9.3米，进深一间9.07米。台基高1.8米。单檐歇山顶。保存较好，1985年重修，1986年被列为省级重点文物保护单位，2006年被列为全国重点文物保护单位。庙已不存。

（6）高平市下台村炎帝庙元代戏台。面阔一间5.5米，进深5.15米。台基正面高0.5米，背面高1.3米。单檐歇山顶。保存较好。庙为三进院，戏台在后院。2006年被列为全国重点文物保护单位。

（7）临汾市东羊村东岳庙元至正五年（1345年）戏台。面阔一间8.04米，进深7.9米。台基高1.63米。单檐十字歇山顶。保存较好，1986年重修，2006年被列为全国重点文物保护单位。庙内还存钟楼、鼓楼、后殿等。

（8）吕梁市石楼县张家河村殿山寺圣母庙元代戏台。面阔一间4.65米，进深4.3米。台基高1.5米。单檐歇山顶。保存较好，1990年重修。1989年被列为县级重点文物保护单位。庙内还存正殿、配殿及东西禅窑各三间，皆为窑洞。

（9）临汾市王曲村东岳庙元代戏台。面阔一间7.37米，进深6.83米。台基高1.15米。单檐歇山顶。保存较好，2005年重修，2006年被列为全国重点文物保护单位。庙内还存正殿三间。

（10）临汾市翼城县曹公村四圣宫元至正年间（1341—1368年）舞楼。面阔一间 7.7 米，进深一间 7.3 米。台基高 1.6 米。单檐歇山顶。保存较好，戏台 1999 年重修，2006 年整座庙宇连同东侧的关帝庙全面维修，并被列为全国重点文物保护单位。庙为两进院，还存正殿、侧殿、厢房等，庙东为关帝庙，清代中期建筑。

（11）晋城市泽州县冶底村东岳庙元代舞楼。面阔一间 5 米，进深 5 米。台基高 1 米。单檐十字歇山顶。保存较好，2003 年重修。2001 年被列为全国重点文物保护单位。庙内还存金代正殿、明清朵殿、配殿等。

（12）晋城市沁水县海龙池天齐庙元至正四年（1344 年）戏台遗址，今仅存台基及七根石柱。通面阔三间 7 米，进深 5.5 米。台基高 2.5 米。庙内残存正殿墙壁、东西厢窑洞。

（13）临汾市洪洞县景村牛王庙元至正二年（1342 年）戏台遗址，仅存两根石柱，柱距 7.4 米。庙亦不存。

另外，山西省晋城市阳城县下交村成汤庙献殿始建时是否为"戏台"，因有争议，故未列入。

二、明代戏台遗留情况

全国现存明代戏台有依据可考者仅 90 余座，其中将近一半在山西省，另一半分布在陕西、山东、河北、河南、辽宁、北京、天津、甘肃、内蒙古、四川、安徽、浙江、江西、福建、云南、广西等地，以下便对一些地区的部分戏台做出罗列。

（一）山西省遗留的明代戏台

（1）河津市樊村镇樊村关帝庙明洪武二十四年（1391 年）戏台。通面阔三间 11.6 米，其中明间 3.85 米；通进深四椽两间 8 米。单檐歇山顶，一面观。保存较好，庙内其他建筑皆不存。1985 年被列为省级重点文物保护单位。

（2）晋城市沁水县玉皇庙明宣德七年（1432 年）舞楼。通面阔三间 7.7 米，进深两间 6.8 米。台基高 1.1 米。单檐歇山顶，三面观。保存完好。庙内还存正殿、献厅、二层看楼等。

（3）稷山县南阳村法王庙明成化十一年（1475 年）舞庭。通面阔三间 7.45 米，其中明间 4.03 米；通进深三间 7.7 米，加前廊共 9.95 米。重檐十字歇山顶。一面观。保存完好。庙内还存正殿、侧殿等。

（4）宁武县二马营村广庆寺明成化十四年（1478年）舞楼。通面阔三间9.35米，其中明间5.2米；进深四椽6.23米。单檐歇山顶，一面观。台两侧各有悬山顶耳房三间，西侧为戏房，东侧为山门。保存较好。庙内还存正殿、侧殿、钟楼、厢房等。1984年被列为省级重点文物保护单位。

（5）太原市清徐县徐沟镇城隍庙明成化年间（1465—1487年）创建，清康熙年间重建之乐楼。通面阔三间9.85米，其中明间3.95米；通进深三间11.55米。过路台，下层高1.45米（地面已铺水泥，实际高度要比现存高）。重檐歇山顶，一面观。庙为两进院。台左右有钟鼓楼，正北有献殿、正殿，两侧有配殿、厢房。后院有后殿、配殿。保存较好，1983年与西侧之文庙一起被列为太原市重点文物保护单位。庙原为粮站使用，2006年使用单位已迁出。

（6）临汾市翼城县樊店村关王庙明弘治十八年（1505年）戏台。通面阔三间9.4米，其中明间4.1米，后台稍窄，8.82米；通进深三间8.8米，其中前台4.35米。前台为卷棚歇山顶，后台为硬山顶。保存较好。庙内还存正殿、山门等。

（7）晋中市榆次区城隍庙明正德六年（1511年）乐楼。通面阔五间，进深三间4.5米。二层平座式歇山顶建筑。背靠悬鉴楼主楼，主楼面阔七间，进深五间，二层四重檐歇山顶建筑。乐楼前又有清代增设之过路台。清代戏台面阔5.35米，进深5.9米，单檐歇山顶。东西影壁为二柱式歇山顶建筑。保存较好，2001年重修。庙为三进院，中轴线上有山门、玄鉴楼、乐楼、戏台、献殿、正殿、后殿等，两侧有厢房、朵殿等。1986年被列为省级重点文物保护单位，1996年被列为全国重点文物保护单位。

（8）晋城市阳城县下交村成汤庙明正德十年（1515年）乐楼。通面阔三间8.4米，其中明间3.47米；进深5.5米。单檐歇山顶，一面观。台两侧各有耳房三间，是为戏房。保存较好。庙内还存明代正殿、侧殿、金代献殿以及清代角楼、廊庑、山门等。2006年被列为全国重点文物保护单位。

（9）介休市后土庙明正德十四年（1519年）戏台。通面阔三间12.7米，其中明间6.65米；通进深9米。抱厦单开间，为表演区，宽4.92米，深2.15米。过路台，下层高2.5米。重檐歇山顶，背靠三清殿。庙为三进院。中轴线上依次有山门、护法殿、献殿、三清殿、戏台、后土殿，两侧还有配殿、跨院等。保存完好。2001年被列为全国重点文物保护单位。

（10）运城市新绛县阳王镇阳王村稷益庙明正德年间（1506—1521年）舞庭。通面阔明三暗五17.7米，其中明间10米；进深四椽7.28米，其中前台4.58米。

单檐歇山顶，一面观。保存较好。庙内还存明代正殿。1986年被列为省级重点文物保护单位，2001年被列为全国重点文物保护单位。

（11）运城市三路里镇三路里村三官庙明正德、嘉靖年间乐楼。前部为歇山顶，通面阔三间7.39米，其中明间4.27米；进深一椽1.72米。后部（主体部分）为硬山顶，通面阔三间10米，其中明间4.23米；进深三间7.54米。保存较好。1960年被列为县级重点文物保护单位，2004年被列为省级重点文物保护单位。庙内其他建筑不存。

（12）忻州市董村镇游邀村华佗庙明嘉靖七年（1528年）戏台。通面阔三间8.5米，其中明间4.5米；进深六椽5.9米，其中前台4米。悬山顶，三面观。保存较好。庙内还存正殿，周围有佛殿、关帝殿等。

（13）太原市阳曲县洛阳村草堂寺明嘉靖十二年（1533年）乐楼。通面阔三间8.9米，其中明间5米；通进深6.6米，其中前台3.9米。前台为歇山顶、后台为硬山顶，三面观。保存较好。庙内还存正殿、过厅等。

（14）长治市黎城县黎侯镇城隍庙明嘉靖十八年（1539年）戏楼。通面阔三间12.35米，其中明间4.05米；通进深两间12.35米。中间以墙分割，明间为门，南面敞开为戏台；北面次间为屋，可作为戏房，明间为过道，可作为后台。楼共三层，歇山顶。底层南向面临广场辟为戏台，一面观。楼两侧建山门。保存较好。庙内还存正殿、东配殿、角门等。2013年被列为全国重点文物保护单位。

（二）北方其他地区遗留的明代戏台

（1）辽宁省辽阳市关帝庙明成化九年（1473年）戏台。面阔6米，进深5米。前台单檐歇山顶，后台硬山顶，宽于前台。已残破。

（2）陕西省西安市鄠邑区甘河镇东岳庙明成化二十二年（1486年）戏台。清光绪七年（1881年）重修。通面阔三间10.68米，其中明间5.1米；进深两间8.6米，其中前台4.85米。台基高1.13米。前台为歇山顶、后台为硬山顶，一面观。保存较好，为县级文物保护单位。现为鄠邑区第二中学所在地。庙内还存献亭、配殿等。

（3）陕西省韩城市城隍庙明隆庆五年（1571年）戏台，又名"歌舞台"。清康熙、道光、光绪年间重修，最近一次维修在1961年。通面阔三间7.2米，其中明间4.3米；进深两间6.49米，其中前台3.13米。台基高1.3米，宽9.38米。重檐十字歇山顶，一面观。前台设天花，后台彻上明造。木隔断分隔前后台，悬匾"歌舞台"。戏台在院西侧，坐西面东，对面原亦有一戏台，名"千羽楼"，两台合称东西乐楼。庙坐北面南，四进院，现存正殿、后殿、前后献殿、东西廊庑、威名门、政教枋、山门等。保存完好。1957年列为市级重点文物保护单位，1992年列为省级重点文物保护单位，2001年被列为全国重点文物保护单位。

（4）陕西省宝鸡市扶风县城隍庙明崇祯六年（1633年）戏台。通面阔三间9.25米；通进深两间6.85米，其中前台3.2米。四椽，分心用三柱，以屏风分隔前后台。过路台，下层高2.5米。前台为歇山顶、后台为硬山顶，一面观。台在城隍庙外，现用作书画装裱室。城隍庙保存较好，有正殿五间、献殿五间、八卦亭、钟鼓楼、门等。

（5）陕西省咸阳市彬州市城隍庙明代戏台。通面阔三间10.2米，其中明间4.3米；进深两间6.6米。三重檐歇山顶，一面观。过路台，下层高2.6米。两侧有耳房呈扇面形排列，后部宽7.2米，前部宽4.7米。保存完好，1982年重修，1992年被列为县级重点文物保护单位。现为城关小学所在地。庙内还存钟鼓楼、后殿。

（6）陕西省汉中市洋县城隍庙戏台。过路台。重檐歇山顶。下层由木柱架起棚板组成台基，高2米。上层通面阔三间12米，通进深两间3.5米。前台有三排柱，每排四根。前檐斗拱五踩双昂。《中国戏曲志·陕西卷》云，据《洋县县志》记载，始建于明洪武四年（1371年）。[①] 该庙建于明代无疑，但戏台是否为同时修建仍待考证。从建筑风格看戏台似为清代之物。

（7）陕西省榆林市佳县白云观戏台。过路台。单檐歇山顶。镜框式舞台。下层为砖券洞，中辟为过道，高2.75米。上层戏台通面阔三间11.85米，其中明间7.5米；通进深7.7米，其中后台2.05米。前后檐及台内各立柱四根。柱头嵌龙头，雕花雀替。由额、垫板、阑额均彩绘。斗拱为斗口跳，出龙头，柱头各1朵，明间补间3朵，次间各1朵。金柱间设木结构隔断分前后台。上下场门横批分别书"金声""玉振"。在雍正、乾隆、同治年间均有重修，已变更原制。

（8）山东省泰安市东平县腊山戏台。前台为卷棚顶，面阔4.78米，进深3.84米。后台为硬山顶，面阔6.2米，进深4.25米。坐北面南。台基高0.63米，三面观。保存较好。庙位于腊山国家森林公园内，还存配殿多座。

---

① 中国戏曲志编辑委员会、《中国戏曲志·陕西卷》编辑委员会：《中国戏曲志·陕西卷》，中国ISBN中心1995年版，第587页。

（9）山东省青州市王里镇王家庄村驼山昊天宫戏台。面阔8米，进深5米。过路台。石券门洞，高2—3米。已残破。

（10）山东省泰安市泰山王母池庙明代戏台。王母池庙古称群玉庵，唐代称瑶池，也称王母庙，位于泰山南麓红门宫东南。亭榭式盖顶，四角攒尖顶。四面无墙，设栏杆。檐前原有"悦仙亭"匾。庙内还存大门、王母池、王母殿、东西配殿、东西耳房、七真殿和蓬莱阁等。亭在王母殿后，七真殿前。

（11）山东省潍坊市青州市上庄村铁佛寺明代戏台。前台面阔6米，进深4米；后台为单独房间，东西各辟一门。已残破。

（三）南方地区遗留的明代戏台

（1）江西省上饶市弋阳县湾里乡西李村李氏宗祠戏台。通面阔三间9.6米，其中明间4.5米；进深7.1米，其中前台4米。过路台，下层高1.9。木隔断区分前后台。祠堂为封闭式，长方形，总进深30米，通面阔14.2米，由山门戏台及三间大厅组成。

（2）江西省抚州市南城县磁圭村三真殿戏台。前台通面阔三间8.7米，其中明间3.7米；后台通面阔11.4米，进深7.6米，其中前台4.2米。单檐歇山顶，三面观。保存较好。台前有观戏厅，面阔11.4米，进深2.3米。

（3）江西省赣州市宁都县小布镇万寿宫戏台。通面阔9米，进深8米。台基1.2米。坐东面西，面对正殿。戏台与正殿间有盖顶天棚。庙内还保存着看楼、偏殿等。

（4）江西省九江市德安县车桥镇义门村陈氏祠堂明中叶戏台。面阔一间4.2米，进深一间4.5米。攒尖顶，三面观。保存较好。

（5）江西省上饶市婺源县阳春村方氏宗祠戏台。通面阔三间10米，进深7米。歇山顶，三重檐翼角。一面观。上下场共八门，正面四门，两侧四门。戏台由8根方柱、26根圆柱支撑，呈三开间，每间都可作为一个表演舞台区，又各有"守旧"和出将、入相门可以进出。三间表演区是连成一体的，一旦场面需要，即可将前檐明间两根木柱撤掉，场面顿时扩大。过路台，下层高1.7米。总高8米。祠堂还存享堂、正厅等。

（6）江西省鹰潭市余江区杨溪乡陈村戏台。通面阔，三间9.5米；进深8.8米，其中前台5.9米。台基高1.6米。卷棚歇山顶，三面观。保存较好。

（7）江西省抚州市南丰县紫霄镇藕塘村唐氏宗祠戏台。通面阔三间18米，过路台。一面观。明间由6根活动矮柱（高1.7米）与台板构成。台对面为神坛。

（8）云南省玉溪市红塔区李棋镇下赫村戏台。明嘉靖、万历年间及清代均进行过重修。悬山顶。面阔进深各三间。三面观。左右有耳房。

（9）云南省玉溪市州城镇九龙池戏台。清代康熙、雍正、光绪年间均进行过重修。前台单檐歇山顶，面阔一间6.7米，进深一间6米。三面观。后台为硬山顶三间。平面呈品字形。隔断上绘福禄寿，称"三星壁"。

（10）云南省保山市板桥镇沙坝戏台。过路台，歇山顶，一面观。砖砌台基，基高2米，面阔5.6米，保存较好。

（11）安徽省安庆市宿松县廖河湾戏台。清嘉庆二十二年（1817年）重修。前台面阔4.5米，进深3.6米。后台两侧又有偏台。过路台，下层高2.5米。

（12）安徽省宣城市绩溪县大石门村戏台。通面阔12米，进深9.8米。硬山顶。过路台。一面观。庙内现存还有清乾隆四十六年（1781年）之佛殿。

（13）浙江省衢州市龙游县东坞村张氏宗祠——绍衣堂明中叶戏台。通面阔三间，其中明间4.9米，进深四椽，其中前台2.8米。悬山顶。过路台，下层高1.9米。中间台板可拆卸。

（14）浙江省衢州市龙游县儒大门村三槐堂戏台。戏台置于前庭，木质长方体，宽4.66米，深7.18米，高1.36米。四周有栏杆。

（15）浙江省衢州市航埠镇北二村蓝氏宗祠戏台。戏台即前厅，面阔7.7米，进深8米。单檐歇山顶。过路台，下层高1.86米。30根木柱支撑台面。台两侧为耳房。台前为天井，两侧有看楼。

（16）广东省汕头市南澳县关帝庙戏台。清代重修。面阔6.7米，进深8.5米。以木隔断分割前后台，两侧有耳房。

（17）广东省江门市新会区会城街道凌东石戏台。清乾隆二十五年（1760年）改建。歇山顶。建筑面积为165平方米。

（18）江苏省泰州市兴化市宗臣府戏楼。台高2.1米，面积为25.2平方米，装有隔扇。楼下为化妆室。现为宗氏后裔住宅。

对全国明代戏台遗存的统计可能还有遗漏，尚待进一步调查核实。

三、清代戏台遗留情况

全国清代戏台遗留共有9900余座，大部分保存较好，下面对清代的部分戏台做出罗列。

（1）安徽省滁州市嘉山县（现为明光市）火神庙戏台。硬山顶。一面观。通面阔三间11米，其中明间4米。进深6.15米。台基做成空心，以增强音响效果。传为捻军将领李昭寿所建。

（2）安徽省宣城市泾县外西阳玄坛观戏台。单檐歇山顶。前台两角再出歇山式翼角，呈重檐之势。前台一间，面阔5.3米。后台三间，通面阔12.51米。前后台通进深10米。平面呈凸字形。台上有题记若干。

（3）安徽省安庆市岳西县梯岭村朱氏宗祠戏台。过路台。单檐歇山顶。下层高2.3米。戏台面阔7米，进深6米。后台两侧有副台。平面呈凸字形。据《建祠碑记》，戏台创建于乾隆十八年（1753年）。祠内现存建筑还有正厅、两厢等。

（4）安徽省合肥市庐州府城隍庙戏台。过路台。前台单檐歇山顶，三面观，面阔7.06米，进深5.55米。后台及左右耳房为硬山顶。平面呈凸字形。下层高2米。柱上部分有木雕青龙斜撑。庙内现存建筑还有正殿等。

（5）北京市故宫景祺阁戏台。景祺阁南向，宽五间，二层。下层西侧为演戏处。无顶盖，亦无高出地面之台基，以隔断辟为台面。平面呈凹形，正面开二小门，上悬乾隆御题"澄观""静听"匾。台对面设宝座。

（6）北京市陶然亭清音阁。卷棚悬山顶。二层，与云绘楼相连。有乾隆御制联："宫商之外有神解，律吕以来无是过。"云绘楼和清音阁原在中南海中之南海东岸，1956年移至陶然亭公园。

（7）北京市延庆区花盆村戏台。卷棚硬山顶，三面观。通面阔三间8.1米。通进深两间8.6米，其中前台5.6米。庙存。戏台保存完好。

（8）河南省孟州市堤北头村大庙戏台。三联台。镜框式舞台。卷棚硬山顶。三戏台从东至西分别对着太白殿、禹王殿、关帝殿。东边戏台通面阔三间10.75米，其中明间3.85米。通进深6米，其中前台4.5米。中间戏台通面阔三间5.6米，其中明间2.92米。西边戏台通面阔三间7.7米，其中明间3.55米。戏台距大殿30米。现已改作仓库。

（9）河南省洛阳市新安县南李村镇李村龙王庙戏楼。硬山顶，三面观。通面阔三间5.5米，其中明间3.7米。通进深6.65米，其中前台3.3米。左右山面由外到内2.2米深透空。明间石柱刻联："假象传真演古今之奇事，虚也成实谈历史之余文。"戏台始建于康熙五十九年（1720年）。

清代戏台遗存较多，一是年代较近，易于保存；二是这个时期修建的戏台数量成倍增加，质量普遍较好，故存世较多。清代戏曲演出的全面繁荣促进了戏台的广泛建造，使得现存的清代戏台，无论是数量和质量都远胜于前代。从地域上看，全国各地甚至是边远和少数民族聚集地区当时基本上都有戏台建筑。

明亡清兴，中国社会发展虽然经历了巨大的动荡，但从文献记载来看，我国戏曲艺术的发展并没有因为改朝换代而中断。大约从清顺治五年（1648年）起，北方各地就开始修复或新建戏台了。康熙年间，南方亦进入复兴阶段。此后一发而不可止，从康乾盛世到宣统逊位，修建戏台之热潮一直持续不断，南方江西甚至出现过有的村子为了修建戏台而举村外出"化缘"筹资的景况。从地域分布看，山西、河南、河北、北京、陕西、四川、江苏、浙江、安徽、江西、湖南、广西、云南等地新建戏台数量非常可观，现在全国大部分省、自治区、直辖市，仍有数量不等的清代戏台存世。

这一局面的出现，与清代前、中期长达近200年时间内社会相对稳定、经济发展、人口激增密切相关。许多戏台在位置上向后移动，以扩大观众席面积，其中一个因素也是基于人口增加的考虑。戏台的增加及其功能的完善，极大地促进了戏曲的繁荣，促进了戏曲在全国多数地区的广泛流传和地方戏的勃兴，被誉为国粹的京剧也在1790年以后逐渐形成并得到快速的发展。

第二节　中国古戏台保护遇到的问题及其对策

我国的戏曲和古戏台，以其悠久的历史、深远的影响、神奇的魅力在世界上享有很高的声誉，占有非常独特的地位。特别是这些用于戏曲表演的古戏台，可谓是大千世界的缩影，是见证我国戏曲产生、发展、辉煌的宝贵实物，也是我国宋代以来一种特殊类型的建筑遗存。从某种意义上讲，我国的古戏台和戏曲所凝聚和折射出的中华民族的文化特征，正是我们民族赖以生存和发展的精神根柢。若失去古戏台，就意味着中华民族将失去一部分历史。就世界范围来讲，只有中国至今仍完整地保存有10000余座百年以上的古戏台，这10000余座古戏台分布之广、受众之多、建筑之美、影响之巨在世界戏剧艺术史和人类文明发展史上均可堪称奇迹。因此，我们有责任保护好这份宝贵的全人类共有的历史文化遗产，有责任在新的历史条件下开发、利用好这些宝贵的历史文化资源。

近年来，随着国家保护历史文化遗产工作的深入开展，以及戏曲演出、民俗文化研究、古村镇旅游活动的持续升温，古戏台正以一种特殊的"角色"走进人们的视野，成了一道亮丽的风景，勾起人们渐渐淡化的怀旧情思，唤起人们对传统戏曲和传统建筑的深切关爱。更为可喜的是，对古戏台的保护和研究工作，也逐步引起了各级政府和文化部门、艺术研究机构的重视。如2006年浙江省将宁海县"古戏台群"（10座），成功地申报为国家重点文物保护单位，这也是我国历史上第一批以"古戏台群"名义申报成功的国家级文物保护单位；山西省克服资金、技术力量不足等困难，修复了全省现存的大部分古戏台，尤其是重点修复了我国现存最早的、濒临坍塌的高平市王报村二郎庙金代大定二十三年（1183年）戏台，同时修复了临汾市魏村牛王庙戏台等11座元代戏台，在全国产生了很大影响；北京市将湖广会馆、天津市将广东会馆、苏州市将全晋会馆、河南省将郑州城隍庙（这些会馆和庙宇里均建有戏台）辟为戏曲博物馆；浙江宁波市将安澜会馆及其两座古戏台整体迁移保护并将庆安、安澜会馆连为一体辟为浙东海事民俗博物馆；四川自贡市将西秦会馆辟为盐业历史博物馆；河南洛阳市将潞泽会馆、山东青岛市将天后宫分别辟为民俗博物馆；山东聊城市将山陕会馆、陕西丹凤县将船帮会馆分别辟为博物馆；上海市将钱业会馆古戏台整体迁入豫园供游人参观、研究。还有一些古戏台遗存较多的乡（镇）、县（市），由于当地经济欠发达，古戏台分布又比较广，维修资金、看管人力均严重不足，他们拟整体迁移、集中保护、综合利用。这些有效的保护措施，令人欣慰，令人鼓舞。

这里特别介绍一下山西师范大学戏曲文物研究所。该所于1984年成立，其依托山西遗存的丰富的戏曲文物，设立戏曲文物学科，把古戏台作为重点教学和研究的内容，在培养了大批本科、硕士、博士生和推出了一批引人瞩目的古戏台研究成果的同时，也有力地促进了整个山西古戏台的保护工作，该所1998年被山西省委、省政府授予"模范集体"，2009年6月被文化部授予"非物质文化遗产保护工作先进集体"。古戏台保护工作做得比较好的宁海县文物部门也于2007年与宁波大学合作，开展古戏台的教学与研究。浙江省文化厅于2007年开始对全省遗存的古戏台进行普查，绍兴、宁海等地在普查的基础上还组织力量编写介绍本地古戏台的图书，如《绍兴古戏台》（浙江摄影出版社）、《宁海古戏台》（中华书局）；此外，江西、河北、安徽、江苏等地也分别推出《中国乐平古戏台》（江西人民出版社）、《独特的古戏楼》（党建读物出版社）、《徽州古戏台》（辽宁人民出版社）、《江南戏台》（上海书店出版社）等读物。江苏省苏州市则成立昆曲博物馆，而且将博物馆设在有古戏台的全晋会馆里面，并专门开辟古戏台模型展室，制作并展示苏南地区不同年代、不同类型的古戏台模型，这对于弘扬中华戏曲文化，增强人民群众保护古戏台的意识起到了很好的作用。

但是，从全国情况来看，古戏台的保护，特别是维修和管理工作方面还面临很多实际困难和问题。下面主要讲在保护工作方面存在的问题以及应实施的相应对策。

一、中国古戏台保护遇到的问题

从全国情况来看，古戏台的保护，特别是维修和管理工作方面还面临很多实际困难和问题。下面主要讲管理工作方面存在的三个突出的问题。

（一）没有明确的主管部门

长期以来，古戏台所依附的主建筑因其功用不同而涉及的管理部门有文化、文物、宗教、园林、建设等多个部门，还有许多古戏台属于私产。从总体上看，凡古戏台被列为省级以上文物保护单位的，大多数保护工作都做得比较好，基本上都做到了四有，即有被列为文物保护单位的标志、有管理机构、有管理制度、有维修经费。然而，未被列为文物保护单位以及产权属私有的古戏台，其保护工作都普遍较差。

（二）缺乏政策和制度保障

由于国家没有出台专门或相关的法规和政策性文件，各地属于私产和未列为各级文物保护单位的古戏台及其所依附的古建筑被随意拆除、改建和出售的现象仍经常发生，国家文物局古建专家组组长罗哲文曾在北京大学正大国际会议中心举行的"历史文化名城、村镇和民居保护"论坛上讲过这样的情况：皖南、江浙一带，许多老房子被拆掉，精雕细刻的部分没用了，被砍了当柴烧，这很可惜。……这些可是了不起的财富，五千年文化、文明的积累，传统民俗、民风，戏剧都在那儿了[①]。其实，江西省某地近年来曾有人以每座戏台（含祠堂建筑）20万元的价格，将4座清代戏台及其所依附的祠堂出售给外省商人，然而购买者并非为了保护古建筑，他们看中的只是戏台及其祠堂部分老的建筑构件，所以付款后很快就将所需要的那些木质和砖瓦等构件拆下运走，而历经几百年沧桑岁月、曾经承载过几代人情感并清晰地记忆着历史细节的古戏台，眨眼之间就在村民无奈的眼光中永远地消失了。而除拆毁、出售之外，各地还普遍存在着改造性破坏的问题，

---

① 高潮主编：《中国历史文化城镇保护与民居研究》，研究出版社2002年版，第17页。

比较典型的是由于没有相关保护制度以及缺乏保护意识和技术力量，在维修中只是简单地采用现代建筑材料和工艺，对损坏部位和墙头、檐口等处进行"仿古"处理，结果是经修饰、美化后的部位不伦不类，与原建筑极不协调。

（三）维修资金短缺

目前各地乡村中的古戏台，大都是依靠村民自发集资修缮，无论是维修技术还是资金保障都有很多困难和问题，而且经济欠发达地区每年还有许多古戏台因年久失修濒临坍塌，亟待维修却没有资金来源，遇到刮风下雨和破坏性强的地震、台风等自然灾害，只能眼巴巴地看着任其倒塌。

二、古戏台保护的对策

上述问题，若不能得到各级政府重视并予以解决，要想有效地保护好这份宝贵的历史文化遗产是很困难的。根据国内目前的情况和经济条件，站在国家的角度来看，我们需要重点做好以下六项工作。

（一）明确相关职能部门，制定保护政策

这项工作应由文化和旅游部或国家文物局牵头，会同国家相关的职能部门，组织人员就古戏台这一戏曲建筑文化遗产保护的特殊性、必要性和宏观管理上的职能分工问题进行专项调研，尽快确定其主管部门并着手制定和尽快颁布古戏台保护工作相关法律法规，为古戏台保护工作提供法律和政策保障，从根本上防止各种人为损坏现象的发生。

（二）建立保护机制，加大宣传力度

在尚未明确行政主管部门之前，可在国家文物局相关的处室增加一项古戏台保护工作的职能，对全国古戏台的保护工作进行宏观管理、检查和指导，对各地涉及需要维修、迁移和拆除的古戏台开展评估鉴定，组织进行古戏台的学术研究等项工作，或者授权中国历史文化遗产研究院、中国艺术研究院戏曲研究所和中国非物质文化遗产保护中心三者中的一个单位来具体承担上述工作，由国家财政拨付专项工作经费，从组织和资金上保证各项保护工作落到实处。同时，采取多种方式大力开展保护古戏台的宣传工作，不断提高人民群众的保护意识，自觉爱护古戏台，管理和利用好古戏台。

(三）将古戏台维修与保护经费纳入财政预算

从中央到地方，各级政府应将古戏台保护与维修所需经费纳入年度财政预算，为古戏台的保护和维修提供必要的资金保障。特别是对年代久远、有较高的历史和科研价值的古戏台，当地政府应给予充足的维护资金，包括正常维修、平时看护、聘用管理人员等所需的经费，应一并从财政中列支。对于古戏台遗存较多的县（市），确因城乡建设、民居改造等方面需要将几座古戏台整体迁移设立博览区，而当地经济又欠发达，上级政府或中央政府有关部门应予以特别关注，经考察和审核，若方案可行，应在资金和技术上给予支持、帮助。乡村庙宇、祠堂中的古戏台以及一些独立的万年台由于受到多种因素的影响有许多未被列入文物保护范围，住房和城乡建设部实施的古城镇、古民居保护工程能够覆盖的也为数很少，这些既未列入文物保护单位又不在住房和城乡建设部确定的古城镇、古民居范围的古戏台及其所在的庙宇或祠堂，其产权所有者是没有能力维修的，就是被列为县一级文保单位的也基本上没有维修经费。从全国范围看，目前国家财政收入已有显著增长，在行政主管部门尚未明确之前，可暂时归口由国家文物局向财政部提出古戏台保护的专项经费申请报告，或向财政部申请在年度文物保护经费总额中增加古戏台保护专项经费，并制定该项经费使用管理办法，以确保有限的经费能用在刀刃上。

（四）加大古戏台科研教学机构的业务工作力度

艺术研究院（所）、戏曲博物馆和高校等科研教学机构，应加大业务工作力度，以促进全社会保护、研究古戏台工作的顺利开展。希望古戏台遗存较多的省、市在高校中开设相关专业，收集、保护散落于民间的有关文物，在进行这方面人才培养的同时还要开展科学研究，使研究、保护形成一体，以此带动古戏台的保护工作。实践证明，加强科学研究，全面揭示并大力宣传古戏台的历史价值、艺术价值和科学价值，为古戏台保护提供理论支撑是做好古戏台保护工作极其重要的一环，对此各级文化文物部门、艺术研究机构和高校相关的教学科研单位以及有关专家学者都应予以高度关注。历史的车轮已经驶入新的世纪，中华传统文化也随着时代的发展在不断地延伸和拓展。古戏台，这一典型的中国传统建筑和近千年积淀所形成的鲜明的民族特色文化，乃是我们中华民族的宝贵财富。抚今追昔，溯本追源，我们没有任何理由不去认真研究和保护好这份珍贵的历史文化遗产。我们国家现在社会安定，经济发展，国力强盛，全民保护历史文化遗产的意识在日益增强,这为古戏台乃至历史文化遗产保护工作提供了良好的社会环境和经济条件。各级政府只有顺乎民意,工作到位,该花的钱舍得花,于国家和民族有益的事努力去办好,这样才能够使人民群众切身地感受到人民政府是真心为民谋利益的政府,从而凝聚民心,砥砺民志,淳化民风,更好地保护好我国的历史文化遗产,更好地建设我们共同的家园。

(五)严格执行古戏台修缮保护工程

由于我国古戏台较多,择其重点进行保护和修缮,也是连年不断,一批接着一批。这其中有搬迁保护,有局部复原,有重点修缮,有一般维修,也有临时性的抢险支撑和加固。根据《中华人民共和国文物保护法》(以下简称《文物保护法》)中的相关规定,古建筑在进行修缮、保养、迁移的时候,"必须遵守不改变文物原状的原则"。结合1986年文化部颁发的《纪念建筑、古建筑、石窟寺等修缮工程管理办法》(以下简称《管理办法》)中的类别,我国古戏台及其所依附的古建筑修缮保护工程的范围和性质,大体上可分为经常性的保护维修工程、抢险性的加固保护工程、重点修缮工程、局部复原和迁移保护工程、保护性建筑物和构筑物工程五种类型。这五种类型是修缮、保护古戏台的五个侧重面,相辅相成,缺一不可,都是应该予以重视的。

1. 经常性的保护维修工程

经常性的保护维修能使隐患消除在萌芽时期,尽量减少大型修缮。这种保护维修是指在不更动古建筑文物的外貌形制、材质结构、装饰色彩等情况下所进行的经常性的保护维修工作。例如:整修瓦顶,局部揭瓦补漏;修补台基,铲除台基附近的杂草、树根,修剪瓦顶和屋檐附近的树枝;梁枋折损和墙体裂隙后,进行简易加固;确保台基四周土层牢固,填平庭院坑凹,砌筑渠道,疏通内外排水;填塞墙体的自然裂隙,拆除鸟巢,减少风力、污土和鸟禽粪便的侵蚀污染;清除庭院的杂草和易燃品,清除安全隐患;绿化美化,整洁古建筑群的内外环境等。这方面工程做好了,可以保持古戏台在较长时期内不塌不漏,延长建筑寿命。这样做,不仅是从当前的经济条件和技术力量出发,更重要的是有利于较长时间的保存古建筑现状,为考察研究工作保留实物证据,为大型修缮前的勘察测量、编制修缮方案、申请立项、筹集资金、准备和加工材料等准备充足的时间和条件。中华人民共和国成立以来,凡是这方面工作做得好的古戏台及其所依附的古建筑群,保护效果就好,如太原晋祠、崇善寺、介休后土庙、晋城玉皇庙等。反之,残损情况就易于出现且不断加剧。这类保护工程所费资金不大，易于筹集，技术比较简单，便于掌握和操作，而且对各种类型的建筑都适用，很有普遍性，对此应给予重视和推广。

2. 抢险性的加固保护工程

有些古戏台因年久失修、风雨侵蚀和地震波及而发生倾斜、扭闪、裂隙、沉陷和梁枋折损等险情，同时还威胁着周围建筑的安全。鉴于种种原因，如经费、技术、物资等各方面条件还不成熟，或者即便成熟，但还未完成测量绘图、编制方案、技术设计、专家论证、上报审批等项工作，一时还不能进行修缮和复原工作时，必须采取临时措施，进行抢险性的支撑和加固，使其现状继续维持，并给以后较大的修缮或复原工程留下充足的准备时间。这种方法是古戏台发生突变或危及文物安全的险情时所采取的抢救性措施，诸如支顶、斜撑、戗牢、牵拉、堵挡、加固等。在支撑加固时，要注意它结构上的应力和力学上的反作用力，要注意加固与被加固后的变化。例如：建筑物的支撑和斜戗，要避开它的剪点和应力范围；梁枋折损后支顶，要尽量扩散剪点的荷载面积；壁画、雕刻等艺术品的加固和保护，要注意化学变化和气候所引起的反应。在这方面，即便是试验性的加固保护，也必须在可靠的基础上进行。切忌无把握地在文物上做试验，一旦试验失败，损失无法弥补。诚然，这种抢险性的支撑和加固是临时性措施，并不是一劳永逸的办法。有的在支撑加固之后，残损情况没有明显变化，较大的修缮和复原工程可以缓期进行；有的因构件腐朽或折损严重，基石沉陷，建筑歪闪，时间不会延续很久，但可给彻底修缮以准备的时机。遇有地震和暴风雨，更是难以避免险情加剧，因此抢险性的支撑和加固势在必行。

3. 重点修缮工程

重点修缮工程是指对文物保护单位的主体建筑或重要建筑进行较大规模的重点修缮和落架翻修的工程。修缮工作是古戏台保护工作中的重要环节。由于古戏台的残损情况不同，规模、形制和结构各具特色，修缮方法也不完全相同。例如：山西省临汾市翼城县武池村元代戏台，建筑倾斜，构件折损，台基残坏，就重点进行了修复台基、加固构件的大修工程；山西省介休市清建玄神楼，地形变化，楼基陷于坑凹之中，雨后积水，且梁架部分折损，楼身出现倾侧，荷载失去平衡，则进行了增高台基、加固梁枋构架的重点大修工程。重点修缮工程规模较大，技术复杂，投资额亦巨，必须事先做好实地调查研究和勘察测绘工作，在充分掌握科学资料的基础上，经过认真分析研究和广泛征求意见后编制切实可行的修缮方案，严格进行技术设计，经审批后付诸实施。施工中应严守各项施工程序，预制和加工各种材料，严格保持古建筑原状、原构和质量。

4. 局部复原和迁移保护工程

有些古戏台已逾数百年乃至近千年高龄，年久失修，台基坍塌，墙体倾斜，梁架折损，降低了古建筑的历史、艺术和科学价值，现状已不能继续维持，需进行大型修缮或落架翻修。在修缮过程中，对坍塌毁坏部分、构件已失或经后人改制与原状极不协调的项目，经过发掘清理和考察研究，取得可靠证据后，可予以复原。例如，山西省临汾市魏村牛王庙戏台、东羊村后土庙戏台两座元代戏台，构件残损，台基塌坏，屋顶漏雨，翼角沉陷，前檐后人增设抱厦改为新式台面，严重地改变了元代乐楼原制。经考察，发现后人于两山面前部增砌墙壁和在前檐增设抱厦，但均未损害原构，故修缮时逐项进行了复原，再现了元代乐楼旧观。还有少数文物保护单位中的古戏台及其附属文物，因国家建设需要而进行迁移复原和迁移保护工程。不过古戏台的迁移保护不宜提倡。它脱离了周围的环境和地理位置，有损于古建筑文物的完整性和总体风貌，与历史人物、历史事件相关联的建筑物有时会发生脱节现象。对此，应予严加控制，不到迫不得已时，不应异地保存。

上述局部复原和迁移保护工程，较重点修缮工程尤需慎重。除事先进行实地调查研究、勘察测绘（包括地基勘探）、清理发掘，掌握充分的依据，进行修缮复原设计和迁移保护设计外，修缮复原方案和迁移保护方案必须经专家充分论证，然后审批实施，使其建立在可靠的科学基础之上。局部复原工程中的科学依据、所用材质材种、操作方法和工艺流程等，必须载入设计文件之中。迁移保护工程中的新址环境、地质资料、地形地貌、风力雨量和搬迁过程中的安全措施等，也必须列入设计文件之中，逐一落实，以保证文物、建筑安全无恙。

5. 保护性建筑物和构筑物工程

保护性建筑物和构筑物是指古戏台及其所依附的古建筑周围为保护文物安全而设置的建筑物或构筑物。保护性建筑物和构筑物工程不是直接修缮文物的工程，而是在古建筑之外附设或建造保护性设施的工程。保护性建筑物和构筑物，为原先文物保护单位和古建筑群中所未有，无"原状"可言，即不存在保存原状问题，但因它处于文物保护单位之内或古建筑群中，体量、造型、材质、结构和外观样式，要与古建筑区域和周围环境风貌相协调，不可采取西洋式如圆形、三角形、现代楼房样式等，亦不可过于华丽，喧宾夺主。这些保护性建筑物和构筑物如果是永久性（固定性）的，随着时间的推移，它将必然地逐渐成为文物保护单位的组成部分。在实施保护性建筑物和构筑物工程的时候，我们同样应持慎重态度，在经过实地勘察研究之后，要先征求有关专家意见，然后精心设计，精心施工，以保护文物安全的功用为主，兼顾其形制、结构、色彩和工艺手法，切不可贸然行事，遭后人责备。

（六）防止人为破坏，保护戏台环境

做好古戏台、古建筑经常性的保护维修工作，防止自然和人为的侵害，使其益寿延年。例如，拔草勾抹，清扫瓦顶，疏通渠道，保证雨水畅通，防震抗震，消防护卫，清除尘土，绿化环境，防虫防鼠等。这是文物保护人员的职责，也是保护好古戏台、古建筑的重要措施。

保护好周围环境也是保护好古戏台的一个重要方面。古戏台周围的地理位置及其环境是文物建筑原状不可分割的整体。许多古戏台与四周环境形成和谐的格调。它们的总体布局、建筑体制、高低层次，与其周围的地理形势有着直接的关系。古人对于古建筑的设置大多择地营造，或居于山巅，或建于平地，或置于河边，或居于乡村。古建筑与周围的地形地貌相互衬托，犹如中国的山水画卷，千变万化，很少雷同。同时，周围的地形地貌、山水树木、自然风光与古建筑交织在一起，相互辉映，形成一个完美的整体，使得古建筑更为宏伟壮丽。破坏了周围的环境，就破坏了它的协调和统一。整体受到损害，个体（甚至是主体建筑）的成就再高也已失去它的完整性，其价值也必然受到影响。各行各业在进行建筑活动的时候，往往从自己本单位或本系统的利益出发，损坏和改变古建筑环境风貌的现象不断出现。这种情况城市有，农村也有。建设管理部门和文物工作者应认真履行自己的职责，不仅要有足够的认识，而且要与有关方面通力合作，采取有效措施，保护好古戏台、古建筑周围的环境和风貌。

第三节 中国古戏台保护性修缮程序

在古戏台及其所依附的古建筑的修缮过程中，除经常性的保养维修工程外，重点修缮工程等大型保护工程一般分为勘察设计、组织施工和竣工验收三个阶段。上述三个阶段，相互促进，相互制约，又相互连接，不可倒置交错。将其连贯在

一起,是古戏台、古建筑修缮保护工程的一个完整体系。该体系中既有我国《文物保护法》和《管理办法》中的许多法规和政策性问题,也有勘察设计和施工方面的许多技术问题,还有工程管理和技术管理方面的许多方法和措施。在每个阶段之中,又有着许多具体的环节。逐一实施,古戏台的修缮保护工程既可顺利进行,又可达到预期的目标。

一、勘察设计

勘察设计阶段包括如下四个环节。

(一)实地考察、申请立项

考察内容包括保护单位的名称、位置、建筑的部位、年代、规模、形制、结构、价值、法式特征、主要残坏部位的状况和修缮的必要性等,撰写成简要的勘察报告,并附现场拍摄的照片,经主管单位同意,按照文物保护单位的级别,上报同级文物主管部门申请立项。考察的主题,是古戏台及其附属文物出现的险情或发生的突变。考察的目的是申请立项,争取资金、技术,尽快修缮和保护。那么,在考察过程中和撰写考察报告时,古戏台及其附属文物的价值和残损情况必然是其主体。因此,实地考察就是要如实地反映文物历史、科学和艺术的三大价值和现状,较准确地反映其残坏程度,以便审批机关斟酌险情危急与否,权衡发展后果,考虑修缮方法。例如,外围塌方、水土流失、洪水漫入,或者雨雪飘洒、风沙侵害等,则砌堤、筑坝,或构筑屋檐、抱厦之类,即可以得到保护。如果脊兽残坏,瓦顶漏雨,墙体局部腐蚀,装修损坏,地面凹凸不平,但柱额梁架尚且规整,则补配或加固脊兽、勾抹瓦顶或局部揭瓦、补葺装修、重新铺墁地面等,即可安然无恙。如果建筑物发生倾斜,柱子梁架随之歪闪,构件出现脱榫或拔榫现象,但基础尚固,柱、额、梁、枋等构件没有明显的垂弯、腐朽、劈裂、折损等情况,则揭去瓦顶后抄平拨正,加固原构榫卯,重新铺钉椽望,重新铺瓦,安装脊饰,便可恢复原状。如果出现基础沉陷,屋宇倾侧,柱子腐朽、歪闪,斗拱折断,梁架额枋垂弯、裂损,檩椽滚动、拔钉等情况,那就需要进行局部落架修缮、全部落架大修或局部复原加固。当残损情况严重,有倾塌折损之虞,或因风雨、地震造成突变而出现严重危险时,应立即上报,予以抢险加固。至于迁移保存或异地复原的项目应是极少数。除大型现代化建设工程需要和地形变迁无法原地保存者外,一般不应采取迁移保护的方法。

考察时的照片，是反映古戏台等古建筑文物价值和残损情况最真实的记录，以现行扩印规格8厘米×12厘米或12厘米×18厘米为宜，附于考察报告之后，注明名称和部位，供审批立项时参阅。照片的内容应包括保护单位和残坏建筑的全貌、局部、檐头斗拱梁架结构、装修雕刻和残坏部位的险情等。照片所反映的情况，应与考察报告相吻合。若有实测图纸，则还应附上建筑平面图、残坏建筑全貌图和残损部位大样图，使照片和图纸所反映情况更加确切、完善。经批准或同意后，予以勘测设计。

（二）勘察测绘、方案设计

已残坏的古戏台及其所依附的古建筑，凡需重点修缮（包括落架大修、原件翻修、局部落架拨正等）、局部复原和迁移保护的工程，在申请立项批准之后，即行组织力量实地勘察，进行方案设计。方案设计必须具备四方面内容：勘察测量，绘制现状实测图（包括总体图、单体图、局部图和大样图），将残损部位和残损情况明确地绘制在总体图、单体图和大样图上；根据残损情况和原因制订修缮方案，绘制修缮方案设计图，修缮方案设计图应包括地形位置图，总体平面图，总体剖面图，单体建筑（修缮对象）平、立、剖面图以及主要残坏部位的修缮加固图等；搜集有关资料（碑文、题记、文献记载和测绘资料），写出现状勘察报告和修缮概要说明书；按照残损程度和修缮加固方法估算投资总额，编制修缮投资概算总表。方案设计中的勘察报告，较申请立项的考察报告内容要更加完善、系统。除前已述及者外，保护单位的总体布局、周围环境、地形地貌、史料考证、建筑规制、法式特征、特殊结构、雕刻艺术，附属文物（石刻、壁画以及戏台附近的古树名木、名贵花卉等）都应罗列在勘察报告之中，为技术设计和审定方案提供依据，为建立文物档案和开展科学的保护研究工作积累资料。方案设计是古戏台及其所依附的古建筑修缮保护工程的关键。它涉及工程的范围、规模、工期、修缮方法和基本投资总额等诸方面。为慎重起见，除需具有独立承担工程设计能力的专业人员主持外，还应征求古建专家和有关方面的意见，以求尽善尽美。方案设计的文件、图纸、概算及附件完成后，经主管单位同意，按保护单位的级别报同级文物主管部门审批。审批过程中，大型项目都要经专家论证或现场考察验证，对不当之处及时加以修正，然后核准实施。

按照《管理办法》，方案设计应提交审核的文件包括以下几种：

（1）现状实测图（包括残破状况图）和修缮方案设计图。

（2）现状勘察报告。

（3）修缮概要说明书（修缮方案说明书）。

（4）修缮投资概算总表。

在方案设计中，现状实测图要尽可能地周详、齐全。其中残坏状况在总体图和大样图中都要明确具体，倾侧、沉降、折裂、拔榫等都要有具体的部位和数据。修缮方法要以保持文物原状和坚固耐久为本。投资概算要有计算依据，特殊情况要叙述清楚。

（三）技术设计

技术设计是在现状实测图和方案设计的基础上进行的。依据实地勘察测绘资料，按照建筑形制、结构、残坏程度和数据，逐项分析研究，经过测试、演算，然后进行技术设计。技术设计的内容包括基础设计、木构屋架设计、瓦顶设计、装修及油饰断白和彩画设计等。基础设计，涉及建筑地表以下砌体重筑和砌体加固，地面以上台基、台明、柱础、地面铺墁等项；木构屋架设计，涉及柱子、额枋、斗拱、梁架、檩、椽等大木构件的拆卸、检修、墩接、拼合、加固和安装；瓦顶设计，涉及瓦件规格、沟垄布列、翼角翘起、脊兽样式、脊身砌法、脊桩位置及瓦顶坡度和脊身弧弯度；装修设计，涉及门窗、格扇、天花、藻井、门楣、花罩、雀替、勾栏等部件的残坏加固和照旧复原；油饰断白和彩画设计，涉及下架柱子、门窗和上架椽飞、连檐、瓦口、搏风、悬鱼等部件上的油饰复原、油饰做旧，上架额枋、斗拱和廊下及殿内木构架上的断白做旧或彩画复原，油质、色彩、图案等均需设计清楚或文字需表述明确。凡是要进行修缮加固和复原的项目，都需要进行技术设计，绘制总体设计图、分项设计图和大样设计图。技术设计图纸中所反映的是被修缮建筑物的全貌，即建筑的全部、局部、各个细部和附属文物。例如，基础构造和挖砌规格、台基形制和砌筑方法、柱础位置和雕造样式、地面铺墁形式和缝隙连接方法；柱额侧脚和生起，斗拱、梁架等大木构件的墩接加固部位、加固方法及安装时的相互连接构造和加固连接效果，檩材与梁架的搭连方式，各种榫卯的连接部位，椽望板的间距与铺钉方法，檐出尺度，转角的翘起及翼出规格；屋顶瓦垄的间距，灰背泥背的厚度，脊兽形状和内注材质，脊座和脊身砌筑方法，瓦顶各部的弧线与翘起等；勾栏、天花、藻井等装修项目的形状。规格、图案、线角样式、修配加固方法和复原要求等，都要在技术设计图纸上全面地反映出来，要求形象准确，装配合适，各数据准确无误。

为了施工方便，以求获得设计的预期效果，在技术设计时还应该绘制施工详图。例如，素土和灰土层次，糙砖和明砖的分界，各种石料的斜度、角线和连接处的榫卯构造，磉墩和础盘的规格与厚度，柱身侧脚线和柱底斜面，各大木构件和斗拱、额枋的榫卯部位和连接方法，加固构件的具体部位、加固方法和铁活（或玻璃钢）规格，铁活铁箍搭扣和螺栓丝口长度，角椽后尾的砍制和铺钉方法，正身椽的布列与拉杆椽的固定，梁架铁活的部位、样式与功能，斗拱加固件的铺设、固定与隐藏，屋顶灰背层、泥背层的材料配比、厚度与折弯处的垫层要求，脊桩部位的固定，脊内砌体或灌注要求，脊刹吻兽的拉链部位与连接方法，装修、勾栏、经橱、牌匾等细木作的组合结构、线角交叉规格和各种雕刻图案花纹的样式、尺度和要求，特殊部件更换彩画图案的临摹和复原，附属文物的保护木架、垫层和防风雨设施等，都是施工详图中所要反映的内容。

技术设计的主要文字资料，是技术设计书和施工说明书，如有特种材料和特殊需要，还需有材料试验报告。修缮范围，修缮方法，各项技术设计（包括复原部分）的依据、数据、规格、技术要求和技术指标，各部位的结构效应，各种负重构件的抗剪、抗压、抗弯和荷载功能（包括演算结果或模型试验效果），檐墙内柱子的通风设施与防腐措施，瓦顶及台明四周的防碱、防腐、防渗、防虫蛀的各种技术要求，都要列入技术设计之中。若需特种材料或有特殊要求者，亦应在技术设计书中加以标明，并将材料试验报告或科技测试文件附于设计书之后，以资参照。施工说明书，是修缮施工的指导性文件。它包括施工方法、施工步骤、施工现场规划、材料品种和规格质量、材料加工、施工设施、架木的负重及安全要求、施工中应该注意的问题等项。在每个项目中又有许多具体的施工内容。例如，施工方法有基础筑打法（有的需要防震），基础及台明、月台砖石砌筑法，化学加固法，构架安装连贯法，瓦顶防渗防漏法，板瓦叠压与脊兽安装法，油饰地仗与断白退光法，彩画复原做旧法等，这些方法都必须在施工说明书中一一说明。又如，施工步骤是古戏台、古建筑修缮保护工程科学化、规范化、条理化的一个重要方面，也是保证质量、节约资金的一项重要措施。木材干燥，定制砖瓦脊兽，加工残损构件，搭设保护壁画的棚架，建造工棚库房等施工设施，都必须安排在施工前期进行，亦可作为施工前的准备工作。如果需要揭取壁画、迁移碑石，亦必须在拆卸建筑屋顶之前进行。随之，拆卸建筑构件，逐一检查修补，同时加固基础，砍磨砖石，砌筑台基台明，归安柱础，安装柱额屋架，布椽，钉望板，然后苫背挂瓦，装配脊兽，墁地油饰，至此告竣。工序安排不慎或步骤一旦紊乱，不仅窝工浪费，而且会影响修缮质量和文物建筑的原状原构，对此必须持以慎重态度。再如，施工现场规划是实现修缮计划的一个有力步骤。按照备料、加工、拆卸、检修、安装等施工阶段，仔细规划施工场地，急用材料就近，后用材料略远，减少二次搬运和建筑构件的碰撞损伤，留以安全通道，备有安全设施，制定安全规范，防患于未然。旧木构件拆卸后的检修、加固和搭套场所，要防风、防雨、防潮、防砸压，同时要与厨房、茶炉房、暖气锅炉等易燃和易污染区域间隔相应的距离，以防意外。

至于材料的品种和规格，是保证古建筑原状和工程质量的关键所在。以木材为例，品种不同，荷载功能和抗弯、抗剪性能都有很大差别。有的易劈裂（落叶松），不宜作装修雕刻和细小部件使用；有的易变形（榆、柳），不宜作枋材、板材和装修边框使用；有的耐腐（落叶松）；有的耐碱（红油松）。古人常根据材料的性能确定材料的用途。在古建筑中，一般斗拱多用榆、槐，门窗、平棋、藻井等多用红松或白杨，其他大木构件则用落叶松或红油松为多。有关材料的选择和加工，是确保质量的重要因素。如琉璃的补配黏接、大木构件的干燥、圆形断面构件和承重大型枋材必须用轴心材制作等，都应该注解清楚。施工架木的承重，工棚库房的安全要求，壁画存放和修复加固房舍的条件，塑像搬迁的存放地点与安全设施，施工中新发现的榫卯、结构、题记的处置方法等，所有这些都是施工过程中必须涉及的问题。施工说明书作为施工修缮的文字依据和指导性文件，解决这些问题的方法和要求，当然应囊括其中。

技术设计的另一个重要内容是修缮设计预算，即工程造价预算。这是设计项目能否实施的经济基础。设计预算的编制有分项预算和总预算两类。分项预算详细具体，总预算是各分项预算的综合。各种预算多是按现代工程预算分类法，由直接费用和间接费用两个部分组成的。直接费用包括材料费（材料的购买、运输、加工等费用）、工资（泥、木、瓦、石等各工种工资，近距离搬运工及工伤、病、雨、节假日等辅助附加工资）、运输费、施工设备费（包括架杆、架板、机械等费用）、工具费、工地设施费（工棚、库房、居舍、灰池、加工构件场地、存放和加固壁画房舍等费用）、安全设施费（消防设施购置及维修费、施工安全设施费）以及其他直接费用和不可预见费用等。间接费用包括工程管理费、仪器设备费、劳动保险费、专家论证费、资料费、材料测试费、技术咨询费等。如果是企业承揽施工任务，间接费用中还应该包括利润和税金。设计预算应按照文物建筑修缮定额编制，在没有统一的文物建筑修缮定额前，参考古建筑工程定额编造，分项计算，然后汇总。设计预算应附有预算说明，如遇特种材料或特殊项目，在预算金额和说明文字中应注释清楚。编制设计预算除定额外，要有工程量计算作依据，按照工程量计算工料。材料规格要加上榫卯尺度和正常的损耗率，对各类材种材积构件进行拆卸、检修、安装时需保护彩画图案和油饰色彩。各种构件的登记编号、检修加固、复制复原，壁画的揭取、加固、修复、安装，各部件的校核、搭套、高度确定等程序，都需要增加相应的用工数量，而且多是专业技术甚强的工种。为提供审核方便，在上报设计预算时，可将工程量计算和材料计算一览表附在预算后面，作为编造预算依据。如果工程项目特殊或所用材料奇异，应将研究报告和材料测试报告附上，以资参考。

在古戏台修缮、复原和迁移设计中，凡遇水位、风力、雨量、冻层、污染、震级设防等影响文物安全和质量的客观因素，应与当地气象、地质、环保、建筑等部门联系，取得可靠的数据和资料，并贯穿于设计之中。凡遇地基、基础和隐蔽部分承重结构，技术设计应尽可能地保持原状，即保持原有的材质、结构和做法。如因水位下降，地层地质发生变化，或因水土流失，滑坡塌方，建筑基址出现突变和险情时，经专家论证无法保护原状者，经批准可参照中央人民政府有关部门或地方人民政府颁发的现行技术规范设计。

（四）修缮设计

有些重点修缮工程虽然规模较大，投资亦巨，但它属于现状修缮性质的工程，建筑构件损坏情况并不严重，没有较大或较多的加固项目或复原项目，没有特殊的技术难题和施工难关，申请立项无须进行方案设计，可以简化一道设计程序，将方案设计与技术设计合并在一起进行，一次完成，一次上报审批。这样的设计可命名为"修缮设计"。修缮设计图纸可以将方案设计图和技术设计图归纳为一体，修缮概要说明书（修缮方案说明书）和技术设计书、施工说明书可以罗列在一个文件之中，其他与上述两项设计内容相同。

按照《管理办法》，修缮设计应提交审核的文件包括以下几种：

（1）现状实测图（包括残破状况图）、修缮设计图和施工详图。

（2）勘察研究报告（包括残损缘由和残损状况）。

（3）修缮概要说明书（包括技术设计书、施工说明书及材料试验报告）。

（4）修缮设计预算（附工程量计算及材料计算一览表）。

(5)建筑规模、特征及残损现状照片。

上述任务完成后,按照文物保护单位级别,报请上级或同级文物主管部门批准实施。

在对古戏台及其所依附的古建筑的勘察设计和施工中,只要不是已缺部件和拙劣的修补,不影响文物的外貌、结构、形制和价值者,要尽可能保留历史痕迹。因为它记载了古建筑变迁内容和历史信息,给考察研究以确实的正确的证据和实物资料。自身有可靠证据者,经论证批准可以恢复,但要禁止以恢复原状之名,无据改换古建筑上的部件或增添新项目和新样式。在古戏台、古建筑中,往往主体建筑或主要建筑是早期的,附属建筑是后期重建的。这是现存许多古建筑群中历史留下来的痕迹,在无据复原的时候,应当按照历史留下来的面貌保护。这其中有些附属建筑和后配部件已经过数百年岁月,业已成为具有历史、艺术和科学价值的文物。决不能因为附属建筑是后世重建或添建的就全部拆除。更不能因为附属建筑是后世重建过的,我们就可以在其中再加以改建或增添与古建筑不相协调的其他建筑,这同样是破坏了文物建筑的原貌。对此,设计、施工和审核部门都必须视作原则问题予以坚持。

在勘察测绘、制订修缮方案、进行技术设计及修缮设计和施工的过程中,无论修缮或复原工程,都要尽量地保护和使用原有构件,如柱子、额枋、梁架、斗拱、檩、椽、瓦件、脊兽、门窗、天花、藻井,以及砖瓦、石料、雕刻等。原有构件未残者继续使用,已残者(包括劈裂、折损或腐朽)要设法加固(化学加固或铁活加固)后继续使用,尽量做到原状、原貌、原件、原构,不应轻易地更替。尤其对于历史较长的古戏台(明代以前),要坚持"整旧如旧",古香古色。有人认为,历史上修补古建筑都是"焕然一新",现在好不容易修缮一次,最好更换成新的,既整齐又坚固。历史上各个朝代对文物的价值认识不足,也没有形成保护古建筑文物的基本原则,故而不能苛求古人。如今我们不仅认识了古建筑文物的历史价值、艺术价值和科学价值,而且有了修缮古建筑文物时应遵循的原则。我们必须贯彻《文物保护法》和《管理办法》中的有关规定,坚持原则,不能迁就,尊重科学,求真务实。因为文物是不能再生的。古建筑文物是数以千计或万计的构件组合安装而成的,几乎每个构件上都有其明显的时代特征和风格,艺术构件尤为突出。保护古戏台,就是要保护古戏台及其依附的古建筑上的各个构件。如果更换构件过多,或者更换了主要构件和重要艺术部件,那就不成其为有时代特征的古建筑文物,而成为某一古建筑文物的复制品了。这样做,有损于古建筑文物的价值和声誉，也违背了保护古建筑文物的原则和法规。至于除基础加固外，改变建筑物本身的木质构件为钢筋混凝土构件的做法，那是抽筋换骨，改变古建筑文物的材料质地，与"不改变文物原状的原则"就偏离得更远了。

二、组织施工

修缮方案和技术设计、修缮设计核准后，即可组织施工。施工全过程大体上分为前期准备阶段和施工阶段两个部分。前期准备阶段的工作主要包括准备材料，定制特种规格的砖瓦、石料及特大木材，购置或建造施工设施，加工各种残缺构件，建造保护塑像、壁画、雕刻的屋宇棚架等。施工开始后，应着重抓好工程管理和技术管理两个方面的工作。现分述如下，供各地修缮或修复古戏台时参考。

（一）前期准备阶段

设计文件核准后，组织有关方面负责人成立修缮保护工程管理机构，确定技术人员、工程管理人员、财会人员和材料人员，明确规章制度，明确工作责任，使全体人员全身心地投入古戏台修缮保护工程中。严守文物保护原则，遵照设计文件制定工程进度计划，保质保量完成各项工程任务。

根据古戏台的修缮要求和设计规格，准备材料。定制或加工特种规格的方砖、条砖、瓦件、脊兽、各种石料（料石、片石、台阶、压檐、勾栏、望柱、柱础等）、各类木材，加工铁件。同时购置施工设施——架杆、架板、起重机具、加工或转运设备、防风雨设备等。开辟施工场地，购置消防安全设施，为存放材料和建筑构件备足地盘，留好通道，给施工搬运和消防以方便。选择或组织施工队伍，审定技术工人修缮古戏台的水准，建造工棚库房和职工宿舍。加工材料和预制残缺构件，若主建筑也一同维修，还应支搭保护建筑群中的塑像、壁画和殿基的防雨工棚和房舍，要求做到防风、防潮、防砸、防压、防撞击。

施工单位在施工前还必须对被修缮的建筑物的全部构件进行数量和体量测算，以便建造相适应的工棚库房，给检修、消防备以场地和通道。这些工作都需要一定的时间，可绘制图纸，制订方案，使其科学化、规范化。已缺部件和残坏严重无法加固继续使用的构件，以及批准复原项目的构件，如椽子、望板、连檐、瓦口、悬鱼、斗拱的缺件等，都应该事先加工制作。古戏台上的门窗、装饰、天花、藻井等小木作的材料，需要事先按规格加工制作。建筑物附近的古树名木、碑刻铭文、名贵花卉，需要事先迁移或支搭保护棚架。如果壁画需要揭取或补强，也需要在建筑物拆卸前进行。这些工作既是古戏台修缮施工的前奏，又是保护古戏台及其所依附的古建筑的一个必不可少的阶段。它与古戏台的修缮质量和施工工期有着直接关系。选料不佳或候干期较短，质量必然受其影响。其他准备工作不充分，古戏台施工过程中就会出现忙乱，甚至拖延工期，工程投资也必然增大。对此，施工前的准备工作必须给予足够的重视，使其条理井然，预计周全。

（二）施工阶段

施工阶段是设计方案和设计文件的实施阶段，所有设计资料上的指标、措施和要求都要通过施工逐一实现，并见诸实效。这是修缮古戏台最复杂、最忙乱的一个阶段，也是最见成效的阶段。中华人民共和国成立以来，修缮古戏台的组织形式大体上有三种类型：一是文物保护管理部门内部有工程管理人员和技术人员，招聘工人，直接经营；二是与建筑企业签订合同，由建筑企业全部承包；三是与资质相应的建筑队伍签约修缮，包工不包料。如果采取企业全部承包的办法，那么施工中的管理、技术等方面的问题全部由乙方负责，建筑材料、施工设备、施工机具、技术检测等均由乙方承担，甲方仅承担技术监督和质量检查责任。这样的做法，文物保护管理部门略微轻松一些，但投资额较大。若文物保护管理部门招聘技工自己经营，或请有资质的建筑队伍施工，则文物保护管理部门承办材料、设备和机具，投资较为节省，但在管理方面必须严格程序和在技术上监督指导。根据近年来的实践，施工阶段大体上包含工程管理和技术管理两个方面的工作。

1. 工程管理

一座较大古戏台及其所依附的古建筑的修缮，往往需要跨年度施工。其间，施工计划、劳务计划、资金管理、材料供应、设备购置、安全消防、环保卫生，以及分项检查验收等，都是工程管理方面的事项。

（1）制定施工计划是施工开始的第一任务。修缮保护工程能否科学地进行，能否杜绝停工待料、窝工浪费现象，制订施工计划是其关键所在。按照施工说明书中的方法、步骤和古戏台的特殊要求制订施工计划，在总进度计划的基础上，分别制订材料计划、用工计划、机具调用计划、资金计划等。这些计划不仅要有年度的进程和项目，而且要有季度、月份的进程和项目。每个阶段（年、季、月）和每个项目的工、料、机具、设备用量、特殊材料和设备的规格、品种，特殊工种的技术要求等，都要列入计划之中。

（2）制订劳务计划。根据工程量和工程进度测算用工数额，制订劳务用工计划。按照施工进度将劳务计划分年度提前上报劳动管理部门审批。对于熟悉古戏台修缮的技术工人和有特殊要求的工种，要早做调查研究和必要的考核，逐个签订劳务合同。其中工期、待遇、双方责任、劳保福利等都应详细载入合同之中。

（3）进行资金管理。施工计划确定后要按年度和季度上报施工计划和资金预算。在通常情况下，年度资金预算要在前一年第四季度上报，便于上级资金管理部门做出安排。资金的管理要按季度向管理部门和银行报批用款计划，严格按照批准的设计预算执行，专款专用。超出设计范围以外的工程项目和变更项目所需资金要按照程序报请资金主管部门审批后方可进行。间接费用分配标准和控购物资，按财政部和当地政府有关规定执行。

（4）保证材料供应和进行设备购置。除定购和预制的特殊规格、特殊品类的木料、砖瓦、琉璃、石作等构件外，其他通用的木材、灰砂、石料、铁活、化学材料、油饰彩画颜料等都要按照施工计划及时备妥。有些材料的规格质量要请技术人员检验，防止以劣充优，以次充好。各种设备和工具——架板、施工机具、起重机械、小搬运设施等，依其施工计划中的项目提前购置。有些机械设备使用期甚短，亦可就近租赁或雇用，尽可能地降低工程造价。材料、设备和工具的购置、保管与使用，要建立完备的入库、出库、领用、退还、消耗报损等手续，以便准确地核算工程造价和成本。如果几个项目同时开工，要分别计算，不可混淆。

（5）安全消防和环保卫生。施工开始以后，防火、防盗、防雨、防风等安全防护工作要安排到重要议事日程上。施工现场的消防通道、消防设施（消防车、消防栓、灭火器等）以及消防制度和安全保卫人员必须健全。其中安全保卫人员要经过当地消防部门专业培训合格。拆卸和安装时的架木要转角固定，四向戗牢。上下坡道和架上四周要有护栏和踏道木条，架上操作人员要有安全带和安全帽，以确保人身安全。重点文物保护单位多是对外开放的场所，参观者甚众，施工修缮期间可以减少一些参观活动，但不可能杜绝，环境保护和卫生工作要纳入计划之中。它与安全工作是紧密联系在一起的。施工现场要经常维护，木屑、污土和杂料应及时清除，要建立环卫值班制度，及时清理整顿，定时定期检验，确保环境卫生符合标准，使修缮保护工程建立在安全而有条理的氛围之中。

（6）分项检查验收。按照施工计划和工程实施情况，各个工程项目的开工、竣工日期，各个季度工程的进展情况和工程量，特殊项目的完成时间都要及时上报，以便上级机关和质量监督部门掌握工程进展，选择适当时间实地检查、指导。

古戏台修缮保护工程有许多隐蔽项目，如基础加固、砖瓦砍磨、木质构件检修加固、斗拱装配、梁架安装、椽望铺钉布列、铁活加固等。为了确保工程质量，必须请上级主管部门和质量监督人员分项检验签字。

2. 技术管理

技术管理是保证古戏台修缮质量的关键。抓好了技术管理，质量就有了保证，放弃了技术管理就等于放弃了质量，这是不容置疑的。技术管理是通过技术人员加以实现的，而技术人员的水准和责任心是决定其能否做好技术管理工作的关键。各司其职，各负其责，分工合作，全面强化各项技术要求，工程质量就能建立在科学可靠的基础之上，达到预期的目的。技术管理的程序和内容很多，除与现代建筑雷同项目参照现行规范外，古建筑特有的技术要求和内容有以下几个方面。

（1）严格选择材料，是技术管理的首要任务，也是保证修缮保护工程质量的重要手段。文物保护单位的古戏台与其他系列的建筑不同。古戏台是戏曲表演的载体，曾见证过我国戏曲的形成、发展和辉煌，也是我国社会的形象缩影。修缮古戏台，无论是继续使用它，还是供人们观赏，可以证明历史上的科学技术和文明程度，激发人们的爱国热忱和民族自尊心。修缮古戏台的材料，必须优质、高标、强负荷。砖瓦、石料、沟滴、脊兽（包括琉璃和布灰色脊兽两类），必须棱角方正，尺度规范，形象准确，敲击响亮，色泽合度，耐压力达标。大木构件（柱、额枋、梁架、檩材等），北方通常用红油松（华北落叶松）或一等落叶松制作，无节、无疤、无裂痕。斗拱构件，据修缮所见，大都用榆木、槐木（忌用黑槐）加工，负荷能量较大，不易劈裂。横披、天花、藻井等装修部件，用干红松修配，不易变形。椽柱、檩柱等圆形构件与承载量较大的梁袱、角梁等，必须用轴心材制作，不得用枋材加工。因为枋材和轴心材的负荷能量悬殊颇甚。上下架油饰，必须用桐油加工煎熬，不得用青漆代替。内外架彩画修复和墙壁色料，必须用传统的矿石颜料配制，切忌用调和漆和化学材料代之，以防色变，要保持古雅的格调。

（2）选择具有文物修缮资质的施工单位和经过培训的技术工人，检测他们的技术水平，是保证工程质量的又一重要手段。古戏台的修缮设计要求和施工技术，要通过施工人员和技术工人去实现。施工队伍要提前选择。施工开始前，要向施工人员和技术工人进行技术交底，将被修缮的建筑物的建筑形制、法式特征、结构特点、设计要求、加固方法和应该注意的事项等，分项交代使其掌握清楚。在施工程序和操作技法上，除沿用我国建筑技术史中的许多技艺和科学方法外，运用新材料、新技术、新工艺加固补强，必须建立在不损害原貌、原状、原构的基础上。在施工过程中，应反复地向技术工人介绍被修缮的建筑物的历史价值、时代特征、艺术价值、科学价值、结构特点和工艺要求，弥补他们在时代特征和文物知识方面的不足。

（3）保护附属文物。古戏台及其所依附的古建筑中的附属文物，包括塑像、壁画、题壁、雕刻（石刻、砖雕、木雕）神龛、匾额、楹联、帐帘、陈设等，它们与古戏台及其依附的古建筑的类别、功用息息相关，或谓之为古戏台及其依附的古建筑的内涵。修缮古戏台及其依附的古建筑时保护附属文物是一项特殊的任务，是其他建筑工程所没有的。施工前，对于壁画、塑像、题壁、雕刻等，要支搭保护架木，覆盖架板、篷布、芦席、尼龙毡、塑料布等防护层，拴绑牢固，钉压坚实，上下留出通风孔洞，要做到防砸、防压、防碰撞、防雨、防风、防潮湿，定期检修，遇有风雨或震动时，更要及时检修纠正。如果塑像歪闪，壁画、题壁、裂隙需要拨正、加固和揭取，则应安排在支搭保护棚架前进行。匾额、楹联等，修缮时应异地保存，免受污损，竣工时陈设悬挂。施工场地内的古树名木、名贵花卉和其他文物景观，均应采取有效措施，保证其不受损伤。白灰的烧伤力是较为剧烈的。施工期间，白灰存放地点、泡池过筛、加工过淋，都要以不损害周围的文物和景观为前提，保证其安全。

（4）修缮时所采用的科学方法，是保证古戏台及其所依附的古建筑上原件原构的关键。一座古戏台上的构件数以千计万计，修缮时要经过拆卸、检修、加固、安装等几道工序，其中雷同构件甚多，即便是分类码放，也难以固定方位和层次，极易造成方向错位和倒置现象。为此在被修建筑物拆卸前，根据层次、项目将建筑物上的各种构件（包括砖瓦、脊兽、柱额、梁架、斗拱、石料、雕刻等）全部绘制草图，以建筑物某一转角为起点，绕周登记编号，总号、分号相结合，全部标注在草图和实物构件上。古戏台内外槽斗拱构件繁多，拆卸时以固定方位用墨色书写在每个构件的隐蔽部位。大木构件可以按照草图编号钉挂小木牌。檐石、柱础、勾栏、门窗、砖瓦、脊兽等，亦可用墨色或其他深色将草图编号书写于构件隐蔽处。依其编号次序，拆卸、存放、检修、安装，避免遗漏和紊乱。与此同时，将大木构件、斗拱构件和砖瓦石料脊饰等分为三种类型，编印登记表册。构件名称、号码、材质、材种、规格、检修意见、加固方法等随时注入表册之中。其中主要构件的检修意见和加固方法要请专家、技术人员和工人共同研究确定，供检修加固和安装时使用，竣工时收入档案之中。已缺构件除事先进行登记备料外,拆卸后检修校对,照旧复制补齐,并注在草图和登记册有关栏内,以备检查。复制和拼接的各种构件上的榫卯,在搭套和安装时卄凿,交构严实。安装时,各种木构件之间的空隙一般不填充,待屋顶抹灰、布瓦、调脊完成后,再行检修。防止提前填塞造成构件折损。更替下来的一些有价值的构件,应妥善存放,供复制和考察研究之用。

(5)施工中注意新的发现。有些古戏台及其所依附的古建筑上的题记(创建或重建时匠师题记)书写在隐蔽部分,有些建筑物的墙壁几次重抹或重砌,原有墙基、柱础和壁画被埋入其中或压抹在墙内;有些建筑物在后人修葺时,将早期石碑或琉璃构件筑入台基之下或墙体之中;有些建筑物上有比较特殊的榫卯结构;有些匠师和信徒将小型造像、佛经搁置于墙巅、梁上或其他结构空隙之中。这些都在建筑物的隐蔽部位,非修缮时不易发现。山西临汾牛王庙戏台、翼城乔泽庙戏台等都有新的发现。因此,如果遇有新的发现应立即绘图、拍照、临摹并妥善保护,或者请示有关方面现场研究解决,不应擅自处理。如果新的发现证实修缮方面和技术设计是欠妥的,应提请原设计部门审查更正或补充设计,并报请原审批部门核准。例如,山西省临汾市翼城县武池村乔泽庙元代戏台创建题记、元壁画题记等,都是发现后报请核准原状保护的实例。

(6)装修部分也要保持原貌。装修部分包括门窗、格扇、门楣、花罩、天花、藻井、勾栏、楼梯等,修缮时亦要严格保护原貌,尽量与建筑物主体结构的时代相符,不应随意改动。如果早期建筑(宋元及以前)残坏,为使建筑安全和完备,可参照其原本的遗迹恢复原制。若残存建筑的整体面貌不完整,可据其遗迹、榫卯和部位,参考附近同时代、同类型的建筑装修予以恢复。不得以新型设计和近现代图案挤入古戏台及其所依附的古建筑装修之中,更不能随意改变或将其天花、藻井改为近代样式的顶棚。今人又附会上新义,称之为建筑修缮中的"改革"。其实,这是破坏古建筑的原貌和风格,应予坚决制止。

(7)关于油饰彩画问题。修缮古戏台及其所依附的古建筑时,表层都要做防腐处理,或者油饰断白和彩画。这是直接涉及古戏台及其所依附的古建筑的外观格调和风貌的大问题,应予足够的重视。每修缮一次古戏台及其所依附的古建筑,各类木构件的表层都要进行一次防腐处理。如新旧构件普遍涂生桐油,隐蔽构件刷生漆等,都是行之有效的保护措施。油饰断白在古建筑上具有防腐作用,这也是历史早已证实了的。但是,油饰的格调、效果和彩绘的图案、色泽等,是一个必须慎重考虑和认真对待的问题。历史上每逢修缮古建筑,总是要让其"焕然一新"，以显示施主和修缮者的功德。古人没有保护文物"原状"的概念，也没有"整旧如旧"的要求，是可以理解的。但时至今日，仍然有人主张古建筑修缮一次，就应该让其"焕然一新"，否则就觉得好像没有修缮似的。这实际上是一种非科学性的保护。古建筑上油饰彩画，具体情况应该具体分析。明清时期的建筑物，历史较短，表层油饰和彩画图案保存得比较完整，即便外檐有所剥蚀，遗迹尚存，构件的里面和殿内彩绘亦可借鉴，修缮时新更构件应参照原有图案和色调予以复原。为了防腐和与周围环境协调，个别建筑（包括群体）在修缮后按照原有图案和用色重新油饰彩绘也是可以的。至于唐、宋（金）、元代的古建筑就不能如此了。它们历史较长，彩画图案多已不存，或只存部分，很不完整，复原无据。此种情况不能随意油饰彩画。如果在早期建筑物上画出晚期图案和新颖的色彩，那么与它的建筑时代和法式特征就将极不相称。这将有损于文物建筑的历史价值、艺术价值和科学价值。因为历经几百年或者上千年的古建筑，若施以新颖的彩画，不是给人以苍古之感，反而鲜艳刺目，这本身就损坏了历史文物的原貌。在修缮古建筑时，除了个别明清时期建筑依据原有色调、图案重新油饰彩绘过，早期建筑（元代及以前的）全部采用刷生桐油渗底防腐，然后根据各个建筑的油饰色调和彩绘保存情况，采用下架和檐头油饰做旧、上架和殿内断白做旧处理，有彩画的建筑，复原彩画时，新旧构件应协调一致。

三、竣工验收

竣工验收是修缮古戏台的最后一个阶段，也是修缮保护工程的最后一道工序。这其中有如下五个方面的工作需要完成。

第一，修缮保护工程完成后，据其批准的修缮方案，参照施工的情况，写出竣工报告和竣工技术报告，然后上报文物保护单位同级的文物主管部门验收。竣工报告的内容应包括组织领导和管理方法、工程范围和分期进度、工程中的困难问题和解决办法、保证质量的方法和安全措施、主要工料用量和工程造价等。竣工技术报告的内容应包括修缮的基础方法、抗震加固、残损构件加固、结构加固、复原项目效果、附属文物保护、技术难题的解决方法、施工中的发现、各项加固效果和各种配方（包括试验）等。

第二，同级文物主管部门和有关方面的专家，根据核准的修缮设计和两个竣工报告实地验收。这是修缮古戏台的最后一次检验和鉴定。验收期间，主持工程者要先行简要地汇报，然后分项实地检验。验收后结论性的意见要写成验收纪要。

验收时所提出的问题和不达标的项目，要及时加工纠正。由于客观原因一时无法纠正时，除吸取教训外，要记录清楚，附于验收纪要末尾，装入档案之中，供以后修缮时更正。验收结束后，文物主管部门应下达修缮工程验收证件，入档备查。甲乙双方凭此结算。

第三，绘制竣工图。工程告竣，验收完毕，即行绘制竣工图。修缮中各部位的形制、规格，凡与设计图不相一致的地方，为保证文物档案的科学性，修缮完工后均要依其实物规制绘成竣工图，上报同级文物主管部门备查，同时装入档案之中。如果修缮后的建筑与设计图完全相符，请示同级文物主管部门同意，可以用设计图代替竣工图入档备查，但要用戳记标明，免得混杂。如果只是个别项目中修缮后实物和设计图有出入，则补充绘制此项目竣工图即可，并需附简要的文字说明。

前述各种图纸（包括实测图、设计图、施工详图、竣工图等）的规格，根据《管理办法》中的规定，结合近年来的实践情况，有如下要求。

（1）古戏台及古建筑群的总体图——地形地貌位置图的比例尺为1∶2000—1∶5000，总体平面图、总体立面图、总体侧面图、总体剖面图的比例尺为1∶200—1∶500。总体图中应标明湖泊、河流、山势和特殊的地形地貌，以及文物区域内的古树、碑碣、池塘、渠桥和其他附属文物的相对位置。

（2）古戏台及古建筑群的单位建筑图，如各层平面、立面、断面图，均用比例尺1∶50—1∶100。斗拱、门窗、匾额、柱础、台阶、梁架断面及其他构件大样图，用比例尺1∶20、1∶10或1∶5。藻井、门楣、花罩、横披、格扇、棂花、坛周雕刻等小木作大样图，用比例尺1∶5或1∶2。

（3）各类图纸名称。必须注明建筑物名称，不得删去建筑名称，简化为"地形图""平面图""大样图"等，避免混杂。总体平面图必须注明方位。各类图纸必须绘制比例尺，不得以阿拉伯数码比例尺代替线段比例尺，以便于图纸缩小或放大后测量计算。

（4）上述各类图纸，应按照建筑工程绘图规范和古建筑通行图例绘制，并要尽可能地标注各部位和构件尺寸。各类尺寸数据，依其古建筑通行惯例，一律以厘米为单位，至少精确到小数点后一位。

（5）名称、名词和术语。前述所有设计文件、设计图纸和竣工文件、竣工图纸等，凡涉及名称、名词和术语者，一律按照国内国际通用体例称谓。元代以前（包括元代）的古建筑（包括砖、石、木等各类建筑），一律用宋《营造法式》

中的名称、名词和术语记述和标注。宋《营造法式》中缺项者可用《清式营造则例》中的名称、名词和术语代替。明代以后（包括明代）的古建筑，一律用《清式营造则例》中的名称、名词和术语。不得混杂使用，避免造成形制、结构、技术、工艺要求等方面的混杂和错觉，影响工程质量和修缮效果。

第四，投资结算。施工后期要及时清理债权债务。竣工验收后要核对各项投资等情况，编制投资决算。若是几个、几座建筑同时修缮，或几个工程项目同时施工，应分别编制各项投资决算（工程实际造价），上报投资部门注销。工程剩余物资和设备，按照财政制度请示投资部门明确归属和结算，尽可能降低工程造价，并融入工程决算之中。

第五，清理环境，交付开放或使用。在修缮施工过程中，对易燃易爆的木屑、锯末、化纤设施、高分子材料等，要搬至安全地方存放或销毁，防患于未然。工程进入尾声，要逐步清理工程现场，拆除脚手架，拆卸保护附属文物的棚架，悬挂原有的对联、牌匾和题记木牌，清理污土、碎砖、废旧物品，码放剩余砖瓦、旧料、旧脚手架及其他设备。施工场地凹凸不平者，填补规整，整打结实。疏通排水渠道，殿基附近要防渗加固，清洗油饰彩画上的色点。最后交付文物管理部门开放或使用。工程到此告竣。

古戏台及其所依附的古建筑的修缮是一项专业性和科学性很强的工作，勘察设计和修缮保护都需要在研究的基础上进行。我国古戏台数量较多，修缮保护工作任重道远。实践证明，做好这项工作并不是一件容易的事。修缮人员既要有满腔热忱，又要有脚踏实地的科学精神，虚心向前人学习，深入实地调查研究，不断地总结经验，丰富自己，努力掌握历代古建筑的特征和修缮保护技术，争取做到全面理解古建筑文物的价值，科学地保护祖先留给我们的古建筑瑰宝，使其发扬光大，益于后人。

第四节　中国古戏台保护与维修的典例

我国现在保存下来的比较完好的古戏台在中华人民共和国成立后大都进行过局部或整体维修，有的甚至还做过多次修缮。这一方面体现了国家对古戏台保护工作的重视，另一方面为古戏台的修缮和保护积累了丰富的经验。本章对我国在古戏台保护与维修方面几十年积累的实践经验进行了概括和总结。为了把这个问题讲得更深透一些，本节将从全国古戏台修缮的实例中，选择几个有代表性的范例来做进一步的阐述，以期为各地进行古戏台的修缮与保护提供借鉴。

一、山西省临汾市古魏村牛王庙元代戏台维修工程

魏村在山西省临汾市西北25千米的吕梁山脚下，牛王庙在魏村西北的土垣上。庙院规模不大，南北长60米，东西宽61米，总面积为3660平方米。庙址坐北向南，山门设在东南，两厢有廊庑陪衬，最北面是牛王、马王、药王三王殿，本名广禅侯殿。殿前有献亭一座，两侧各建垛殿三楹。南面朝北的倒座，是庙内酬神演戏的戏台。戏台建于元至元二十年（1283年），是我国现存最早的一座完整的木构戏台。它的存在对于研究我国戏剧艺术发展史，尤其是对研究山西古平阳一带戏剧及戏台的形成、演变和发展具有重要价值。

牛王庙的历史《平阳府志》和《临汾县志》上均无记述，可见牛王庙并非平阳地区的重要庙宇。庙内现存石碑四通，皆为清刻。清光绪二十四年（1898年）重刻的《牛王庙元时碑记》尚存，对创建缘由及该庙元代盛况载述颇详，为研究工作提供了珍贵的史料。

牛王庙创建后不久就因地震损坏而重修。元大德七年（1303年）平阳一带发生大地震，震级8级，裂约11度。有关史书、方志和碑碣记载这次的地震情况如下：坏城郭，塌渠堰，毁官民庐舍十万计，寺观倾倒一千四百余所，压死人畜无数，地裂成渠，村堡徙移，火炎昆岗，玉石俱焚，余震持续三四年之久，破坏面积纵长400余千米。洪洞赵城是这次地震的中心地带，魏村与洪洞县紧邻，此间牛王庙遭到严重损坏，势所必然。后于元至治元年（1321年）重修，残损构件补配齐备。明、清两代均进行过整修，戏台也随之予以补葺。现存实物，三王殿三间，单檐歇山顶，前檐设廊，廊柱、斗拱、额枋等部分还保留着元代旧构，殿内梁架和屋顶脊兽均经清人改换，已非原貌。殿内存有牛王、马王、药王及其侍女塑像七躯（两躯残甚）。主像完好，虽经清人重装，但基本上还保留着明塑风格。殿前方形献亭一座，单檐十字歇山顶，形体秀丽，结构精巧，檐下斗拱五踩重昂，亭内设斗拱两层，形成一个庞大的藻井，全部结构皆系明代所作。庙内南端朝北的戏台，是一座较完整的元代遗构，形制古老，色泽纯朴。它是这座庙内最古的建筑，也是我国现存木构戏台中最早的实例之一。

戏台平面近方形，单檐歇山式屋顶。

戏台台基，高出地面1.15米，四角各立柱子一根。以柱中测之，面宽7.45米，进深7.55米，深略大于宽。前檐两角为石柱，平面方形；后檐两角为木柱，圆形

直柱造。石柱四角抹棱，正前面雕化生童子和牡丹花纹图案，抹角处刻有镌造年月施主和匠师姓名，是了解戏台建造和重修年代的确凿证据。戏台四周三面敞开，仅后檐及两山后部砌墙，山墙仅及山面长度的三分之一。为使山墙稳固，并减少山面额枋负荷，于山墙前端支撑辅柱一根。前檐及两山前部均敞露在外，观众从三面皆可看戏。台内无前后场之分，在一定程度上还保留着舞亭形制。这是我国戏台在宋、金时期固有的格局。

戏台的梁架结构也较为别致。四角柱上置大斗各一，斗口内施十字形雀替上四周架大额枋各一道，断面为椭圆形，高 55 厘米，宽 41 厘米，接点半卯搭交，形成一个"井"字形框架。在这种框架结构中，墙壁毫无承重作用，只是为了遮蔽风雨和视线。额枋之上，每面各施斗拱 4 攒，绕周 12 攒，承托檐出与上部框架。转角处施抹角枋及抹角梁，梁上坐骑袱斗，斗口内设十字相交的雀替承井口枋，井口枋为圆形，四角平行交接，形成第二层"井"字形框架。井口枋之上，两山设太平梁，内沿设小型阑额和普拍枋，由檐头培拱杠杆后尾挑承。第二层斗拱，称为梁架斗拱，每面 3 攒，无转角铺作，转角处由檐头角拱杠杆后尾和大角梁后尾挑承。这层斗拱的两山面正心枋上架平梁，每面当心一朵斜拱之上，承抹角枋，抹角枋中心处设垂柱，4 根抹角枋结成一个斜向的方框，与井口枋及小型阑额、普拍枋斜角相触，成为一个斜向的方形框架。4 个垂柱之上，又架小型阑额、普拍枋各一道，四角抹去，成为一个平面八角形的框架。其上每面各设简易的斗拱一攒，中心处由随檩枋和襻间枋架垂莲柱一枚。这部分结架略似藻井，但构造简练，别致有趣。平梁和太平梁上，皆施合踏、侏儒柱和大叉手，两柱相依，柱头上两个大斗由一块木材制成，斗口内各施丁华抹颏拱一道，承负脊枋和脊槫。转角处大角梁之下施隐衬角袱，大角梁之上施仔角梁和续角梁。胶后平槫两端与平梁搭交，太平梁较低，又无承椽枋，山面椽檐后尾就钉在平梁上皮。

戏台上的斗拱按其部位分上、中、下三层。第一层位于檐头，承托出檐和框架。第二层在梁架中部，为梁架中的组成部分。第三层位于梁架之上的八角形藻井上，略有装饰之意。檐头斗拱，分补间和转角两种，五铺作，双下昂，重拱计心造。昂为琴面式，昂嘴较短，下刻假华头子，耍头为蚂蚱头，其上施衬枋头一层。斗拱上设柱头枋、里外罗汉枋，无压槽枋，斗拱后尾出华拱三跳，跳头上皆施异形拱，后尾耍头承井口枋。斗拱上的杠杆搭在井口枋之上，尾端挑承着梁架上第二层斗拱下面的阑额和普拍枋。补间斗拱后尾外向，自斗口内出 45 度斜华拱一跳，承抹角枋与抹角梁。檐头斗拱的用材，高 17 厘米，宽 11.5 厘米，梁高 7 厘米，高宽之比与梁高尺度，均与宋制吻合，实际用材约合宋《营造法式》中六、七等材。梁架上的斗拱坐落在井口枋之上，每面三攒，中为补间，两侧与卜面挑承阑额、普拍枋的杠杆垂直，可谓柱头。各拱五铺作，双抄单拱造，两跳华拱头上皆施异形拱。当心一攒补间斗拱，除伸出华拱两跳外，左右各出斜拱一跳，承抹角枋，枋子中心处架垂柱各一，柱子支架上层斗拱下的阑额、普拍枋。

转角处只设一个栌斗，上承大角梁。这层斗拱的用材，高13.5厘米，宽10厘米，梁高5.5厘米，高宽比为4∶3，宽度较大，而实际用材较檐头斗拱显著缩小，约合宋《营造法式》中八等材尺度。梁架上部八角形藻井上的斗拱，计有8攒，每面各一，四铺作，单拱计心造，华拱之上安异形拱，耍头用材较薄，无承重作用，有装饰之意。各拱用材，略小于梁架上的斗拱，高12厘米，宽8厘米，梁高5厘米，与一般小木作当中藻井上的斗拱截然不同。粗略看去，似为梁架中的构件，实则为了装饰，并非结构上所必需。这种形制，在晋南多处元代戏台（临汾市王曲村城隍庙戏台、东羊村后土庙戏台、武池村乔泽庙戏台等）还可以见到。吉县后土庙圣母殿内的藻井，亦与此类似。

屋顶举折，第一架5.3举，第二架7.35举，总举高为前后撩檐榑之间的31.5%，与山西现存许多元代建筑上的举折基本相符。由于第一架举折较高，屋顶弧度不大。两山出际120厘米，略大于宋《营造法式》规定，颇显深远。

屋顶仅施圆椽一层，檐头不加飞椽，与庙内其他建筑，如献亭、三王殿等一致。望板上覆盖筒板布瓦，脊兽皆为布灰色。各脊皆用瓦条垒砌，犹存古法。吻兽均经后人更换，1978年修缮时恢复了原貌。

牛王庙久经风雨，庙貌残坏，其中元代戏台损坏情况尤为严重。台基塌陷，柱子倾斜，梁架歪闪，瓦顶漏雨，檐头被后人锯短，雨水直落在台明上。中华人民共和国成立初期，当地为演戏方便，于戏台前檐加筑洋式台口，严重破坏了原貌。为了确保这一古建筑文物的安全，1978年决定修缮保护。这次修缮，重点是戏台。遵照"恢复原状或者保存现状"的原则，几经实地勘察，发掘了台明四周，现状予以测绘，残坏情况逐一进行分析。编造修缮方案时确定：以保存现状为主，有充分科学根据者予以复原。下面是戏台修缮情况。

（1）台基。修缮前戏台台基大部残坏。后檐几经修筑，规格甚难，部位亦异，两侧地面增高，原有台明埋入地下，后人又衬砌台明一道，唯前檐及东北角基本完好。经发掘，四周散水和基址皆存，与前檐构成正方形，砖的规格与砌筑方法亦与前檐一致，当是原状。高度为1.15米，收分微小，仅见1厘米。照旧复原，檐石补齐，台面仍用方砖铺墁。

（2）屋身。4根角柱皆为原制。前檐二石柱埋入台明之下1.2米，稳固坚实。后檐二木柱下沉15厘米，造成屋顶后倾，依照前角柱高度和侧脚修复。山墙形状修缮前与原状甚殊，前后角柱之间皆为墙壁，形成三面围墙的"乐楼"之制。但山墙不是一次砌成，砖缝垂直，接缝又恰在辅柱部位。地面方砖与山墙的衔接也不一致，辅柱前地面砖被压在墙肩之下，辅柱后地面砖与墙肩平行相触。拆除中发现墙内结构前后不同，后部内外规整，基砖砌在地平线以下，前部填槽杂乱，无基砖，从地面砖以上砌起。很显然，辅柱前面的山墙是后人增补的，不应再予保留。

（3）梁架。梁架部分保留得较为纯洁，未发现后人更换过构件。但由于后檐角柱下沉，屋顶向后倾斜，梁架向东歪闪15—20厘米。揭顶后拨正，原构件继续使用，残损者加固，已缺之小斗和由昂照旧补齐。

（4）檐出。修缮前的檐出现状，已非原制。滴水已缩至台明以上，翼角椽外端被锯成斜向马蹄形，大角梁和仔角梁外伸长度几乎相等，显然是后人修补时锯短的。经过测量，柱头枋中至撩檐槫中61.5厘米，撩檐槫中至檐头64厘米，合计125.5厘米。按照宋《营造法式》规定："椽径三寸，即檐出三尺五寸；椽径五寸，即檐出四尺至四尺五寸。"戏台椽径11.5厘米，合宋尺三点七寸，出檐应是三尺五寸至四尺。如以四尺计算，折合124厘米。经发掘，现存戏台四周散水上的滴水线，除去瓦檐长度恰是125厘米，与宋制规定完全吻合。又与附近王曲村城隍庙戏台、东羊村后土庙戏台两座元代戏台出檐相比较，仅距3—5厘米，亦算相符。散水上滴水线尺度是该戏台的直接根据，125厘米加上柱头枋中至撩檐槫中61.5厘米，檐出总长则是186.5厘米。依此予以复原。

（5）椽子。瓦顶被后人补葺过，椽子规格甚杂。大者直径12厘米，小者直径9厘米。其中部分直径11.5—12厘米者，规格、形制均较一致，恰是戏台一材的宽度。按宋《营造法式》规定椽"径九分至十分"，与此相符，依旧制作补齐。椽头做法，参照三王殿前檐样式，略显卷杀，盖是古制。为了稳固屋顶，每架正身檐椽和花架椽两隅，选择两根拉杆椽用直径12毫米的螺栓贯牢，以加强架相互间的连接力。

（6）瓦顶和脊兽。屋顶简板布瓦覆盖，但瓦件规格不一。简板瓦各有大小两种。简瓦大者长38厘米，宽14厘米，厚2厘米，尾长3厘米；小者长31厘米，宽14厘米，厚2厘米，尾长3厘米。沟头除长度47厘米外，余皆相同。板瓦大者长38厘米，大头21厘米，小头17.5厘米，厚2厘米，滴水亦同。小者长34厘米，大头21厘米，水头17.5厘米，厚2厘米。两种规格除长度差异外，余皆一致。大者盖是原物，小者疑为重修时补添。宋《营造法式》中记载："用瓦之制：殿阁厅堂等……三间以下用筒瓦，长一尺二寸，广五寸；仰板瓦长一尺四寸，广八寸。"戏台上的瓦件，可能因为不是殿阁厅堂，略小于《营造法式》规定。缺者依原件复制。不避艰险脊部分按照瓦条遗迹予以垒砌，高17层，49厘米。吻兽早已不存，参照永乐宫殿宇上的吻兽制作安装。

（7）搏风和悬鱼。久经风雨，搏风、悬鱼已残坏不存。根据戏台形制并参照我省元代建筑实物，搏风厚4厘米，宽40厘米，长及弧弯随架。悬鱼参照永乐宫纯阳殿壁画上的形状制作。

为了保护建筑构件，抵抗雨水腐蚀，修缮后全部木构件涂生桐油一次，并根据原有色调将檐头油饰做旧，上架更替或修补构件断白做旧，使新旧构件协调一致。在整个修缮过程中，始终坚持了"能恢复原状者恢复原状，不能恢复原状者保存现状，尽量使用原有构件，以保持元代建筑的原貌原构，尽力做到符合元代规制，又使它整洁坚固"的原则。经过工程技术人员和施工人员的共同努力，达到了预期目标，牛王庙戏台古朴挺拔之状得以再现（见图6-1）。

图6-1　维修后的魏村牛王庙戏台

二、北京市故宫乾隆花园倦勤斋保护工程暨室内戏台修缮保护工程

我国古代大、中、小三种类型的宫廷戏台，是我国现存古戏台的精粹。由于宫廷戏台所依附的古建筑群或宫殿、行宫、苑囿，均系国家或省级重点文物保护单位，故其管理部门对这些古建筑及其所附属古戏台的保护工作都做得比较好。

从研究和保护古戏台的角度看,可以说是古戏台保护的典范。宫廷戏台保护工作的主要特点,一是各项制度十分健全,二是保护资金有保障,三是修缮技术先进,四是维护工作规范。这几个特点,也是目前和今后我国开展古戏台保护工作应该加强的四个重要方面。

我国现存的宫廷戏台,除沈阳故宫嘉荫堂室外戏台、承德避暑山庄浮片玉戏台外,其余12座均在北京市,其中,漱芳斋戏台(见图6-2)是一座重檐攒尖顶戏台;升平署戏台(见图6-3)是保存较好的建筑物。

图6-2 修缮后的漱芳斋戏台

图6-3 维修后的升平署戏台

2008年11月竣工的故宫乾隆花园倦勤斋保护工程暨室内戏台修缮保护工程,是我国与美国世界建筑文物保护基金会(WMF,原名美国世界文化遗产基金会)合作进行古建筑维修的一个项目,由该基金会投入200万美元(折合人民币2000

万元），于2003年8月启动，历经5年，使该工程成为继重庆湖广会馆暨会馆四座古戏台修复工程之后，又一个国际合作的成功范例。

倦勤斋是乾隆皇帝为其退位之后享用而预先专门修建的一处建筑，位于故宫宁寿宫花园（俗称乾隆花园）的北端。该建筑乃清代宫廷建筑中最精美、最豪华的杰作，内有坐西朝东亭式小戏台1座，台口柱子上有乾隆帝御制诗联："筹添南极应无算，喜在嘉生兆有年。"（见图6-4）戏台与皇帝宝座前还有一个可移动的小方台，非常别致，这种布局全国仅此一例。尤令人称奇的是，倦勤斋及其戏台的室内装饰精美绝伦，戏台上方及周围饰以有枝藤茂密的紫罗兰精美图案的绢画，西、北侧墙也贴有以绢画的紫禁城里的建筑及山石景色，南侧为窗，做有竹格栅栏。这种别具匠心的装饰，营造了一种置身于自然之中面对戏台的特别空间，成为故宫里工艺最精美、用材最珍贵、装潢最豪华的建筑，也是当时中国登峰造极的室内装饰艺术的形象写照，乃乾隆花园中的精华。正因为这一建筑的特殊性，又加上年代久远、自然老化、潮湿霉变、虫蛀损伤、尘土侵蚀使该建筑内装饰几近面目全非，这一修缮项目成为故宫博物院建院以来难度最高的工程之一。

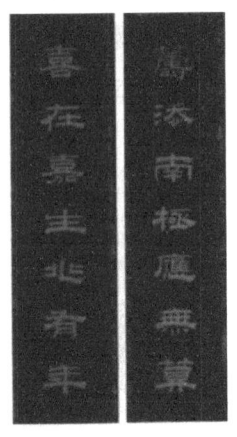

图6-4　乾隆帝御制诗联

故宫博物院适时抓住与国际组织合作修缮古迹的契机，这个修缮工程比之重庆市政府与世界银行和意大利阿瑞斯（ARS）公司的合作方式，又前进了一大步，主要体现在以下两个方面。一方面，在资金来源上，不同于重庆湖广会馆向世界银行贷款的方式，该工程全部维修经费800万美元（其中用于倦勤斋的维修经费为200万美元）、聘请专家100万美元费用均由美国世界建筑文物保护基金会投入。另一方面，不同于重庆湖广会馆以建筑的外观为主的维修，该工程的重点是室内装饰的修复。特别是要将顶棚和墙壁上画在绢上的约 170 平方米的通景画揭下、修复、去污、回贴，要使用传统技法修复破损严重的全部 182 片不同规格的双面绣片并镶贴在隔断、横眉等硬木雕花镂空的部位，技术之精、难度之高都是空前的。故而工程在材料以及专家和技术人员的选择上，是不惜代价精选所需要的各种修缮材料和在全国范围聘请有经验的专家，挑选最好的技术人员、工艺师，在实施过程中，工程监理、施工严格做到一丝不苟、精益求精，从而使得这一修缮项目最大限度地恢复了该建筑内装饰的原貌，成为我国与国际组织合作修缮古建筑的又一典范。可以说，这个工程在资金引入、技术合作、工程实施和管理等许多方面，都摸索出了颇为宝贵的经验。（见图 6-5、图 6-6）

图 6-5　维修前的倦勤斋戏台

图 6-6　维修后的倦勤斋戏台

三、重庆市湖广会馆暨会馆四座古戏台修复工程

重庆市湖广会馆又称禹王庙、禹王宫、三楚公所，位于重庆市渝中区东水门

城门内，始建于乾隆年间，是一组依山而建、规模宏大的建筑群，其中包括四座建筑华丽、结构精巧的戏台。在进行大规模修缮之前，湖广会馆被一些单位占用作为库房，同时居住着268户居民。由于年久失修，古建筑大都成了危房，古戏台也被居民改作居室，有的墙体已经坍塌（见图6-7）。

图6-7　广东公所古戏台部分墙体垮塌

重庆市政府于2003年2月至2005年9月，与世界银行和意大利ARS公司通力合作，投资1亿多元，对湖广会馆进行大规模修缮。在维修过程中，严格按照中国文物修缮的要求和规范，并充分吸取国际古迹遗址保护的经验和方法，使这一修复工程成为国内修复古建筑的一个成功的范例，再现了昔日宏伟壮观的建筑艺术。这其中经修复的四座戏台、看厅和廊房造型独特，工艺精湛，乃是这组建筑群中最醒目的亮点，与整个建筑群浑然一体，具有很高的历史文化、建筑艺术和旅游开发价值（见图6-8）。以国家文物局古建筑专家组组长罗哲文、中国历史文化名城学术委员会主任、国家建设部高级工程师王景慧，故宫博物院古建专家、副院长晋宏逵，中国古迹遗址保护副主席、清华大学建筑学院副院长吕舟等专家学者组成的工程验收小组在《重庆湖广会馆文物修复工程专家验收意见书》上对该工程给予了很高的评价："该工程遵循了《中华人民共和国文物保护法》，并参考了国内外有关的文物保护原则。在保护工程设计、实施过程中，突出了研究工作的作用。与世界银行和意大利有关方面进行了有效的合作，既遵守了不改变文物原状的保护修复原则，又体现了国际文化遗产保护的先进理念和修复技术，是国际合作的一个成功范例。该工程对湖广会馆进行了完整的保护，恢复了历史格局，保证了大木结构的安全，对木构件表面进行了妥善处理，对湖广会馆戏台、屋脊等缺失部分进行了局部复原，并做了少量必要的仿古管理建筑。该工程较好地再现了该组历史建筑的完整风貌，保护并表现了这组历史建筑的文物价值，带动了对周围历史街区的保护，工程达到了良好的效果。"

图 6-8　广东公所古戏台不落架修复场景

重庆湖广会馆是重庆作为一个商埠城市和商贸发展的历史见证。会馆过去是商业同行聚会的地方，在这个地方可以联系感情，谈买卖，还可以进行娱乐活动，过去的娱乐活动主要就是看戏，所以会馆的戏台特别多。表现在建筑形态上，会馆戏台和各种雕刻都很丰富，雕刻反映了我国的民俗风情，二十四孝图反映了中华民族的传统美德，图案、工艺精美，表现形式生动，艺术价值很高（见图6-9）。木雕也好、建筑也好，都反映了那个时代的政治、经济和文化状况，也反映了那个时代的价值观。这个修复工程很有意义，也很成功。

图 6-9　广东公所戏台的额枋

四、浙江省宁海县全面修复现存古戏台工程

宁海县隶属浙江省宁波市，地处长江三角洲南翼。据文献记载，宁海地区因东北濒象山港，东南临三门湾，历史上饱受海浪不宁之苦，故于西晋太康元年（280年）设县时，取"境宁海静"之意命名。至唐永昌元年（689年），县治迁到今城关镇，并筑城墙。在明代著名的《徐霞客游记》中可以看到这样一段关于宁海县的文字："癸丑之三月晦，自宁海出西门。云散日朗，人意山光，俱有喜态。"其中"人意山光，俱有喜态"八个字，乃是对当年宁海地区人文和自然环境的客观描述，使我们于五百年之后，能得知当时宁海地区的真实景况。"人意"，它指的就是当地的人文风情，包含神庙、祠堂祭祀和演戏习俗，还有在浙东一带有很大影响的"十里红妆"婚俗（宁海现创办有十里红妆博物馆）；"俱有喜态"是作者对当地优美风光和歌舞升平景象的概括。再联想到越剧的发源地嵊县（现为嵊州市）与宁海县相距不远，便知宁海县古代演戏之风可谓源远流长。史载，明初戏曲四大声腔之一的余姚腔流入宁海地区，很快就与当地的祭祀、社火等民俗活动相结合，成为民间文化娱乐的主要形式。宁海平调是浙东地区最富有特色的地方剧种，在清代和民国时期，宁海地区曾涌现出过王聚文、杨聚文、严聚文、杨聚丰等红极一时的班社。明清以后，宁海地区凡新建之庙宇、祠堂都建有戏台，而且戏台愈建愈讲究、愈华丽。至20世纪五六十年代，宁海县还有古戏台600余座。但在随后这些戏台连同其所在的庙宇、祠堂大多被随意拆除和捣毁。所幸有一些村民，不甘心祖先留下的这些建筑被毁坏，就采用砌墙封闭、在墙体和建筑构件上糊泥抹灰等办法，将这些建筑保护了起来，从而避免了古戏台彻底被毁的结局。目前宁海县存有古戏台120座，是国内遗存古戏台最多的县之一。据我们实地考察，该县一些古戏台与祀厅有廊相连，廊顶或有两个或有三个藻井，且装饰繁复华丽，这种建筑形制在全国极为罕见（江西有的地方祠堂戏台有廊与拜殿相连但廊顶无藻井），具有较高的研究价值。

宁海县委、县政府认识到这些古戏台不仅是宁海城乡发展的历史见证和根脉所在，也是宁海发展的重要文化资源和使宁海更具特色的一大亮点，因而十分重视这些幸存古戏台的保护，将这些古戏台及其所依附的古建筑纳入文物保护的重点，制定相关保护条例，成立专门管理机构，选派得力人员专项负责，使古戏台保护工作纳入依法规范管理、科学有效保护的范畴。该县在古戏台的保护、维修方面，重点抓了以下四项工作：一是组织力量在全县进行深入调查，登记造册，

确定保护等级，设立保护标志和建立古戏台档案，并与所在乡镇签订保护责任书，明确专人（安全责任人）看护，对看护人员由乡或县政府财政拨款予以补贴；二是由政府牵头并广泛发动各村（宗族）和个人参与共同筹集资金，对全县现存的古戏台进行修缮，尤为值得称道的是，该县在修缮时根据每座戏台的具体年代、残损情况，聘请古建筑专家和有经验技术人员指导设计维修方案，施工时严密组织、严格监督，每一个环节均按照文物维修技术规范，坚持按历史原样进行修复，至 2008 年累计共投资了 1000 多万元，对需要维修的古戏台全部进行了修缮；三是将条件较好的古戏台及其所依附的庙宇或祠堂辟为游览点或村里的老年人活动中心，将保护和开发利用结合起来；四是自 2007 年开始，依托古戏台的特殊资源与宁波大学合作开展相关项目研究和进行古建筑保护维修骨干培训工作，2007 年该县已经推出第一阶段研究成果——《宁海古戏台》，由中华书局出版向国内外发行。《宁海古戏台》系由该县专门负责古戏台工作的徐培良等撰写，图文并茂，资料翔实丰富，深入发掘了宁海古戏台丰厚的文化底蕴，从一个特别的角度展示了当地绚丽多彩的历史文化和人文风情，在国内外引起了较大的反响。该县还在当地和宁波市"天一阁"等地多次成功举办了"宁海古戏台摄影展"，同时在各种媒体上大张旗鼓宣传古戏台。宁海县把对古戏台保护作为"文化靓县重点工程"的成功经验，受到了浙江省和上级文化文物部的肯定和关注。2006 年，浙江省将该县经过重点维修的清代康熙年间至民国时期不同风格的有代表性的 10 座古戏台，以"宁海古戏台群"的名义向国家文物局申报作为"全国重点文物保护单位"并获得评审专家全票通过。2008 年，该县又在原来工作的基础上，邀请省市文物、戏曲专家举行"宁海古戏台保护规划论证会"，计划在条件成熟时成立宁海古戏台文物保护所和建立古戏台博物馆，增配专业技术人员，加大对古戏台的保护和宣传力度，进一步挖掘当地历史文脉，以逐步将宁海县建设成为有显著地方历史文化特色的浙东明珠，使这一宝贵的戏曲建筑文化遗产在新的历史条件下重放异彩。宁海县由国家、集体、群众"三位一体"对古戏台保护、利用的举措，是目前我国农村中保护古戏台比较有效的方式，值得各地很好地学习和借鉴。

参考文献

[1] 谢子静:《温州古戏台戏曲彩绘图集》,四川美术出版社 2017 年版。
[2] 程画梅、阎法宝编著:《上党古戏台》,中国摄影出版社 2011 年版。
[3] 罗德胤:《中国古戏台建筑》,东南大学出版社 2009 年版。
[4] 绍兴市文化广播电视新闻出版局编:《绍兴古戏台》,浙江摄影出版社 2007 年版。
[5] 陆卫主编:《广西古戏台修缮工程选集》,广西科学技术出版社 2015 年版。
[6] 王亚菲、朱黎明:《笙歌满庭芳:江西古戏台旅游》,百花洲文艺出版社 2009 年版。
[7] 乔忠延:《山西古戏台 豪华落尽见真淳》,辽宁人民出版社 2004 年版。
[8] 刘明阁、杨运秀:《河南明清古戏台调查研究》,中州古籍出版社 2022 年版。
[9] 山西省古建筑集团有限公司编:《山西古戏台通览》,山西科学技术出版社 2015 年版。
[10] 赵晓亮主编:《东南商报文萃(三):宁波古戏台》,浙江工商大学出版社 2011 年版。
[11] 车文明:《中国古戏台调查研究》,中华书局 2011 年版。
[12] 吴开英:《中国古戏台匾联艺术》,当代中国出版社 2007 年版。
[13] 郝汝春:《平遥古戏台》,北岳文艺出版社 2014 年版。
[14] 高琦华:《中国戏台》,浙江人民出版社 1996 年版。
[15] 巩天峰:《神庙戏台装饰艺术研究》,山东画报出版社 2013 年版。
[16] 杨子荣:《山西古代戏台史话》,山西春秋电子音像出版社 2004 年版。
[17] 沈琨:《千村夕阳:中国上党古戏台》,北岳文艺出版社 2015 年版。
[18] 车文明主编:《中国戏曲文物志一:戏台卷·上》,三晋出版社 2016 年版。
[19] 卞利主编:《徽州传统聚落规划和建筑营建理念研究》,安徽人民出版社 2017 年版。

[20] 冯剑辉：《走近徽州文化》，安徽师范大学出版社 2016 年版。
[21] 石佳编著：《戏曲》，吉林出版集团有限责任公司 2013 年版。
[22] 郑传寅：《中国戏曲》，湖北教育出版社 2019 年版。
[23] 侯希三：《戏楼戏馆》，文物出版社 2003 年版。
[24] 李维松：《湘湖宗谱与宗祠》，杭州出版社 2018 年版。
[25] 林浩、黄浙苏、林士民编著：《宁波会馆研究》，浙江大学出版社 2019 年版。
[26] 王建设、程峰、李海安：《豫西北明清戏台调查与研究》，郑州大学出版社 2021 年版。
[27] 李芷欣、李哲：《湘西古戏台建筑神圣性与世俗性的双重体现》，《山西建筑》2023 年第 19 期。
[28] 韩燕鹤、朱蓉：《苏南古戏台装饰特色研究》，《设计艺术研究》2023 年第 3 期。
[29] 彭恒礼：《古戏台与乡土艺术的空间集聚》，《民族艺术》2023 年第 3 期。
[30] 杨阳、萧梅、万钟如等：《表演声环境：古戏台声学研究的新进路》，《艺术学研究》2023 年第 2 期。
[31] 康保成：《广佛地区古戏台钩沉》，《文化遗产》2023 年第 1 期。
[32] 余勇、张轶群、李振坼：《"湘昆"古戏台——侯氏宗祠古戏台保护修缮研究》，《古建园林技术》2023 年第 1 期。
[33] 邓璐瑶、戴昕媚、向子睿：《古戏台在公共文化空间中的现代价值与传承研究——以长沙陶公庙古楼戏台为例》，《中外建筑》2023 年第 1 期。
[34] 杨阳、巩媛：《古戏台形制结构演变的动因》，《东华大学学报（社会科学版）》2022 年第 3 期。
[35] 张芳、刘湘：《庆阳市古戏台遗存现状及当代价值》，《陇东学院学报》2022 年第 4 期。
[36] 李沄璋、邵彤、毕忠松：《祁门古戏台观演空间特征研究》，《建筑与文化》2022 年第 5 期。
[37] 车向东：《徽州古戏台的建筑形制与建筑文化探讨》，《工业建筑》2022 年第 4 期。
[38] 张芳：《革命战争年代陕甘宁边区的古戏台利用述略》，《文化遗产》2022 年第 2 期。
[39] 张晓、徐佳琪、王乙惠：《基于知识可视化的山西古戏台数字活化研究》，《艺术与设计（理论）》2022 年第 2 期。

[40] 李文:《山西古戏台 运城市万荣县后土祠山门戏台》,《戏友》2021年第6期。

[41] 桑轶菲:《古戏台非典型空间格局的文化基因分析》,《建筑与文化》2021年第12期。

[42] 王浩卜:《中国古戏台台口朝向的影响因素分析》,《四川戏剧》2021年第5期。

[43] 杨阳、高策、丁宏:《古戏台传音的秘密》,《科学》2021年第3期。

[44] 陈秀婕:《从古戏台谈中国古代悲剧缺失的震撼力》,《戏剧之家》2021年第7期。

[45] 张健:《古戏台、火神庙、嘉祐院古建筑群保护现状调查研究》,《文物鉴定与鉴赏》2021年第1期。

[46] 李娉婷:《古戏台对白族民间音乐活态传承的现代价值》,《戏剧之家》2020年第26期。

[47] 马亮:《浅谈古戏台戏曲彩绘图饰艺术》,《戏剧之家》2020年第17期。

[48] 赵相栋:《古戏台社会美价值初探——以平遥古戏台为例》,《戏剧之家》2020年第16期。

[49] 康保成:《古戏台研究专题》,《文化遗产》2020年第3期。

[50] 杨阳、冯楠舒、高策:《中国古戏台匾联的声学解读》,《中国音乐》2020年第3期。

[51] 李敏:《从古戏台的遗存看戏曲艺术在江西的发展变化》,《黄河之声》2020年第8期。

[52] 郭丹:《明清时期湖南古戏台与地方剧种探析》,《四川戏剧》2019年第9期。

[53] 乔思涵:《古戏台戏曲彩绘图饰艺术探讨》,《戏剧之家》2019年第24期。

[54] 桑轶菲、应佐萍:《浙江古戏台建筑空间形态分析及利用》,《浙江建筑》2018年第12期。

[55] 刘馨贤:《浅谈戏曲中的戏台文化》,《大众文艺》2018年第17期。

[56] 陈云松:《岁月沧桑话戏台 宁海古戏台的前世今生与未来》,《宁波通讯》2018年第14期。

[57] 马蓉青、张晓:《金元戏台的特色与保护》(http://www.chnjinju.com/html/lilun/20211019/16135.html)。

[58] 蒋若静、魏彤:《百年戏台现光影 沉睡文物焕新生》(https://new.qq.com/rain/a/20230330A00WR400)。

[59] 楚天都市报:《万年古戏台：200多年古戏台修缮后焕然新生》(http://news.cnhubei.com/content/2022-02/25/content_14528432.html)。

[60] 刘鹏飞:《华南古戏台 演绎新传承》(https://gzdaily.dayoo.com/h5/html5/2023-01/17/content_750_814443.htm)。

[61] 温竞华、昊均丰、赵旭:《古戏楼里，传统文化活起来、火起来》(http://www.news.cn/politics/2023-07/12/c_1129745865.htm)。

[62] 光明日报:《戏台成为中国的重要文化支撑点》(http://culture.people.com.cn/n/2014/0224/c172318-24442685.html)。

[63] 郝晓凯:《明清时期晋中地区神庙剧场研究》，西南大学2023年硕士学位论文。

[64] 马蓉青:《基于数字化的山西元代戏台研究》，太原理工大学2022年硕士学位论文。

[65] 辛淑婷:《徽州古戏台艺术特征在剧院交流空间设计中的应用》，安徽工程大学2022年硕士学位论文。

[66] 汪鹏:《徽州古戏台调查与研究》，山西师范大学2022年硕士学位论文。

[67] 张悦:《徽州祁门古戏台木雕装饰艺术研究》，合肥工业大学2021年硕士学位论文。

[68] 邓弟蛟:《中国宗祠剧场及其演剧活动调查研究（上）》，山西师范大学2020年博士学位论文。

[69] 高扬励:《会馆剧场研究》，山西师范大学2020年博士学位论文。

[70] 黄武琼:《古戏台构件声学特性的时域有限差分方法研究》，华南理工大学2020年博士学位论文。

[71] 李秀伟:《民间信仰视域下的明清时代江南地区演剧研究》，南京大学2017年博士学位论文。

[72] 段建宏:《戏台与社会：明清山西戏台研究》，华中师范大学2008年博士学位论文。

[73] 齐光年、陈璋:《古戏台营造技艺带活一方产业》，《江西日报》2023年5月30日第11版。

[74] 陈青、戴云华、周建平:《拯救古戏台，我们在行动——专家学者呼吁多元社会力量参与保护利用》，《宁波日报》2018年4月17日第B1版。

[75] 吕禹、王勤:《越剧为媒 旅游唱戏》，《绍兴日报》2006年10月4日第1版。

[76] 马子雷:《阅读之旅,从山西古戏台出发》,《中国文化报》2011年4月21日第2版。

[77] 汪建根:《古戏台:60年消失近9成》,《中国文化报》2010年5月5日第5版。

[78] 汪建根:《我国古戏台综合研究取得新成果》,《中国文化报》2010年4月30日第7版。

[79] 梁柏清、陈益、张良:《新昌修复60余座古戏台》,《绍兴日报》2006年5月14日第1版。

[80] 梁柏清:《新昌百座古戏台焕发"青春"》,《浙江日报》2006年5月13日第1版。

[81] Ledoux, E. M., "Commerce, Civic Education, and Romantic Drama: Stage Illusion in Coleridge's Remorse", *Studies in Romanticism*, Vol.57, 2018.

[82] Yang P., "Weill's Musical Theater: Stages of Reform", *Theatre Research International*, Vol.39, 2014.